Introduction À La Vie Dévote...

François de Sales (st.), van Sales Franciscus, François de Sales

AVERTISSEMENT

SUR

CETTE NOUVELLE ÉDITION.

L'INTRODUCTION à la vie dévote par faint François de Sales, eft un livre d'or au-deffus de tous les éloges, & qui depuis un fiecle fait les délices des ames véritablement pieufes depuis la houlette jufqu'au fceptre. C'eft là que ce grand Evêque fe peint, pour ainfi dire, lui-même, à chaque page ; qu'il nous montre toute la douceur de fon caractere ; cette aménité fi admirable dans fes paroles, cette régularité fi apoftolique dans fes matieres ; cette indulgence fi compatiffante pour fon prochain ; enfin ces maximes fi fages, qui, nous apprenant à nous

AVERTISSEMENT.

livrer aux devoirs de la société,
autant que la charité chrétienne
nous y engage, nous repréfentent fans ceffe le divin modele que
nous devons fuivre, & qui doit
toujours être le commencement
& la fin de nos actions. Egalement
ennemi d'une dévotion trop fcrupuleufe, qui diminue fouvent à nos
yeux, le prix des vertus du prochain, pour augmenter celui des nô-
tres, & d'un relâchement & d'une
tiédeur qui ne font que trop malheureufement de nos jours, comme des fiens, le partage des enfants du fiecle, il n'eut rien tant
à cœur que le falut de fes freres,
Il connut le monde & ne s'en fé-
para point pour travailler à fa
fanctification. Placé fur le boiffeau
de l'évangile, il crut que fes exemples devoient fervir à la fanctification des autres, & que Jefus-

Chriſt, qui lui avoit dit dans la perſonne de ſes apôtres : *Vos eſtis ſal terræ : vos eſtis lux mundi*, vouloit qu'en ſe ſanctifiant au milieu des hommes, il travaillât à les ſanctifier eux-mêmes.

Ce fut pour remplir une partie de ce grand objet, que ſaint François de Sales donna au public ſon Introduction à la vie dévote, comme il le dit lui-même dans ſa préface. Auſſi-tôt qu'elle parut, l'égliſe en reconnut l'orthodoxie, & la ſainteté des maximes qu'elle renferme. Les plus prudents directeurs en conſeillerent la lecture ; & depuis que cet ouvrage a paru, il a joui de l'approbation univerſelle.

Il a été traduit dans preſque toutes les langues ; & les moins ſenſibles aux attraits d'une dévotion ſi ſage & ſi raiſonnable n'ont pu lui refuſer leurs éloges. Si quelques - uns en ont négligé la lecture , ce n'a été que ſur la frivole prétention que le ſtyle en étoit ſuranné , & trop différent de celui de nos jours, qui paroît être parvenu à ſon plus haut degré de perfection.

On étoit donc obligé , pour ceux qui ſe piquent de beau langage , ou de laiſſer tomber dans l'oubli un livre auſſi excellent , ou de l'accommoder aux uſages actuels de la langue , pour ſatisfaire à la délicateſſe du ſiecle , & ne laiſſer aucune excuſe à ſon indévotion.

Le pere Brignon entreprit cette tâche , mais il s'en faut bien qu'il ait donné à l'édition dont il ſe chargea toute la perfection dont elle étoit ſuſceptible. Il eſt vrai que tout ce qui eſt ſorti de la

plume de faint François de Sales
doit être refpectable, fous telle
forme & en tel langage qu'il paroiffe; mais en fuivant l'ordre, la
doctrine, les fentiments, les expreffions & la douce fimplicité de
fon ftyle, on a cru pouvoir changer quelques termes de l'ancien
ufage, qui, fans altérer en aucune
façon le fens de ce faint Evêque,
en rendent la diction plus correcte & plus conforme à l'ufage de
nos jours.

Outre un grand nombre de fautes d'impreffion échappées dans
les meilleures éditions précédentes, on a cru devoir corriger,
dans celle-ci, plufieurs amphibo-
logies confidérables qui en inter-
rompoient le fens, & qu'on ne
pouvoit regarder que comme des
négligences des précédents édi-
teurs. Loin de manquer au ref-

pect que l'on doit au saint Auteur de cet ouvrage, qui a passé par tant de mains différentes, ce seroit peu lui en marquer, que de laisser subsister des fautes que certainement il n'a pas commises. Enfin, sans crainte de trahir la vérité à aucun égard, on peut donner cette édition de l'Introduction à la vie dévote de saint François de Sales, comme la plus correcte qui ait paru jusqu'à ce jour.

PRÉFACE
DU SAINT.

MON CHER LECTEUR,
je vous prie de lire cette Préface
pour votre satisfaction & pour la
mienne.

UNE femme nommée Clycera,
savoit si bien diversifier la disposition & le mélange des mêmes
fleurs, dont elle faisoit ses bou-
quets, qu'ils paroissoient fort différents les uns des autres : & l'on
dit que Pausias, célebre peintre,
voulant imiter cette diversité d'ouvrages, ne put jamais, avec toute
la variété de ses couleurs, exprimer tant de divers assortiments.
C'est ainsi que le Saint-Esprit qui
nous donne tant d'instructions sur
la dévotion, par la plume & par
la bouche de ses serviteurs, fait

entrer dans leurs discours une si
heureuse variété, qu'encore que la
doctrine y soit par-tout la même,
la méthode dont ils sont composés
nous y fait trouver une grande différence. Je ne puis donc certainement, & ne prétends, en aucune
façon, rien dire dans cette Introduction, que ce qui a été dit par
ceux qui ont écrit sur ce sujet avant
moi. Ce sont, pour ainsi parler,
mon lecteur, les mêmes fleurs qui
ont passé déja par les mains des autres, que je vous présente ici : mais
le bouquet que j'en ai fait, se trouvera tout différent par la diversité
de la disposition que je lui ai donnée.

Ceux qui ont traité de la dévotion, ont eu presque tous en vue
l'instruction des personnes qui sont
fort retirées du commerce du monde : ou du moins il ont enseigné
une sorte de dévotion, qui conduit
à cette retraite entiere & universelle. Pour moi, je me suis proposé
d'instruire les personnes qui vivent

dans les villes, dans leurs ménages, & même à la cour; qui font
obligées par leur condition à un
certain dehors d'une vie commune; & qui fouvent, fous le prétexte d'une prétendue impoffibilité, ne veulent pas feulement penfer à effayer ce que c'eft que la vie
dévote. Ils veulent toujours croire
que comme aucun animal n'ofe
goûter de la graine de la plante
que les naturaliftes appellent *palma
Chrifti*, nul homme occupé des affaires du fiecle ne doit afpirer à la
palme de la piété chrétienne : mais
qu'ils fachent que fa grace n'eft pas
moins féconde en fes ouvrages que
la nature. Les meres perles fe forment & fe nourriffent dans la mer
fans en prendre une feule goutte
d'eau; toute amere & falée qu'elle
eft, on y trouve des fources d'eau
douce vers les Ifles Chélidoines; &
les Pirauftes volent au milieu des
flammes, fans fe brûler les aîles :
de même une ame foutenue par

a vj

une généreuſe réſolution peut vivre dans le commerce du monde, ſans en prendre l'eſprit ; goûter la douceur du ſervice de Dieu, parmi toutes les amertumes du ſiecle, & à travers toutes ſes convoitiſes les plus ardentes, s'élever à Dieu par les deſirs ſinceres de ſon amour. Il eſt vrai que cela porte de grandes difficultés : & c'eſt pourquoi je voudrois bien qu'on s'appliquât avec plus d'ardeur qu'on n'a fait juſqu'à préſent, à les applanir aux gens du monde : comme, tout foible que je ſuis, je tâche d'aider un peu par cet ouvrage, la bonne volonté de ceux qui voudront faire un généreux eſſai de la dévotion.

Mais ſi cette Introduction paroît au jour, cela ne vient point du tout ni de mon propre mouvement, ni de mon inclination. Il y a quelque temps qu'une perſonne de beaucoup d'honneur & de vertu, preſſée par la grace de Dieu d'entrer dans les voies de la perfection, en forma le deffein, & m'y demanda mon affiftance particuliere : & parce qu'outre plufieurs fortes de devoirs qui me tenoient attaché à fes intérêts, je lui avois trouvé long-temps auparavant beaucoup de difpofition à une folide piété, je donnai tous mes foins à fon inftruction. Après l'avoir donc conduite par les exercices de dévotion que j'ai jugé les plus convenables à fa condition & à fon defir, je lui en laiffai quelques mémoires par écrit, pour y avoir recours dans fes befoins, & elle les communiqua à un favant & dévot religieux, & véritablement grand religieux, qui les ayant cru utiles à plufieurs autres, m'exhorta fort de les donner au public. Or, il fut aifé de me perfuader, parce qu'il s'étoit acquis une grande autorité fur ma volonté par fon amitié, & fur mon efprit par la folidité de fon jugement.

Ainfi pour rendre cet ouvrage plus utile & plus agréable, je le

revis, j'y mis quelque ordre, & j'y
ajoutai plusieurs instructions que
je croyois nécessaires : mais, en vérité, ce fut presque sans avoir le
temps de le bien faire. C'est pourquoi vous n'y verrez rien d'exact,
& vous n'y trouverez qu'un amas
d'avertissements, que j'y donne de
bonne foi, en tâchant de les expliquer le plus intelligiblement que
je puis : & à l'égard des ornements
de la langue, je n'y ai pas seulement
voulu penser, ayant assez d'autres
choses à faire.

J'adresse la parole à Philothée,
parce que voulant rapporter à l'u-
tilité publique ce que j'ai d'abord
écrit pour une seule personne, je
dois me servir d'un nom commun
à tous les fideles qui aspirent à la
dévotion : & ce terme Philothée,
signifie celui ou celle qui aime Dieu.

Considérant donc en tout cet ouvrage une ame qui commence à s'é-
lever à l'amour de Dieu par le desir
de la dévotion, j'ai partagé cette

Introduction en cinq parties. Dans la premiere, je tâche, par l'avis & les inſtructions néceſſaires, de conduire ce ſimple deſir de l'ame juſqu'à la volonté ſincere d'embraſſer la dévotion : & c'eſt ce qu'elle fait après ſa confeſſion générale, par une ſolide proteſtation, qui eſt ſuivie de la très-ſainte communion, où ſe donnant à ſon Sauveur & le recevant, elle entre heureuſement en ſon ſaint amour ; enſuite, je la conduis à une plus grande perfection, lui découvrant deux grands moyens de s'unir de plus en plus à ſa divine Majeſté : l'un eſt la ſainte oraiſon, par laquelle ce Dieu de bonté nous attire à lui ; & l'autre, l'uſage des ſacrements, par leſquels il vient à nous ; & cela fait la ſeconde partie de cet ouvrage. La troiſieme comprend tout ce qui eſt néceſſaire à Philothée, pour l'exercice des vertus les plus convenables à ſon avancement ſpirituel : & je ne lui dis rien ſur cela que de

particulier, & que ce qui ne lui auroit pas été aifé de trouver ailleurs,
ni dans fon propre fonds. La quatrieme partie eft employée à lui découvrir les embûches de fes ennemis : & je l'inftruis de la maniere
dont il faut s'en démêler, pour fuivre fon chemin avec fûreté à travers de tous les pieges. Enfin, dans
la cinquieme partie, je rappelle un
peu Philothée à la retaite, pour
fe renouveller, reprendre haleine,
réparer fes forces, & fe mettre en
état d'avancer toujours, & plus
heureufement, dans les voies de
la fainte dévotion.

Notre fiecle eft fort bizarre, &
je prévois bien que plufieurs diront, qu'il n'appartient qu'aux religieux & aux perfonnes qui font
profeffion d'une vie dévote de donner aux autres des conduites de
piété fi méthodiques, que cela demande plus de temps que n'en peut
avoir un évêque chargé des foins
d'un diocefe auffi fort que le mien,

& que c'eſt trop partager l'application de l'eſprit qui eſt due toute
entiere à des ſoins plus importants.

Mais, mon cher lecteur, je réponds avec le grand ſaint Denis,
que c'eſt ſpécialement le devoir des
évêques, de s'appliquer à la perfection des ames, parce qu'étant
de l'ordre ſuprême entre les hommes, comme les ſéraphins entre les
anges, le temps ne peut être mieux
employé qu'à cette grande fonc-
tion. Les anciens Evêques & les
Peres de l'égliſe étoient pour le
moins autant affectionnés à leur
miniſtere que nous ; & ils ne laiſ-
ſoient pourtant pas, comme leurs
lettres nous l'apprennent, de vaquer à la conduite de pluſieurs
ames, qui recouroient aux charitables ſoins de leur prudence. Ils
imitoient les apôtres, qui, tout
occupés qu'ils étoient de la moiſſon
générale de l'univers, ramaſſoient
néanmoins très-ſoigneuſement, &
avec une affection ſpéciale, de cer-

tains épis plus remarquables & plus
choifis que les autres. Qui ne fait
pas que Timothée, Tite, Philémon,
Onéfime, fainte Thecle & Appia,
étoient les chers enfants du grand
faint Paul, comme faint Marc &
fainte Pétronille de faint Pierre ;
fainte Pétronille, dis-je, qui ne fut
pas fa fille felon la chair, mais felon l'efprit, ainfi que Baronius &
Galonius le prouvent favamment ?
Et faint Jean n'écrit-il pas une de
fes épîtres canoniques à la dévote
dame Electa ?

C'eft une peine, je le confeffe,
de conduire les ames en particulier, mais une peine femblable à
celle des moiffonneurs & des ven-
dangeurs, qui ne font jamais plus
contents, que quand ils font plus
chargés & plus occupés : c'eft un
travail qui délaffe & fortifie le cœur
par la fuavité qui lui en revient,
comme il arrive dans l'Arabie heureufe à ceux qui portent le Cinna-
mome. On dit que la tigreffe ayant

retrouvé un de ſes petits, que le chaſſeur laiſſe ſur le chemin pour l'amuſer, tandis qu'il emporte les autres, elle s'en charge, quelque gros qu'il ſoit, pour le porter promptement dans ſa tanniere, & que bien-loin d'en être plus peſante à la courſe, l'amour naturel pour ſon fardeau la ſoulage, & lui donne plus d'agilité. Combien plus volontiers un cœur paternel ſe chargera-t-il de la conduite d'une ame, qu'il aura trouvée dans un vrai deſir de la ſainte perfection; ſemblable à une mere qui porte ſon enfant en ſon ſein, ſans ſe reſſentir d'un poids qui lui eſt ſi cher?

Mais il faut ſans doute que ce ſoit un cœur paternel : & c'eſt delà que les Apôtres & les hommes apoſtoliques appellent leurs diſciples non-ſeulement leurs enfants, mais leurs petits enfants, pour mieux exprimer la tendreſſe de leur cœur.

Au reſte, mon cher lecteur, j'a-

voue fincérement que je n'ai pas
la dévotion dont je vous donne des
regles : mais j'en ai certainement le
defir ; & c'eft même ce defir qui
me porte encore avec plus d'affection à vous inftruire. Car, comme
dit un homme illuftre dans les fcien-
ces, la bonne maniere d'apprendre, eft d'étudier ; une plus utile
que celle-là, eft d'écouter ; & la
meilleure de toutes, eft d'enfeigner.
Sur quoi nous pouvons penfer que
l'application à enfeigner les autres,
eft le fondement de la fcience : comme faint Auguftin dit dans une lettre qu'il écrit à Florentine, fa pénitente : *Que qui donne aux autres,*
fe rend digne de recevoir.

Alexandre fit peindre la belle
Compafpé qui lui étoit fort chere,
par Appelles : & ce peintre étant
obligé de la confidérer à loifir, en
imprima fortement l'amour dans
fon cœur, tandis qu'il en expri-
moit les traits fur fon tableau. Si
bien qu'Alexandre s'étant apperçu

de sa passion, eut pitié de lui, &
la lui donna généreusement en mariage. En quoi, dit Pline, ce grand
prince, qui fut si fort le maître de
son cœur en cette occasion, fit autant paroître la grandeur de son
ame, que s'il eût remporté une
victoire signalée sur ses ennemis.

Or, il me semble, mon cher lecteur, qu'étant évêque, Dieu demande de moi que je fasse dans les
cœurs de autres la plus belle peinture que je pourrai, non-seulement
des vertus communes, mais principalement de la dévotion qui lui
est si chere : & c'est ce que j'entre-
prends très-volontiers, soit pour
remplir mon devoir, soit parce que
j'espere en imprimer l'amour dans
mon cœur, en tâchant de le gra-
ver dans celui des autres. Et si jamais Dieu trouve en moi cet amoureux desir de la dévotion, il en fera
une alliance éternelle avec mon ame.

La belle & chaste Rebecca abreuvant les chamaux d'Isaac, fut choisie

pour être ſon épouſe, & reçut de
ſa part des pendants d'oreilles &
des braſſelets d'or. C'eſt juſtement
une figure de mon bonheur : car
je me promets de l'immenſe bonté
de mon Dieu, qu'en conduiſant ſes
cheres brebis aux eaux ſalutaires
de la dévotion, il daignera jetter
les yeux ſur mon ame pour en faire
ſon épouſe ; qu'il me fera entendre
les paroles de ſon ſaint amour, &
qu'il me donnera la force de les
bien pratiquer : or c'eſt en cela que
conſiſte eſſentiellement la vraie dévotion, que je ſupplie ſa divine Majeſté de vouloir bien me donner,
& à tous les enfants de ſon égliſe,
à laquelle je veux pour jamais ſou-
mettre mes écrits, mes actions,
mes paroles, mes volontés, & mes
penſées.

A Annecy, le jour de ſainte Magdeleine,
1608.

PRIVILEGE DU ROI.

LOUIS, par la grace de Dieu, Roi de France & de Navarre : A nos amés & féaux Conseillers les Gens tenants nos Cours de Parlement, Maîtres des Requêtes ordinaires de notre Hôtel, Grand-Conseil, Prévôt de Paris, Baillifs, Sénéchaux, leurs Lieutenants Civils de Police, & autres nos Officiers & Justiciers qu'il appartiendra ; SALUT. ANDRÉ MOLIN, Imprimeur & Libraire à Lyon, nous ayant fait remontrer qu'il defiroit réimprimer l'*Introduction à la Vie Dévote*, par le P. J. B. s'il Nous plaisoit lui accorder nos Lettres de Privilege pour la Ville de Lyon feulement ; Nous avons permis & permettons en ces Préfentes audit MOLIN d'imprimer ledit Livre en telle forme, marge, caractere, autant de fois que bon lui semblera, & de le vendre, faire vendre & débiter par tout notre Royaume pendant le temps de quatre années consécutives, à compter du jour & date des Préfentes. Faifons défenfes à toutes personnes de quelque qualité & condition qu'elles foient, d'en introduire d'impreffions étrangeres dans aucun lieu de notre obéiffance, & à tous les Imprimeurs-Libraires & autres dans ladite Ville de Lyon feulement, & d'imprimer ou faire imprimer ledit Livre, & d'y en faire venir, vendre & débiter d'autres impreffions que de celle qui aura été faite par l'Expofant, fous peine de confifcation des Exemplaires contrefaits, de cinq cents livres d'amende contre chacun des contrevenants, dont un tiers à Nous, un tiers à l'Hôtel-Dieu de Lyon, & l'autre tiers à l'Expofant, & de tous dépens, dommages & intérêts ; à la charge que ces Préfentes feront enrégiftrées tout au long fur le Regiftre de la Communauté des Imprimeurs & Libraires de Paris & de Lyon ; & ce dans trois mois de la date des Préfentes, que l'impreffion dudit Livre fera faite dans notre Royaume, & non ailleurs, en bon papier & en beaux caracteres, conformément aux Réglements de la Librairie, & qu'avant de l'exposer en vente, il en sera mis deux Exemplaires dans notre Bibliotheque publique, un dans celle de notre Château du Louvre, & un dans celle de notre trèscher & féal Chevalier Chancelier de France le Sieur Phelypeaux, Comte de Ponchartrain, Commandeur de nos Ordres, le tout à peine de nullité des Présentes, du contenu desquelles Nous mandons & enjoignons de faire jouir ledit Exposant ou ses ayants cause, pleinement & paisiblement, sans souffrir qu'il leur soit fait aucun trouble ou empêchement; voulons que la copie des Présentes, qui sera imprimée au commencement ou à la fin dudit Livre, soit tenue pour duement signifiée, & qu'aux Copies, collationnées par l'un de nos amés & féaux Conseillers-Sécretaires, soi soit ajoutée comme à l'Original; commandons au premier notre Huissier ou Sergent sur ce requis, de faire pour l'exécution d'icelles tous Actes requis & nécessaires, sans demander autre permission, nonobstant Clameur de Haro, Charte Normande, & Lettres à ce contraires; CAR tel est notre plaisir. Donné à Fontainebleau le 12 d'Août l'an de grace mil sept cent huit, & de notre regne le soixante & six. Par le Roi en son Conseil, MIDY.

Régistré sur le Régistre de la Communauté des Libraires & Imprimeurs de Paris, page 382, N°. 721, conformément aux Réglements, & notamment à l'Arrêt du Conseil du 13 Août 1703. A Paris ce dix-huitieme Octobre 1708.

L. SEVETRE, *Syndic.*

INTRO-

INTRODUCTION
À LA
VIE DÉVOTE.

PREMIERE PARTIE.

Les Avis & les exercices néceſſaires pour conduire l'Ame depuis le premier deſir qu'elle a de la Dévotion, juſqu'à la volonté ſincere de l'embraſſer.

CHAPITRE PREMIER.

De la nature de la Dévotion.

 ous aſpirez à la dévotion, Philo-thée, parce que la Religion vous a fait connoître que c'eſt une vertu extrêmement agréable à la divine Majeſté. Mais puiſque les petites fautes que l'on commet au commencement d'une af-

A

faire, deviennent grandes dans les progrès, & font presque irréparables à la fin, il faut absolument que vous commenciez par bien savoir ce que c'est que la dévotion : car il n'y en a qu'une bonne, & il en est plusieurs vaines & fausses ; & sans ce discernement vous pourriez vous y tromper, en vous abusant vous-même d'une dévotion imprudente & superstitieuse.

Un Peintre, nommé Arelius, peignoit dans ses figures les femmes pour qui il avoit conçu de l'estime : & c'est ainsi que chacun se peint la dévotion sur l'idée que lui en forme sa passion ou son humeur. Tel qui s'est attaché à la pratique du jeûne, se croit dévot, pourvu qu'il jeûne souvent, quoiqu'il nourrisse dans son cœur une secrete haine : & tandis qu'il n'ose pas tremper le bout de la langue dans le vin ou même dans l'eau, de peur de blesser la perfection de la tempérance, il goûte avec plaisir tout ce que lui suggere la médisance & la calomnie, qui sont insatiables du sang du prochain. Telle s'estimera dévote, parce qu'elle a coutume de réciter tous les jours une longue suite de prieres : quoiqu'après cela elle s'échappe dans son domestique, ou ailleurs, en toutes sortes de paroles fâcheuses, fieres & injurieuses. Celui-là tient toujours sa bourse ouverte aux pauvres ; mais il a toujours le cœur fermé à l'amour de ſon prochain, à qui il ne veut pas pardonner. Celui-ci pardonne de bon cœur à ſes ennemis ; mais payer ſes Créanciers, c'eſt ce qu'il ne fait jamais, s'il n'y eſt contraint. Toutes ces perſonnes ſe croient fort dévotes, & peut-être que le monde les croit telles ; cependant elles ne le ſont nullement.

Les Officiérs de Saül étant allés chez David avec ordre de l'arrêter, Michol, ſon épouſe, les amuſa pour leur cacher ſa fuite : elle fit mettre dans un lit une ſtatue qu'elle couvrit des habits de David, avec quelques peaux autour de la tête ; puis elle leur dit qu'il étoit malade, & qu'il dormoit. Voilà l'erreur de beaucoup de gens qui ſe couvrent de l'extérieur & de l'apparence de la ſainte dévotion, & que l'on prend pour des hommes fort ſpirituels. Mais au fond ce ne ſont que des fantômes de piété.

La vraie dévotion, Philothée, préſuppoſe l'amour de Dieu ; & pour parler plus juſte, elle eſt elle-même le parfait amour de Dieu : cet amour s'appelle Grace, parce qu'il eſt l'ornement de notre ame, & en fait une belle ame aux yeux de Dieu. Quand *il* nous donne la force de faire le bien, il s'appelle charité : & quand il nous fait opérer le bien avec ſoin, avec promptitude, & fréquemment, il s'appelle dévotion, & il a toute ſa perfection. J'explique ceci par une comparaiſon fort ſimple, maìs bien naturelle : les autruches ont des ailes, & ne s'élevent jamais au-deſſus de la terre : les poules volent, mais peſamment, rarement, & fort bas : le vol des aigles, des colombes & des hirondelles eſt vif & élevé, preſque continuel : ainſi les pécheurs ne ſont que des hommes de terre, & rampent toujours ſur la terre : les juſtes, qui ſont encore imparfaits, s'élevent vers le Ciel par leurs bonnes œuvres ; mais rarement, avec lenteur & une eſpece de peſanteur d'ame ; il n'y a que les ames ſolidement dévotes qui, ſemblables aux aigles & aux colombes, s'élevent à Dieu d'une maniere vive, ſublime, & preſque infatigable. En un mot, la dévotion n'eſt autre choſe qu'une certaine agilité & vivacité ſpirituelle, par laquelle ou la charité opere en nous, ou nous-mêmes nous faiſons avec la charité tout le bien dont nous ſommes capables. C'eſt à la charité de nous faire obſerver univerſellement tous les Commandements de Dieu : & c'eſt à la dévotion de nous les faire obſerver avec toute la diligence & toute la ferveur poſſible. Celui donc qui n'obſerve pas tous les Commandements de Dieu, n'eſt ni juſte ni dévot : car pour être juſte, il faut avoir la charité ; & pour être dévot, il faut avoir avec la charité une attention vive & prompte à faire tout le bien que l'on peut.

Et parce que la dévotion confiste effentiellement dans une excellente charité, non-
feulement elle nous rend prompts, actifs
& diligents dans l'obfervation de tous les
Commandements de Dieu, mais encore dans
les bonnes œuvres, qui n'étant point commandées, ne font que de confeil ou d'une
infpiration particuliere. Un homme qui ne
fait que de relever d'une grande maladie,
marche fort lentement, & feulement par néceffité : de même un pécheur nouvellement
converti, ne marche dans la voie du falut
qu'avec une mauvaife lenteur & pefanteur
d'ame, & par la feule néceffité qu'il y a
d'obéir aux Commandements de Dieu, jufqu'à ce qu'il ait bien pris l'efprit de piété.
Alors, comme un homme fain & robufte,
non-feulement il marche dans la voie des
Commandements de Dieu, mais il court
avec joie, & même il entre avec un grand
courage dans les chemins qui paroiffent im-
praticables aux autres hommes, & où la
voie de Dieu l'appelle, foit par les confeils,
foit par les infpirations de fa grace. Enfin
la charité & la dévotion ne font pas plus
différentes l'une de l'autre que le feu l'eft
de la flamme, puifque la charité, qui eft le
feu fpirituel de l'ame, étant fort enflammée,
s'appelle dévotion. De forte que la dévotion n'ajoute rien, pour ainfi parler, au feu
de la charité, finon la flamme qui rend la

charité prompte, active, & diligente dans l'obſervation des Commandements de Dieu, & dans la pratique des conſeils & des inſpirations céleſtes.

CHAPITRE II.

Des propriétés & de l'excellence de la Dévotion.

CEUX qui décourageoient les Iſraélites d'entreprendre la conquête de la terre de Promiſſion, leur diſoient que cette terre conſumoit ſes habitants, c'eſt-à-dire, que l'air y étoit ſi méchant, que l'on ne pouvoit y vivre long-temps; & que les naturels du pays étoient des hommes monſtrueux, qui dévoroient les autres hommes comme des ſauterelles. C'eſt de cette ſorte, Philothée, que le monde décrie tous les jours la ſainte Dévotion, en publiant qu'elle rend l'eſprit mélancolique, & l'humeur inſupportable; & que pour en juger, il n'y a qu'à voir l'air fâcheux, ſombre & chagrin des perſonnes dévotes : mais comme Joſué & Caleb, qui étoient allés reconnoître la terre promiſe, publioient par-tout que ſa fertilité & ſa beauté en rendoient le ſéjour heureux & délicieux ; de même tous les

Saints, animés du Saint-Esprit & de la parole de JESUS-CHRIST, nous assurent que la vie dévote est douce, aimable & heureuse.

Le monde voit que les personnes dévotes jeûnent, prient, souffrent avec patience les injures qu'on leur fait, servent les malades, donnent l'aumône, veillent, répriment leur colere, font violence à leurs passions, se privent des plaisirs sensuels, & font beaucoup d'autres choses qui sont naturellement fort pénibles : mais le monde ne voit pas la dévotion du cœur, laquelle rend toutes ces actions agréables, douces & faciles. Considérez les abeilles sur le thym, elles y trouvent un suc fort amer ; & en le suçant même, elles le changent en miel : nous le confessons donc, ames mondaines, les personnes dévotes trouvent d'abord beaucoup d'amertume dans l'exercice de la mortification, mais bientôt elles la sentent toute changée, par l'usage, en une charmante suavité.

Les Martyrs, au milieu des feux, & sur les roues, ont cru être couchés sur les fleurs, & parfumés des odeurs les plus délicieuses ; & si l'esprit de piété a pu ainsi par sa douceur charmer les tourments les plus cruels, & la mort même, que ne fait-il pas dans les exercices les plus laborieux de la vertu ? Ne peut-on point dire qu'il leur est ce que

A iv

le fucre eft aux fruits, dont il tempere la
crudité lorfqu'ils ne font pas mûrs, ou dont
il corrige ce qui leur refte de malignité naturelle, quoiqu'ils foient en leur maturité?
Il eft vrai, la dévotion affaifonne toutes chofes avec beaucoup d'agrément : elle adoucit l'amertume des mortifications, & elle
corrige la malignité des confolations humaines : elle foulage le chagrin du pauvre, &
elle réprime l'empreffement du riche : elle
confole un efprit défolé dans l'oppreffion,
& elle humilie l'orgueil de la profpérité &
de la faveur : elle charme l'ennui de la
folitude, & elle donne du recueillement
à ceux qui font dans le commerce du monde : elle eft à nos ames, tantôt ce que
le feu eft en Hyver, & tantôt ce que la
rofée eft en Eté : elle fait porter l'abondance, & fouffrir la pauvreté : elle rend égale-
lement utile l'honneur & le mépris : elle
reçoit avec une même difpofition le plaifir
& la douleur, & elle nous remplit d'une
admirable fuavité.

Contemplez l'échelle de Jacob ; car c'eft
une fidelle peinture de la vie dévote. Les
deux côtés de cette échelle nous repréfentent l'oraifon qui demande l'amour de Dieu,
& l'ufage des Sacrements, qui nous le donne.
Les échelons font les divers degrés de charité par lefquels l'on va de vertu en vertu,
foit en s'abaiffant jufqu'à fervir le prochain,

& fouffrir fes foibleffes, foit en s'élevant par la contemplation jufqu'à l'union amoureufe de Dieu. Or confidérez, je vous prie, comme ces bienheureux Anges, revêtus d'un corps humain, defcendent & montent par cette échelle, & nous repréfentent bien les vrais dévots qui ont un efprit angélique. Ils nous paroiffent jeunes, & cette jeuneffe nous marque la force & l'activité fpirituelle de la dévotion. Leurs ailes nous figurent le vol & l'élancement de l'ame en Dieu par la fainte Oraifon : mais en même temps ils ont des pieds, & cela nous apprend que nous devons vivre fur la terre, avec les autres hommes, dans une fainte & paifible fociété. Leur beauté & la joie peinte fur leur vifage, nous marquent la douce tranquillité avec laquelle il faut recevoir tous les événements de la vie : & leur tête nue, auffibien que leurs bras & leurs pieds, nous font penfer que l'on ne doit rien mêler dans fes intentions & dans fes actions avec le motif de plaire à Dieu. Le refte de leur corps eft couvert d'une robe fort légere, pour nous apprendre que dans la néceffité de fe fervir du monde & des biens du monde, il n'en faut prendre que ce qui eft purement néceffaire.

Croyez-moi donc, Philothée, la dévotion eft la reine des vertus, puifqu'elle eft la perfection de la charité : elle eft à la

charité ce que la crême eſt au lait, la fleur
à une plante, l'éclat à une pierre précieuſe,
& l'odeur au baume. Oui, la dévotion répand par-tout cette odeur de ſuavité qui
conforte l'eſprit des hommes, & qui réjouit
les Anges.

CHAPITRE III.

Que la Dévotion convient à tous les états de la vie.

LE Seigneur créateur commanda aux
arbres de porter du fruit, chacun ſelon ſon eſpece ; & il commanda encore à
tous les Fideles, qui ſont les plantes vivan-
tes de ſon Egliſe, de faire de dignes fruits
de piété, ſelon leur état & leur vocation :
car les regles n'en ſont pas les mêmes pour
les gens de qualité & pour les artiſans ; pour
les Princes & pour le peuple ; pour les
maîtres & pour les domeſtiques ; pour une
femme mariée & pour une fille, ou pour
une veuve : & il faut même accommoder
toute la pratique de la dévotion à la ſanté,
aux affaires, & aux dévoirs de chaque particulier. En vérité, Philothée, ſeroit-ce une
choſe louable, qu'un Evêque fût ſolitaire
comme un Chartreux ; que les perſonnes

mariées ne penſaſſent pas davantage à amaſſer du bien que les Capucins ; qu'un Arti-
ſan fût aſſidu à l'Office de l'Egliſe , comme
un Religieux l'eſt au Chœur ; & qu'un Religieux fût autant expoſé à tous les exercices de la charité envers le prochain qu'un
Evêque ? Cette dévotion ne ſeroit-elle pas
ridicule, déréglée & inſupportable ? Cependant c'eſt ce que l'on voit ſouvent ; & le
monde, qui ne ſait pas faire, ou qui ne
veut pas faire ce diſcernement entre la dévotion & l'indiſcrétion des perſonnes qui la
prennent de travers , la blame avec beaucoup d'injuſtice.

Non, Philothée, la véritable dévotion
ne gâte rien, & même elle perfectionne tout:
de ſorte que ſi elle répugne aux devoirs
légitimes de la vocation, elle n'eſt qu'une
fauſſe vertu. L'Abeille, dit Ariſtote, laiſſe les
fleurs, dont elle tire ſon miel, auſſi fraîches
& auſſi entieres qu'elle les a trouvées ; mais
la véritable dévotion fait encore mieux : non-
ſeulement elle ne bleſſe en rien les devoirs
des différents états de la vie ; elle leur donne
même un nouveau mérite, & elle en fait le
plus bel ornement. L'on dit que ſi on jette
dans le miel quelques pierreries que ce ſoit,
elles y prennent toutes plus d'éclat qu'elles
n'en ont, ſans qu'aucune y perde rien de ſa
couleur naturelle. C'eſt ainſi que la piété
étant bien établie dans les familles, tout en

A vj

devient meilleur & plus agréable ; l'économie en est plus paisible, l'amour conjugal
plus sincere, le service du Prince plus fidele,
& l'application aux affaires plus douce &
plus efficace.

C'est une erreur, & même une hérésie,
que de vouloir bannir la vie dévote de la
Cour des Princes & des armées, de la bou-
tique des artisans, & de la maison des personnes mariées. Il est bien vrai, Philothée,
que la dévotion purement contemplative,
monastique ou religieuse, ne peut subsister dans ces états ; mais il est des dévotions
d'un autre caractere, & très-propres à perfectionner ceux qui y vivent. Abraham,
Isaac, Jacob, David, Job, Tobie, Sara,
Rebecca, Judith, nous en sont d'illustres
exemples dans l'Ancien Testament ; & depuis ce temps-là, saint Joseph, Lydia, &
saint Crespin, ne se sont-ils pas sanctifiés dans
leurs boutiques ; sainte Anne, sainte Marthe, sainte Monique, Aquila & Prisca dans
leurs ménages ; le Centenier Cornelius,
saint Sébastien, & saint Maurice dans les armées ; le grand Constantin, sainte Hélene,
saint Louis, saint Amé, & saint Edouard sur
le trône ? Il est même arrivé que plusieurs
ont perdu la perfection dans la solitude,
toute favorable qu'elle est à la sainteté : &
l'on en a vu d'autres qui l'ont observée dans
le monde, dont le commerce lui est si fatal.

Loth, dit saint Gregoire, perdit dans la solitude cette admirable chasteté qu'il avoit conservée au milieu d'une ville corrompue. Enfin, quelque place que nous occupions, nous pouvons & devons toujours aspirer à la perfection.

CHAPITRE IV.

De la nécessité d'avoir un Directeur pour entrer & pour marcher dans les voies de la Dévotion.

ALLEZ, dit Tobie à son fils, lorsqu'il voulut l'envoyer dans un pays inconnu à ce jeune homme, allez; cherchez quelque homme sage qui vous conduise. Je vous le dis aussi, Philothée : voulez-vous sincérement entrer dans les voies de la dévotion? cherchez un bon Guide qui vous y conduise. C'est là de tous les avertissements le plus nécessaire & le plus important. Quelque chose que l'on fasse, dit le dévot Avila, on n'est jamais sûr d'y faire la volonté de Dieu, qu'autant que l'on a de cette humble obéissance que les Saints & les Saintes nous ont si fort recommandée, & qu'ils ont eux-mêmes pratiquée si fidellement. La bien-heureuse Mere Thérese, sachant les gran-

des auſtérités de Catherine de Cordoue,
fut touchée d'une ſainte émulation, & fort
tentée de ne pas croire ſon Confeſſeur, qui
lui en défendoit l'imitation : cependant elle ſe
ſoumit ; & après cela Dieu lui dit : Ma fille,
tu marches par une voie qui eſt bonne &
ſûre ; tu eſtimois beaucoup cette pénitence,
& moi j'eſtime davantage ton obéiſſance.
C'eſt delà qu'elle s'attacha ſi fort à cette
vertu, qu'outre l'obéiſſance qu'elle devoit
à ſes Supérieurs, elle s'engagea, par un
vœu particulier, à ſuivre la direction d'un
grand homme de bien ; & elle en reçut toujours beaucoup d'édification & de conſolation. C'eſt ainſi qu'avant elle & après elle
tant de ſaintes ames, pour ſe tenir mieux
dans la dépendance de Dieu, ont aſſujetti
leur volonté à celle de ſes ſerviteurs. C'eſt
cette humble ſujétion, dont ſainte Catherine de Sienne fait l'éloge dans ſes Dialo-
gues. Ce fut la pratique de la dévote Princeſſe ſainte Eliſabeth, qui ſe ſoumit avec
une parfaite obéiſſance à la conduite du ſavant Conrad ; & voici le conſeil que ſaint
Louis donna à ſon fils avant que de mourir : Confeſſez-vous ſouvent, & choiſiſſez
un Confeſſeur qui ait aſſez de ſcience & de
ſageſſe pour vous aider de ſes lumieres, &
dans les choſes néceſſaires à votre conduite
ſpirituelle.

Un ami fidele, dit la Sainte-Ecriture,

est une puissante protection ; quiconque en a trouvé un, a trouvé un trésor ; la sûreté de la vie, & l'immortalité y sont attachées, & on le trouve quand on a la crainte de Dieu. Il s'agit ici principalement de l'immortalité, en vue de laquelle il faut tâcher d'avoir ce fidele ami, qui nous conduise dans toutes nos actions par ses conseils, & qui nous fasse marcher avec sûreté à travers les pieges du malin esprit : nous aurons en lui un trésor de sagesse pour éviter le mal, & pour faire le bien d'une maniere plus parfaite ; plus de consolation pour nous soulager dans nos afflictions ; plus de force pour nous relever de nos chûtes & de tous les remedes les plus nécessaires à la parfaite guérison de nos infirmités spirituelles.

Mais qui trouvera un tel ami ? Le Sage répond que ce sera celui qui craint Dieu, c'est-à-dire l'humble, qui desire ardemment son avancement spirituel. Puisqu'il est donc si important, Philotée, d'avoir un bon Guide dans les voies de la dévotion, priez Dieu avec ferveur qu'il vous en donne un qui soit selon son cœur : & ne doutez pas que quand il devroit vous envoyer un Ange, comme au jeune Tobie, il ne vous donne un sage & fidele Conducteur.

En effet, ce doit être un Ange pour vous ; c'est-à-dire, quand Dieu vous l'aura donné,

vous ne devez plus le confidérer comme un
fimple homme. Ne mettez votre confiance
en lui que par rapport à Dieu qui vous con-
duira & vous inftruira par fon miniftere ; en
lui mettant dans le cœur & dans la bouche
les fentiments & les paroles néceffaires à
votre conduite. Ainfi vous le devez écouter comme un Ange defcendu du Ciel pour
vous y conduire. Ajoutez à la confiance une
fidelle fincérité, traitant avec lui à cœur ouvert, & lui découvrant fidellement le bien
& le mal qui eft en vous ; le bien en fera
plus fûr, & le mal plus court ; votre ame
en fera plus forte dans fes peines, & plus
modérée dans fes confolations. Joignez un
religieux refpeƈt à la confiance, & dans un
fi jufte tempérament, que la vénération ne
diminue point la confiance, & que la confiance ne faffe rien perdre du refpeƈt : con-
fiez-vous en lui avec le refpeƈt d'une fille
envers fon pere, & refpeƈtez-le avec la confiance d'un fils envers fa mere. En un mot,
cette amitié qui doit avoir de la force & de
la douceur, doit être toute fpirituelle, toute
fainte, toute facrée, toute divine.

Choififfez-en un entre mille, dit Avila,
& moi je dis entre dix mille ; car il s'en
trouve bien moins qu'on ne penfe, qui foient
capables de ce miniftere. Il y faut de la charité, de la fcience, de la prudence, & fi
l'une de ces trois qualités manque, le choix

que l'on fera, ne fera pas fans danger. Je vous le dis encore : demandez un Directeur à Dieu, & quand vous l'aurez trouvé, béniffez-en fa divine Majefté ; tenez-vous à votre choix, fans en chercher un autre : allez à Dieu en toute fimplicité, avec humilité & confiance ; car indubitablement vous ferez un très-heureux voyage.

CHAPITRE V.

Qu'il faut commencer par purifier l'ame.

L ES *fleurs*, dit l'Epoux facré, *commencent à paroître dans notre terre : il eft temps d'émonder les arbres, & de les tailler.* Quelles font ces fleurs pour nous, ô Philothée, finon les bons defirs ! Or, dès qu'ils fe font fentir à notre cœur, il faut s'appliquer promptement à le purifier de toutes les œuvres mortes & fuperflues. Dans la Loi de Moïfe, une fille étrangere qui vouloit époufer un Ifraélite, devoit quitter la robe de fa captivité, & fe faire rafer les cheveux, & couper les ongles : & cela nous apprend, que quand une ame afpire à l'honneur d'être l'époufe de Jefus-Chrift, elle fe doit dépouiller du vieil homme, fe revêtir du nouveau en quittant le péché, & puis retrancher de ſa vie toutes les ſuperfluités qui peuvent la détourner de l'amour de Dieu.

· Pour guérir l'ame, ainſi que pour guérir le corps, il faut commencer par ſe décharger d'un mauvais amas de corruption ; & c'eſt ce que j'appelle purifier le cœur. Cela ſe fit en un inſtant, & parfaitement dans ſaint Paul ; & cela s'eſt encore fait dans ſainte Madelaine, ſainte Pélagie, ſainte Catherine de Sienne, & quelques autres Saints ou Saintes : mais un tel avantage eſt un auſſi grand miracle dans l'ordre de la grace, que la réſurrection d'un mort dans celui de la nature, & nous ne devons pas y prétendre. La guériſon de l'ame, Philothée, comme celle du corps, eſt lente, ne s'avance que par degrés, peu-à-peu, avec peine & à loiſir ; & l'on croit même qu'elle n'en eſt que plus ſûre : car vous ſavez ce que dit le vieux Proverbe, que les maladies viennent à cheval & en poſte, & qu'elles s'en vont à pied & au petit pas : jugez ainſi des autres infirmités ſpirituelles.

Il faut donc ici, ô Philothée, beaucoup de patience & de courage. Hélas ! que je plains ces perſonnes qui ſe voyant ſujettes à pluſieurs imperfections, commencent, après quelques mois de dévotion, à s'inquiéter & à ſe troubler ; prêtes qu'elles ſont de ſuccomber à la tentation de tout quitter, pour retourner ſur leurs pas : mais une autre extrémité aussi dangereuse, est celle de certaines ames, qui par une tentation contraire, se croient dès les premiers jours affranchis de leurs mauvaises inclinations ; qui pensent être parfaites sans avoir presque rien fait, & qui prenant le grand vol sans avoir d'ailes, s'élevent à ce qu'il y a de plus sublime dans la dévotion. O Philothée, que la rechûte est à craindre, pour avoir voulu se tirer trop tôt des mains du Médecin ! Elles devroient bien considérer les Anges de l'échelle de Jacob, qui ayant des ailes, y montoient cependant par ordre d'échelon en échelon. Ah ! dit le Prophete Royal, *il vous est bien inutile de vous lever avant que le jour soit venu.* L'ame qui remonte du péché à la dévotion, est comparée à l'aube du jour, laquelle, en s'élevant, ne dissipe pas les ténebres en un instant, mais peu-à-peu, & d'une maniere imperceptible.

Jamais personne n'a mieux pratiqué ce conseil de bien purifier le cœur, que ce saint Pénitent, qui ayant été déja lavé de son iniquité, demanda néanmoins durant toute sa vie, d'en être toujours lavé de plus en plus. Ainsi cet exercice ne devant & ne pouvant finir qu'avec notre vie, ne nous troublons point à la vue de nos imperfections. Notre perfection consiste à les combattre ; & d'ailleurs nous ne saurions ni les combattre, ni les vaincre, fans les fentir & fans les connoître ; la victoire même que nous en efpérons, ne confifte pas à ne les point fentir, mais à n'y point confentir.

Au refte, ce n'eft pas y confentir, que d'en reffentir les impreffions. Il faut bien dans ce combat fpirituel, que pour l'exercice de notre humilité, nous nous attendions à en recevoir quelques fâcheufes atteintes. Cependant nous ne fommes jamais vaincus, que quand nous avons perdu la vie ou le courage ; or les imperfections & les fautes vénielles ne peuvent nous faire perdre cette vie fpirituelle de la grace, que le feul péché mortel nous ravit ; & il n'y a rien à craindre, finon de perdre le courage : mais difons à Dieu comme David : *Seigneur, délivrez-moi de l'efprit de lâcheté & de découragement.* C'eft donc pour nous une douce & heureufe condition dans cette milice fpirituelle, que de pouvoir toujours vaincre, pourvu que nous voulions toujours combattre.

CHAPITRE VI.

Qu'il faut premiérement purifier l'ame
des péchés mortels.

LE dégagement du péché doit être le premier soin de celui qui veut purifier son cœur : & c'est ce que l'on fait dans le Sacrement de Pénitence. Cherchez le plus digne Confesseur que vous pourrez trouver ; ayez un de ces petits livres, qui ont été faits pour aider à la conscience, dans l'examen qu'on doit faire de sa vie, comme Grenade, Bruno, Arias, Auger, ou autres semblables ; lisez-les attentivement, & remarquez de point en point, en quoi vous avez offensé Dieu depuis l'usage de raison : & si vous vous défiez de votre mémoire, écrivez ce que vous avez remarqué. Après cette recherche de vos péchés, détestez-les avec la contrition la plus vive & la plus parfaite que vous pourrez concevoir par la considération de ces quatre grands motifs : *Que par le péché vous avez perdu la grace de Dieu, abandonné votre droit sur le Paradis, mérité les peines éternelles de l'Enfer, & renoncé à tout l'amour de Dieu.* Vous voyez bien, Philothée, que je vous parle d'une Confeſſion générale de toute la vie ; & je vous avoue en même temps que je ne la crois pas toujours abſolument néceſſaire : mais conſidérant l'utilité qu'elle porte pour ces commencements, je vous la conſeille extrêmement. Il arrive ſouvent que les confeſſions ordinaires des perſonnes qui ont un certain train de vie commune, ſont pleines de grands défauts : on ne s'y prépare point, ou fort peu ; l'on n'a pas la contrition requiſe ; l'on va ſe confeſſer avec une ſecrete volonté de pécher, ſoit parce que l'on ne veut pas éviter les occaſions du péché, ſoit parce que l'on n'eſt pas diſpoſé à prendre tous les moyens néceſſaires à l'amendement de la vie ; & en tous ces cas-là, une Confeſſion générale eſt néceſſaire pour aſſurer le ſalut. Mais outre cela, elle nous donne une parfaite connoiſſance de nous-mêmes ; elle nous remplit d'une confuſion ſalutaire à la vue de tous nos péchés : elle ſoulage l'eſprit de beaucoup d'inquiétudes : elle tranquilliſe la conſcience : elle excite en nous pluſieurs bonnes réſolutions : elle nous fait admirer la miſéricorde de Dieu, qui nous a attendu avec tant de patience : elle met notre Pere ſpirituel en état de nous donner des avis plus convenables : & elle nous ouvre le cœur pour confeſſer nos péchés à l'avenir avec plus de confiance.

Ainſi, Philothée, puiſqu'il s'agit du renouvellement entier de votre vie, & de la parfaite converſion de votre ame à Dieu, c'eſt avec raiſon, ce me ſemble, que je vous conſeille de faire une Confeſſion générale.

CHAPITRE VII.

Qu'il faut encore purifier l'ame de toutes les affections au péché.

Tous les Iſraélites ſortirent d'Egypte ; mais pluſieurs y laiſſerent leur cœur : & c'eſt ce qui leur fit deſirer dans le déſert les oignons & les viandes d'Egypte. De même il eſt beaucoup de pénitents qui ſortent de l'état du péché, & qui n'en quittent pas pour cela l'affection ; je m'explique : ils ſe propoſent de ne plus pécher ; mais c'eſt avec une certaine répugnance à ſe priver des plaiſirs du péché. Leur cœur y renonce & s'en éloigne ; mais il leur échappe toujours de certains retours, qui les portent de ce côté-là ; à-peu-près comme il arriva à la femme de Loth, qui tourna la tête vers Sodome. Ils s'abſtiennent du péché comme des malades font des melons ; vous le ſavez, ils n'en mangent pas, parce qu'ils craignent la mort dont le Médecin les menace ; mais ils s'inquietent de cette

abſtinence, ils en parlent avec chagrin, &
doutent de ce qu'ils ont à faire, du moins
ils veulent en ſentir ſouvent l'odeur ; & ils
eſtiment heureux ceux qui ne peuvent manger. Voilà le caractere de ces foibles & lâches pénitents. Ils s'abſtiennent pour quelque temps du péché, mais c'eſt à regret ;
ils voudroient bien pouvoir pécher ſans être
damnés ; ils parlent du péché avec je ne
ſais quel goût qui leur en fait ſentir le faux
plaiſir ; & ils veulent toujours croire que
les autres y trouvent de quoi ſe ſatisfaire.
Un homme quitte dans la confeſſion le deſſein qu'il avoit de ſe venger : mais auſſi-tôt
après on le trouvera dans une converſation
libre de ſes amis avec qui il prendra plaiſir
de parler de ſa querelle ; il dira que ſans la
crainte de Dieu, il auroit fait ceci & cela ;
que la Loi divine ſur cet article du pardon
eſt bien difficile ; que plût à Dieu qu'il fût
permis de ſe venger. Ah ! que ce pauvre
homme, tout hors de péché qu'il eſt, a le
cœur embarraſſé de l'affection au péché, &
qu'il eſt ſemblable aux Iſraélites dont j'ai
parlé ! Il faut dire la même choſe de cette
femme, qui ayant déteſté ſes mauvaiſes
amours, prend un reſte de plaiſir à de vaines aſſiduités, & des démonſtrations trop
vives d'eſtime & d'amitié. Hélas ! que ces
pénitents & ces pénitentes ſont dans un
grand danger de leur ſalut !

O

O Philothée! puifque vous afpirez fincérement à la dévotion, non-feulement vous
devez quitter le péché, mais vous devez encore purifier votre cœur de toutes les affections qui en ont été les caufes, ou qui
en font les effets : car, outre le danger de
la rechûte, il vous en refteroit une langueur
d'ame & une pefanteur d'efprit, qui font,
comme je vous l'ai dit, incompatibles avec
la vie dévote. Je compare ces ames qui,
après avoir quitté le péché, font fi languif-
fantes & fi pefantes dans le fervice de Dieu,
aux perfonnes qui ont les pâles couleurs :
elles ne font pas abfolument malades ; mais
l'on peut dire que leur air, leurs manieres,
& toutes leurs actions, font bien malades :
elles mangent fans goût ; elles rient fans
joie ; elles dorment fans repos ; & elles fe
traînent plutôt qu'elles ne marchent. C'eft
de cette forte que ces ames, dans leurs exercices, qui ne font pas fort à compter, ni
pour le nombre, ni pour le mérite, font le
bien avec tant de dégoût & de laffitude d'efprit, qu'elles leur font perdre tout le luf-
tre & toute la grace que la ferveur donne
aux actions de piété.

CHAPITRE VIII.

Comment l'on peut parvenir à ce second
degré de pureté d'Ame.

IL faut pour cela se former une vive &
forte idée de tout le mal que porte le
péché, afin que par la componction du
cœur, elle nous excite à une forte & profonde contrition. Quelque foible que soit
la contrition, pourvu qu'elle soit véritable, elle suffit pour purifier notre ame du
péché, sur-tout quand elle est soutenue de
la vertu des Sacrements : mais si elle est
véhémente & pénétrante, elle va jusqu'à
purifier le cœur de toutes les mauvaises affections qui dépendent du péché. Remarquez ces exemples. Si nous ne haïssons un
homme que foiblement, il n'y a guere
que sa présence qui nous fasse de la peine,
& nous nous contentons de la fuir : mais
si nous le haïssons mortellement & violemment, nous ne nous en tenons pas à cette
répugnance de cœur & à cette fuite; l'horreur que nous en avons, se répand jusques
sur ses alliés, ses parents & ses amis, dont
nous ne pouvons souffrir la conversation :
son portrait même nous blesse les yeux &

le cœur, & généralement tout ce qui a quelque rapport à lui, nous déplaît. Ainſi, quand le pénitent n'eſt que légérement touché de la haine de ſes péchés, & n'en a qu'une foible contrition, mais très-réelle, il ne laiſſe pas de ſe déterminer de bonne foi à ne plus pécher : mais quand ſa haine eſt bien vive, & ſa douleur bien profonde, il déteſte tout enſemble & efficacement le péché, toutes les habitudes, & tout ce qui lui peut ſervir d'attrait & d'occaſion. Il faut donc, Philothée, donner à la douleur de vos péchés toute la force & l'étendue que vous pourrez, afin qu'elle s'étende aux moindres circonſtances du péché. C'eſt ainſi que la Magdeleine, dès le premier moment de ſa converſion, perdit tellement le goût de ſes plaiſirs, qu'elle n'en retint pas même l'idée. C'eſt ainſi que David proteſtoit, *qu'il haïſſoit le péché, les voies & les ſentiers du péché.* C'eſt en cela que conſiſte ce renouvellement de l'ame, comparé par le même Prophete au renouvellement de l'Aigle.

Mais pour peindre vivement cette idée de la malice du péché & en concevoir une vraie douleur, il faut vous appliquer à bien faire les méditations ſuivantes, dont l'uſage détruira dans votre cœur, par la grace de Dieu, tout le péché juſqu'à ſes racines. C'eſt à ce deſſein que je vous les ai préparées, ſelon la méthode que j'ai jugé la meil-

leure : vous les ferez l'une après l'autre, en
fuivant l'ordre que je leur ai donné, & n'en
prenant qu'une pour chaque jour : je vous
confeille, fi cela eft faifable, que ce foit le
matin, parce que c'eft le temps le plus propre aux fonctions de l'efprit : après cela
vous en repafferez ce que vous pourrez en
vous-même durant le jour ; & fi votre efprit n'eft pas encore fait à la méditation,
ayez recours, pour vous la faciliter, à la
feconde Partie de cet Ouvrage.

CHAPITRE IX.

Méditation fur la Création de l'Homme.

PRÉPARATION.

1. Mettez-vous en la préfence de Dieu.
2. Suppliez-le qu'il vous infpire.

CONSIDÉRATION.

1. CONSIDÉREZ qu'il n'y a que tant
d'années que vous n'étiez pas au
monde, & que votre être n'étoit qu'un vrai
néant. Où étions-nous, ô mon ame ! en ce
temps-là ? Le monde avoit déja fubfifté durant une longue fuite de fiecles : & il n'étoit
rien de tout ce que nous fommes.

2. Penfez que Dieu vous a tiré de ce néant pour vous faire ce que vous êtes, fans que vous lui fuffiez néceffaire, & par la feule raifon de fa bonté.

3. Formez-vous une noble idée de l'être que Dieu vous a donné ; car il eft le premier & le plus parfait de tous les êtres de ce monde vifible : il eft créé pour une vie & une félicité éternelle, & capable de s'unir parfaitement à la divine Majefté.

AFFECTIONS ET RÉSOLUTIONS.

1. *Humiliez-vous profondément devant Dieu ;* dites comme le Pfalmifte : *O mon ame ! fache que le Seigneur eft ton Dieu, & que c'eft lui qui t'a faite, & que tu ne t'es pas faite toi-même. O Dieu ! je fuis l'ouvrage de vos mains. O Seigneur ! toute ma fubftance n'eft en votre préfence qu'un vrai néant ; & qui fuis-je moi, pour que vous ayiez voulu me faire ce bien ?* Hélas, mon ame ! tu étois abymée dans cet ancien néant, & tu y ferois encore, fi Dieu ne t'en avoit tirée.

2. *Rendez grace à Dieu.* O mon Créateur ! vous dont la bonté égale l'infinie grandeur, que je vous fuis redevable, pour m'avoir fait par votre miféricorde tout ce que je fuis ! Que ferai-je pour bénir dignement votre faint Nom, & pour remercier votre immenfe bonté !

B iij

3. *Confondez-vous.* Mais hélas, mon Créateur ! au-lieu de m'unir à vous par amour & par mes services, mes passions ont révolté mon cœur contre vous, ont éloigné & séparé mon ame de vous, & elle s'est livrée au péché & dévouée à l'injustice ; je n'ai non plus respecté ni aimé votre bonté, que si vous n'eussiez pas été mon Créateur.

Voici donc les bonnes résolutions que votre grace me fait prendre. Je renonce à ces vaines complaisances, qui depuis si long-temps n'ont occupé mon esprit & mon cœur que de moi-même, c'est-à-dire, de rien. *De quoi te glorifies-tu, poussiere & cendre ?* Ou plutôt : véritable & misérable néant, qu'as-tu en toi qui puisse te plaire ? Je veux m'humilier, & pour cela je ferai telle & telle chose, je souffrirai tel & tel mépris : je veux absolument changer de vie : je suivrai désormais ce mouvement d'inclination, que mon Créateur m'a donné pour lui : j'honorerai en moi cette qualité de créature de Dieu, par laquelle je me considérerai uniquement ; & je consacrerai l'être tout entier que j'ai reçu de lui à l'obéissance que je lui dois, selon les moyens que j'en aurai, & dont je me ferai instruire par mon Pere spirituel.

CONCLUSION.

1. *Remerciez Dieu. Bénis ton Dieu, ô mon ame! & que tout mon intérieur soit occupé des louanges de son saint Nom*, & de la reconnoissance que je dois à sa bonté pour le bienfait de ma création.

2. *Offrez-vous à Dieu.* O mon Dieu! je vous offre tout l'être que vous m'avez donné, avec tout mon cœur, je vous le consacre.

3. *Faites une humble priere à Dieu.* O mon Dieu! je vous supplie de me soutenir par la force de votre esprit dans ces résolutions & ces affections. Sainte Vierge, je vous prie de les recommander à votre adorable Fils avec toutes les personnes pour qui je dois prier, &c. *Pater, Ave.*

Après la Méditation, recueillez-en le fruit : vous formant une idée de ce qui vous a le plus frappé l'esprit, & plus touché le cœur, vous la repasserez en vous-même de temps en temps dans le cours de la journée, pour vous soutenir dans vos bonnes résolutions. C'est ce que j'ai coutume d'appeller *le Bouquet spirituel.* Et je compare cette pratique à l'usage de ces personnes qui prennent le matin un bouquet sur elles, & le sentent souvent durant le jour pour réjouir & fortifier le cœur par la bonne odeur des fleurs.

Je vous en avertis ici, pour toutes les
Méditations ſuivantes.

CHAPITRE X.

Méditation de la fin de l'Homme.

PRÉPARATION.

1. *Mettez-vous en la préſence de Dieu.*
2. *Priez-le qu'il vous inſpire.*

CONSIDÉRATION.

1. CE n'eſt pas par aucune raiſon d'intérêt que Dieu nous a créés, puiſque nous lui ſommes abſolument inutiles.
Ce n'a été préciſément que pour nous faire
ce bien, en nous élevant par ſa grace à la
participation de ſa gloire. C'eſt en cette vue,
Philothée, qu'il vous a donné tout ce que
vous avez, l'entendement pour le connoître & pour l'adorer, la mémoire pour vous
ſouvenir de lui, la volonté pour l'aimer,
l'imagination pour vous repréſenter ſes bienfaits, les yeux pour vous faire admirer ſes
œuvres, la langue pour le louer, & ainſi
des autres puiſſances & facultés.

2. Puiſque c'eſt là l'intention que Dieu
a eue en vous créant, certainement vous

devez condamner & éviter toutes les actions qui sont contraires à cette fin ; & à l'égard de celles qui ne peuvent pas vous y servir, vous devez les méprifer comme vaines & superflues.

3. Voyez donc quel eſt le malheur du monde qui ne penſe point à cela ; le malheur, dis-je, des hommes qui vivent comme s'ils étoient convaincus qu'ils ne ſont au monde que pour bâtir des maiſons, ſe faire d'agréables jardins, accumuler richeſſes ſur richeſſes , & s'occuper de frivoles amuſements.

AFFECTIONS ET RÉSOLUTIONS.

1. *Confondez-vous en reprochant à votre ame ſa miſere, & l'oubli de ſes vérités.* Hélas ! de quoi mon eſprit étoit-il occupé, ô mon Dieu ! quand je ne penſois pas à vous. De quoi me reſſouvenois-je, quand je vous oubliois ? Qu'aimois-je, quand je ne vous aimois pas ? Hélas ! je devois me nourrir de la vérité, & je me rempliſſois de la vanité : eſclave que j'étois du monde, je le ſervois, lui qui n'a été fait que pour me ſervir à vous connoître & à vous glorifier.

2. *Déteſtez la vie paſſée.* Je vous renonce donc , & je vous abhorre, fauſſes maximes, vaines penſées, inutiles réflexions, ſouvenir déteſtable : je vous déteſte, amitiés

B v

infidelles & criminelles, vains attachements du monde, fervices perdus, miférables complaifances, fauffe générofité, qui pour faire du bien aux autres, ne m'avez rien produit qu'une grande ingratitude envers Dieu; je vous détefte de toute mon ame.

3. *Convertiffez-vous à Dieu.* Et vous, ô mon Dieu! ô mon Sauveur! vous ferez dorénavant l'unique objet de mes penfées; je n'aurai jamais d'attention à rien qui puiffe vous déplaire : ma mémoire fe remplira tous les jours de la grandeur & de la douceur de votre bonté envers moi : vous ferez les délices de mon cœur, & la fuavité de tout mon intérieur.

Ah! c'en eft fait; tels & tels amufements auxquels je m'appliquois, tels & tels vains exercices qui occupoient tout mon temps : telles & telles affections qui engageoient mon cœur; tout cela ne fera plus qu'un objet d'horreur pour moi; & pour me conferver dans cette difpofition, je me fervirai de tels & tels moyens.

CONCLUSION.

1. *Remerciez, &c.* Je vous rends graces, ô mon Dieu! de m'avoir donné une fin auffi excellente & auffi utile que celle de vous aimer en cette vie, & de jouir éternellement en l'autre de l'immenfité de

votre gloire : quand fera-ce que j'en ferai digne ? quand vous bénirai-je comme je le dois ?

1. *Offrez*, *&c.* Je vous offre, ô mon aimable Créateur ! toutes ces réfolutions & ces affections, avec tout mon cœur & toute mon ame.

3. *Priez*, *&c.* Je vous fupplie, ô mon Dieu ! d'agréer mes fouhaits & mes vœux, de donner votre fainte bénédiction à mon ame, afin qu'elle en puiffe voir l'accompliffement, par les mérites de votre Fils, qui a répandu fon fang pour moi fur la Croix. *Pater, Ave.*

CHAPITRE XI.

Méditation des bienfaits de Dieu.

PRÉPARATION.

1. *Mettez-vous en la préfence de Dieu.*
2. *Priez-le qu'il vous infpire.*

CONSIDÉRATION.

1. CONSIDÉREZ à l'égard du corps tous les avantages que vous avez reçus de votre Créateur : ce corps d'une conformation fi parfaite, & cette fanté, ces

B vj

commodités néceffaires à l'entretien de la vie ; ces plaifirs naturellement attachés à votre état ; ce fecours & cette affiftance de vos inférieurs ; cette agréable & douce fociété de vos amis : mais en tout cela comparez-vous un peu à tant de perfonnes qui valent peut-être mieux que vous, qui font dépourvues de tous ces avantages : car combien en voyez-vous d'une figure ridicule, d'un corps difforme, d'une mauvaife fanté ? Combien y en a-t-il qui gémiffent abandonnés de leurs amis & de leurs parents, dans le mépris, dans l'opprobre, dans de longues maladies, & dans l'accablement de la pauvreté ? Dieu l'a voulu ainfi, d'une maniere pour vous, & d'une autre pour eux.

2. Confidérez tout ce qu'on peut appeller les avantages de l'efprit. Penfez combien il y a d'hommes hébétés & infenfés, furieux, emportés, élevés groffiérement, & dans une extrême ignorance : pourquoi n'êtes-vous pas du nombre ? N'eft-ce pas Dieu qui a fpécialement veillé fur vous, pour vous donner une heureufe nature, & une bonne éducation.

3. Confidérez beaucoup plus, Philothée, les graces furnaturelles, la naiffance dans le fein de l'Eglife, la connoiffance fi parfaite que vous avez eue de Dieu dès votre jeuneffe, l'ufage de fes Sacrements fi fréquent & fi falutaire. Combien d'infpirations de la

grace, de lumieres intérieures, de reproches de votre conscience sur votre vie déréglée ; combien de fois Dieu vous a-t-il pardonné vos péchés, & a-t-il veillé sur vous, pour vous délivrer des occasions où vous étiez de perdre éternellement votre ame? Tant d'années que Dieu vous a laissé vivre, ne vous ont-elles pas donné tout le loisir d'avancer le salut de votre ame? Examinez ces graces en détail, & voyez combien Dieu vous a été bon & miséricordieux.

AFFECTIONS ET RÉSOLUTIONS.

1. *Admirez la bonté de Dieu.* O que mon Dieu a été bon pour moi ! O qu'il est bon ? O Seigneur ! que vous êtes riche en miséricorde, magnifique en bonté ! O mon ame ! prends plaisir à publier combien il t'a fait de graces.

2. *Retenez-vous de votre ingratitude.* Mais que suis-je, Seigneur, pour vous être ainsi souvenu de moi? O que mon indignité est grande ! Hélas ! j'ai foulé aux pieds vos graces par l'abus que j'en ai fait ; j'ai déshonoré votre bonté par le mépris que j'en ai eu ; j'ai opposé un abyme d'ingratitude à l'abyme de votre miséricorde.

3. *Excitez en vous une grande reconnoissance.* O mon cœur ! ne sois plus envers ce grand bienfaiteur un infidele, un

ingrat, un rebelle. Et comment eft-ce que mon ame ne feroit pas déformais foumife à mon Dieu, qui a opéré tant de merveilles & de graces en moi & pour moi!

Ah, Philothée! commencez donc par dégager ce corps de telles & telles voluptés, pour l'accoutumer à porter le joug du fervice de Dieu : enfuite appliquez votre ame à le connoître de plus en plus par tels & tels exercices qui peuvent vous y fervir. Servez-vous enfin des moyens du falut, que Dieu vous préfente par fon Eglife. Oui, je le ferai, j'entrerai dans la pratique de la Priere & de l'Oraifon, je fréquenterai les Sacrements; j'écouterai la fainte parole de Dieu; j'obéirai à fa voix, en fuivant les confeils de l'Evangile & fes infpirations.

CONCLUSION.

1. Remerciez Dieu de ce qu'il vous a fi bien fait connoître fes graces & vos devoirs.

2. Offrez-lui votre cœur avec toutes vos réfolutions.

3. Priez-le qu'il vous y foutienne, en vous y donnant la fidélité néceffaire : demandez-la par les mérites de la mort de Jefus-Chrift; implorez l'interceffion de la fainte Vierge & des Saints. *Pater, Ave.*

CHAPITRE XII.

Méditation des péchés.

PRÉPARATION.

1. Mettez-vous en la préfence de Dieu.
2. Priez-le qu'il vous infpire.

CONSIDÉRATION.

RETRACEZ en vous-même l'idée du temps que vous avez commencé de pécher : faites réflexion combien vous avez augmenté & multiplié vos péchés de jour en jour, foit contre Dieu, foit contre vous, foit contre le prochain, par vos œuvres, par vos paroles, par vos penfées, & par vos defirs.

2. Confidérez vos mauvaifes inclinations, & tout l'emportement que vous avez eu à les fuivre : ces deux vues vous feront juger que le nombre de vos péchés paffe de beaucoup celui de vos cheveux, & même du fable de la mer.

3. Faites principalement attention à votre ingratitude envers Dieu : car c'eft un péché univerfel qui fe répand fur les autres, & en augmente infiniment l'énormité.

Comptez, fi vous le pouvez, tous les bien-faits de Dieu, que la malice de votre cœur a tournés contre lui pour le déshonorer ; toutes les infpirations méprifées, tous les bons mouvements de la grace rendus inutiles, & tous les différents abus des Sacrements. Où font du moins les fruits que Dieu en attendoit ? Que font devenues toutes ces richeffes dont votre divin Epoux avoit orné votre ame ? Tout cela a été dépravé & profané par vos iniquités. Penfez que votre ingratitude a été jufqu'à ce point-là, que Dieu vous ayant toujours fuivi pas à pas pour vous fauver, vous avez toujours fui devant lui pour vous perdre.

AFFECTIONS ET RÉSOLUTIONS.

1. *Que votre mifere vous ferve ici à vous confondre.* O mon Dieu ! comment eft-ce que j'ofe me préfenter à vous ? Hélas ! je me trouve dans un état déplorable de corruption, de pourriture, d'ingratitude & d'iniquité ! eft-il poffible que j'aie porté ma folie & mon ingratitude jufques-là ; qu'il n'y ait pas un de mes fens que mes iniquités n'aient dépravé ; une puiffance de mon ame que mes péchés n'aient profanée & corrompue ; & qu'il ne foit pas écoulé un feul jour de ma vie qui n'ait produit de fi mauvais effets !

Eſt-ce là le fruit des bienfaits de mon Créateur, & le prix du ſang de mon Rédempteur?

2. *Demandez pardon de vos péchés, & vous jettez aux pieds du Seigneur, comme l'Enfant prodigue aux pieds de ſon pere; comme ſainte Magdeleine aux pieds de ſon aimable Sauveur; comme la Femme adultere aux pieds de Jeſus, ſon Juge.* O Seigneur, miſéricorde ſur cette ame pécherelle! O divin cœur de Jeſus, ſource de compaſſion & de débonnaireté, ayiez pitié de cette miſérable!

3. *Propoſez-vous de mieux vivre.* Mon Seigneur, je ne m'abandonnerai jamais au péché, non jamais, avec le ſecours de votre grace, Hélas! je ne l'ai que trop aimé; mais je le déteſte de toute mon ame; & je vous embraſſe, ô Pere de miſéricorde! je veux vivre & mourir en vous.

Je m'accuſerai donc au Prêtre de Jeſus-Chriſt avec humilité & d'un bon cœur, de tous mes péchés, ſans aucune ſorte de réſerve, ni de diſſimulation. Je ferai tout ce que je pourrai pour les détruire en moi juſqu'à la racine, particuliérement tel & tel, qui me peſent le plus ſur le cœur. A cet effet, je prendrai généreuſement tous les moyens que l'on me conſeillera: & je ne croirai jamais avoir aſſez fait pour réparer de ſi grandes fautes.

CONCLUSION.

1. Remerciez Dieu qui a attendu votre converſion juſqu'à cette heure, & qui vous a donné ces bonnes diſpoſitions.

2. Offrez-lui la volonté que vous avez de vous en bien ſervir.

3. Priez-le qu'il vous en donne la grace, la force, &c. *Pater, Ave.*

CHAPITRE XIII.

Méditation de la mort.

PRÉPARATION.

1. *Mettez-vous en la préſence de Dieu.*
2. *Demandez-lui ſa grace.*
3. *Imaginez-vous que vous êtes dans l'état d'un malade, au lit de mort, & ſans aucune eſpérance de vie.*

CONSIDÉRATION.

CONSIDÉREZ, ô mon ame! l'incertitude du jour de la mort. Tu ſortiras un jour de ce corps. Quand ſera-ce? Sera-ce l'Hyver ou l'Eté, ou dans une autre ſaiſon? à la campagne, ou dans la ville?

la nuit ou le jour? Sera-ce d'une maniere toute subite, ou avec quelque préparation? Sera-ce par quelque accident violent, ou dans une maladie? Le temps, ou le Prêtre ne manquera-t-il point pour la Confession? Tout cela est inconnu, & nous ne savons rien, sinon que nous mourrons indubitablement, & toujours plutôt que nous ne pensons.

2. Mettez-vous bien dans l'esprit qu'à votre égard la fin du monde sera venue; non, il n'y aura plus de monde pour vous, & vous le verrez périr à vos yeux; car alors, plaisirs, vanités, richesses, honneurs, vaines amitiés, tout cela ne vous paroîtra que comme un fantôme qui se dérobera à votre vue. Ah! direz-vous, pour quelles bagatelles & pour quelles chimeres ai-je offensé mon Dieu, c'est-à-dire, perdu tout pour rien? Au contraire, dévotion, pénitence, bonnes œuvres, tout cela vous paroîtra grand, doux & aimable; & vous direz: Eh! pourquoi n'ai-je pas marché par cette heureuse voie? Alors vos péchés, que vous ne regardiez que comme des atômes, vous paroîtront comme des montagnes: & tout ce que vous pensiez avoir de grand en dévotion, vous paroîtra réduit à bien peu de chose.

3. Méditez ce grand & languissant adieu que votre ame dira à ce monde, aux riches-

ſes & aux vanités; à vos amis, à vos parents, à vos enfants, à un mari, à une femme, à ſon corps même qu'elle abandonnera
deſſéché, hideux à voir, & tout corrompu
par l'altération des humeurs.

4. Repréſentez-vous bien l'empreſſement
que l'on aura à enlever ce miſérable corps
pour le jetter dans la terre : & conſidérez
qu'après cette lugubre cérémonie l'on ne
penſera plus guere à vous ou même point
du tout, comme vous n'avez plus penſé aux
autres. Dieu lui faſſe miſéricorde, dira-t-on,
& voilà tout fini dans le monde pour vous.
O mort! que tu es impitoyable! tu n'é-
pargnes perſonne.

5. Découvrez, ſi vous le pouvez, quel
chemin prendra votre ame en ſortant de
votre corps. Hélas! de quel côté tournera-
t-elle? Quelle ſera la voie par laquelle elle
entrera dans l'Eternité! Celle-là même
qu'elle aura priſe dès cette vie.

AFFECTIONS ET RÉSOLUTIONS.

1. *Faites votre priere au Pere des mi-*
ſéricordes, & vous jettez entre ſes bras.

Ah! prenez-moi, Seigneur, en votre protection en cet effroyable jour : attachez toute
votre bonté pour moi à cette derniere heure
de ma vie, pour la rendre heureuſe; & que
plutôt les autres me deviennent triſtes &
affligeantes.

2. *Méprisez le monde.* Puisque je ne sais pas l'heure qu'il faudra te quitter, ô monde! qui n'a rien de sûr, je ne veux plus m'attacher à toi. O mes chers amis! permettez-moi de ne vous plus aimer que d'une amitié sainte, & qui puisse durer éternellement. Car, pourquoi nous unir d'une maniere de liaison qu'il faut absolument rompre?

Je veux donc me préparer à cette derniere heure, bien assurer l'état de ma conscience, mettre ordre à telle & telle chose, & me bien précautionner sur ce qui me sera nécessaire pour faire heureusement mon passage.

CONCLUSION.

Remerciez Dieu de ces bonnes résolutions qu'il vous a fait prendre, & les offrez à sa divine Majesté : suppliez-le, par les mérites de la mort de son Fils, qu'il vous prépare à une bonne mort : implorez la protection de la sainte Vierge & des Saints, &c. *Pater, Ave.*

CHAPITRE XIV.

Méditation du dernier Jugement.

PRÉPARATION.

1. *Mettez-vous en la préfence de Dieu.*
2. *Priez-le qu'il vous infpire.*

CONSIDÉRATION.

ENFIN, après que le temps fixé par la fageffe de Dieu pour la durée du monde fera expiré, après cette multitude & variétés de prodiges & de préfages horribles, qui feront fécher les hommes tout vivants de crainte & d'effroi, un déluge de feu fe répandra fur toute la terre, & la confumera entiérement, fans que rien de toutes les chofes qui y font, échappe à fes flammes dévorantes.

2. Après cet incendie univerfel, tous les hommes reffufciteront au fon de la trompette fatale de l'Archange, & fe trouveront en préfence les uns des autres dans la Vallée de Jofaphat; mais hélas! dans une fituation bien différente : car les uns y auront leurs corps revêtus de gloire & de lumiere, & les autres feront à eux-mêmes un objet d'horreur.

3. Confidérez la majefté avec laquelle le fouverain Juge paroîtra fur fon Tribunal, environné de fes Anges & de fes Saints, & ayant devant foi la Croix plus éclatante que le Soleil, figne de grace pour les bons, & de vengeance pour les méchants.

4. Ce fera à la vue de ce figne, & par un fecret commandement de Jefus-Chrift, que tous les hommes fe partageront comme en deux partis; les uns fe trouveront à fa droite, & ce feront les prédeftinés; les autres à fa gauche, & ce feront les réprouvés : éternelle féparation, puifque jamais ils ne fe trouveront enfemble.

5. Alors les Livres myftérieux des confciences feront ouverts, il n'y aura plus rien de caché : on verra clairement dans les cœurs des uns & des autres tout ce qu'ils auront porté de mal ou de bien, de mépris de Dieu ou de fidélité à fa grace, de péchés ou de pénitence. O Dieu ! quelle confufion d'une part, & quelle confolation de l'autre !

6. Ecoutez avec attention la fentence formidable que le fouverain Juge prononcera contre les méchants : *Allez, maudits, au feu éternel qui a été préparé au Diable & aux Anges fes fectateurs.* Pefez bien ces paroles, dont le poids les accablera tous. *Allez :* ce feul mot nous marque l'abandonnement univerfel que Dieu fera de fa créature, en la chaffant de fa préfence, &

ne la comptant plus au nombre de celles qui lui appartiennent. *Allez, maudits.* O mon ame, quelle malédiction que celle-ci! Elle est universelle; car elle comprend tous les maux : elle est irrévocable; car elle comprend tous les temps, & toute l'éternité. *Allez, maudits, au feu éternel.* Représente-toi, ô mon ame, cette funeste éternité! O éternité de peines éternelles! que tu es effroyable!

7. Ecoutez aussi la sentence qui décidera de l'heureux sort des bons : *Venez,* dira le Juge. Ah! c'est la douce parole du salut, par laquelle notre Sauveur nous appellera à lui pour nous recevoir avec bonté entre ses bras. *Venez, les bénits de mon Pere.* O aimable & précieuse bénédiction, qui comprend universellement toutes les bénédictions? *Possédez le Royaume qui vous est préparé dès la création du monde.* O Dieu, quelle grace! car ce Royaume n'aura jamais de fin.

AFFECTIONS ET RÉSOLUTIONS.

1. Laisse-toi, mon ame, pénétrer de crainte par le seul souvenir de cette fatale journée : ô Dieu! quelle sûreté y aura-t-il pour toi, puisque les colonnes mêmes du Ciel trembleront de frayeur?

3. Déteste tes péchés, il n'y a que cela qui

qui puiſſe alors te perdre. Ah ! juge-toi maintenant toi-même pour n'être pas jugée en ce temps-là. Oui, je veux faire comme il faut la diſcuſſion de toute ma conſcience, m'accuſer, me condamner, me juger, me corriger, afin que le Juge ne me condamne pas en ce redoutable jour. Je me confeſſerai donc, j'accepterai les avis néceſſaires, &c.

CONCLUSION.

1. Remerciez Dieu qui vous a donné le temps & les moyens de prendre vos ſûretés par l'uſage de la pénitence.

2. Offrez-lui votre cœur pour en faire de dignes fruits.

3. Demandez-lui-en la grace. *Pater, Ave.*

C

CHAPITRE XV.

Méditation de l'Enfer.

PRÉPARATION.

1. *Mettez-vous en la préfence de Dieu.*
2. *Humiliez-vous en lui demandant fa grace.*
3. *Repréfentez-vous une Ville couverte de ténebres, toute ardente d'un feu de foufre & de poix, qui exhale une horrible vapeur, & pleine d'habitants défefpérés, qui ne peuvent ni en fortir ni y mourir.*

CONSIDÉRATION.

1. LEs damnés font dans l'abyme infernal, comme des Citoyens infortunés dans cette affreufe Ville. Ils y fouffrent des tourments qu'on ne peut expliquer, dans tous leurs fens, & en tout leur corps : car comme ils ont employé à pécher tout ce qui étoit en eux, ils endureront auffi dans tout ce qu'ils font les peines dues au péché. Ainfi les yeux fouffriront, pour leurs regards criminels, la vue des démons en mille formes hideufes, & la vue de tout

l'Enfer. L'on n'entendra que pleurs, lamentations, déſeſpoirs, blaſphêmes, diſcours diaboliques, ce qui ſera un tourment ſpécial pour punir les péchés commis par le ſens de l'ouie, & il faut dire la même choſe des autres ſens.

2. Outre tous ces tourments, il y en a un beaucoup plus grand : c'eſt la privation & la perte de la gloire de Dieu qu'ils ne verront jamais. Quelque douce que fût la vie d'Abſalon dans Jéruſalem, il proteſta que le malheur de ne pas voir ſon cher Pere depuis deux ans, lui étoit plus intolérable que ne lui avoient été toutes les peines de ſon exil. O mon Dieu ! quelle peine ſera-ce donc, & quel regret d'être éternellement privé de votre vue & de votre amour !

3. Conſidérez ſur-tout l'éternité, laquelle toute ſeule rend l'Enfer inſupportable. Hélas ! ſi la chaleur d'une petite fievre nous rend une courte nuit fort longue & ennuyeuſe, que ſera-ce donc l'épouvantable nuit de l'Enfer, où l'éternité eſt jointe à l'excès de la douleur ? Et de cette éternité naiſſent le déſeſpoir éternel, des blaſphêmes exécrables & des rages infinies.

AFFECTIONS ET RÉSOLUTIONS.

Tâchez de jetter la frayeur dans votre ame, en lui faiſant cette queſtion du Prophete Iſaïe. O mon ame ! pourrois-tu vivre éternellement au milieu de ce feu dévorant, & habiter avec les ardeurs éternelles? Veux-tu bien quitter ton Dieu pour jamais?

Confeſſez que vous avez mérité ces horribles châtiments; mais combien de fois? Oh! déſormais je veux prendre le bon parti, & marcher par une autre voie que je n'ai fait! Pourquoi me précipiter dans cet abyme de miſeres?

Je ferai donc tel & tel effort pour éviter le péché, qui ſeul peut me cauſer la mort éternelle.

CONCLUSION.

Remerciez, &c. Offrez, &c. Priez, &c. *Pater, Ave.*

CHAPITRE XVI.
Méditation du Paradis.

PRÉPARATION.

1. *Mettez-vous en la préſence de Dieu.*
2. *Faites l'invocation ordinaire.*

CONSIDÉRATION.

1. REPRÉSENTEZ-VOUS une nuit ſereine & tranquille, & penſez combien il eſt doux à l'ame de voir le Ciel tout

brillant de la lumiere de tant d'étoiles : ajoutez à cette charmante beauté les délices
d'un agréable jour, où la lumiere la plus
vive du ſoleil ne vous déroberoit point la
vue de la lune ni des étoiles : & plus, dites-vous à vous-même que tout cela mis enſemble n'eſt rien abſolument en comparaiſon de la beauté & de la gloire du Paradis.
O que ce ſéjour ſi charmant mérite bien
nos deſirs ! O ſainte cité de Dieu, que vous
êtes glorieuſe & aimable !

2. Conſidérez la nobleſſe, la beauté, les
richeſſes, & toute l'excellence de la ſainte
ſociété de ceux qui y vivent; ces millions
d'Anges, de Chérubins & de Séraphins,
ces troupes innombrables d'Apôtres & de
Martyrs, de Confeſſeurs & de Vierges, de
tant d'autres Saints & Saintes. O la bienheureuſe union que celle des Saints dans la
gloire de Dieu ! Le moindre de tous eſt
mille fois plus beau à voir que le monde
tout entier; que ſera-ce de les voir tous ?
Mon Dieu, qu'ils ſont heureux ! Ils chan-
tent perpétuellement le doux Cantique de
l'amour éternel ; ils jouiſſent d'une conſtante alégreſſe ; ils ſe donnent les uns aux
autres mille ſujets de joie, & ils vivent dans
les conſolations ineffables d'une heureuſe &
indiſſoluble ſociété.

3. Mais conſidérez beaucoup plus l'excellence de leur béatitude dans le bonheur

C iij

de voir Dieu, qui les honore & les gratifie pour jamais de ce regard aimable & fécond en mille biens, par lequel il répand en même-temps toutes les lumieres de sa sagesse dans leur esprit, & toutes les délices de son amour dans leur volonté. Quel bien que celui d'être intimément & éternellement à Dieu par de si précieux liens! C'est là qu'environnés & pénétrés de la Divinité, comme les oiseaux le sont de l'air, ils sont toujours & uniquement occupés de leur Créateur, par un exercice perpétuel d'adoration, d'amour, & de louange, sans ennui, & avec un plaisir ineffable. Soyez donc, disent-ils, éternellement béni, ô notre souverain & infiniment aimable Créateur! qui vous glorifiez en nous avec tant de bonté par la Communion de votre gloire: & en même-temps Dieu leur fait toujours entendre en eux-mêmes cette parole béatifique: soyez bénites d'une bénédiction éternelle, mes cheres créatures, qui m'avez servi avec fidélité, & qui louerez à jamais votre Seigneur dans l'union de son amour.

AFFECTIONS ET RÉSOLUTIONS.

1. *Abandonnez votre esprit à l'admiration de votre céleste patrie.* O que vous êtes belle, riche, & magnifique, ma chere Jérusalem, & que bienheureux sont vos habitants!

2. *Reprochez à votre cœur la lâcheté qui l'a détourné des voies du Ciel.* Pourquoi donc ai-je fui de la forte mon souverain bonheur? Ah, misérable que je suis! j'ai mille fois renoncé à ces infinies & éternelles délices pour rechercher des plaisirs superficiels, passagers & mêlés de beaucoup d'amertumes. Où étoit mon esprit de mépriser ainsi des biens si solides & si souhaitables, pour des plaisirs si vains & si dignes de mépris?

3. *Ranimez cependant votre espérance, & aspirez de toute votre force à ce séjour si délicieux.* O mon aimable souverain Seigneur! puisqu'il vous a plu me faire rentrer dans les voies du Ciel, il ne m'arrivera jamais ni de m'en écarter, ni de m'y arrêter, ni de retourner sur mes pas. Allons, ma chere ame, quelque fatigue qu'il nous en coûte, allons à ce séjour du repos éternel; marchons, & avançons toujours vers cette bénite Terre qui nous est promise; que faisons-nous en Egypte?

Je me priverai donc de telles & telles choses, qui me détournent de mon chemin, ou qui m'y arrêtent.

Je ferai donc celle-ci & celle-là, qui peuvent servir à m'y conduire, & à m'y avancer.

Remerciez, &c. Offrez, &c. Priez, &c. *Pater, Ave.*

C iv

CHAPITRE XVII.

Méditation d'une Ame qui délibere entre le Paradis & l'Enfer.

PRÉPARATION.

1. *Mettez-vous en la préfence de Dieu.*
2. *Priez-le avec humilité qu'il vous infpire.*

CONSIDÉRATION.

IMAGINEZ-VOUS, pour le commencement de votre Méditation, que vous êtes dans une vafte campagne avec votre Ange Gardien, à-peu-près comme le jeune Tobie, qui étoit dans fon voyage avec le faint Archange Raphaël; que vous ouvrant le Ciel, il vous en fait voir la beauté & toute la gloire, qu'en même-temps il vous fait paroître l'Enfer ouvert à vos pieds.

1. Cette fuppofition étant ainfi faite, & vous tenant à genoux comme en la préfence de votre bon Ange, confidérez que véritablement vous êtes en cette vie entre le Paradis & l'Enfer, & que l'un & l'autre eft ouvert pour vous recevoir, felon le choix que vous en ferez.

2. Mais confidérez bien que le choix qui

s'en peut faire préfentement en cette vie, fubfifte éternellement dans l'autre.

3. Quoique le choix que vous ferez doive régler la conduite de Dieu fur vous, foit celle de fa miféricorde pour vous recevoir dans le Ciel, foit celle de fa juftice pour vous laiffer précipiter dans l'Enfer : cependant il eft certain que du propre mouvement de fa bonté, il veut très-fincérement que vous choififfiez l'Eternité bienheureufe, & que votre bon Ange vous y porte de tout fon pouvoir, en vous préfentant de la part de Dieu tous les moyens qui font abfolument néceffaires pour la mériter.

4. Ecoutez fur cela intérieurement & attentivement toutes les voix qui vous viennent du Ciel pour vous y inviter. Venez, dit Jefus-Chrift, ô chere ame ! que j'ai plus aimée que mon Sang : je vous tends les bras pour vous recevoir dans le féjour des délices immortelles de mon amour. Venez, vous dit la fainte Vierge : ne méprifez pas la voix & le Sang de mon Fils, ni les defirs que j'ai de votre falut, & les prieres que je lui préfente pour vous en obtenir les graces. Venez, vous difent les Saints & les Saintes, qui ne defirent rien plus que l'union de votre cœur avec le leur, pour louer Dieu éternellement ; venez, le chemin du Ciel n'eft pas fi difficile que le monde penfe : nous l'avons fait, & vous nous voyez au

terme : entrez-y feulement avec courage, & vous verrez que par une voie incomparablement plus douce & plus heureuſe que celle du monde, nous ſommes parvenus au comble de la gloire & de la félicité.

ÉLECTION.

O déteſtable Enfer, je t'abhorre avec tous tes tourments, & avec ta funeſte éternité ! Je déteſte ſur-tout ces blaſphêmes horribles, & ces malédictions diaboliques que tu vomis éternellement contre mon Dieu. Mon ame eſt créée pour le Ciel, & l'attrait de mon cœur l'y porte : oui, délicieux Paradis, ſéjour tout divin de la félicité & de la gloire éternelle, c'eſt au milieu de tes ſaints & aimables Tabernacles qu'aujourd'hui je choiſis à jamais & irrévocablement ma demeure. Je vous bénis, ô mon Dieu ! en acceptant l'offre qu'il vous plaît de m'en faire. O Jeſus mon Sauveur ! j'accepte avec toute la reconnoiſſance dont je ſuis capable, l'honneur & la grace que vous me faites de vouloir m'aimer éternellement : je reconnois que c'eſt vous qui m'avez acquis ce droit ſur le Ciel ; oui, que c'eſt vous qui m'avez préparé une place dans la céleſte Jéruſalem ; & aucun des avantages que porte ce bonheur, ne me le fait tant eſtimer que le plaiſir de vous aimer & de vous glorifier éternellement.

Acceptez la protection de la sainte Vierge & des Saints. Promettez-leur de vous en servir fervemment pour vous avancer au terme où ils vous attendent : tendez la main à votre bon Ange en le priant de vous y conduire : excitez votre ame à bien soutenir son choix.

CHAPITRE XVIII.

Méditation d'une Ame qui délibere entre la Vie du monde & la Vie dévote.

PRÉPARATION.

1. *Mettez-vous en la présence de Dieu.*
2. *Implorez son secours avec humilité.*

CONSIDÉRATION.

1. IMAGINEZ-VOUS encore une fois que vous êtes avec votre bon Ange dans une vaste campagne ; que vous voyez à votre main gauche le Prince des ténebres sur un trône fort élevé, & environné de plusieurs Démons, & qu'autour de sa Cour infernale vous découvrez une multitude innombrable de pécheurs & de pécheresses, qui étant dominés par l'esprit du monde, lui rendent aussi leurs hommages. Observez attentivement

C vj

tous les infortunés Courtifans de cet abominable Roi. Confidérez les uns tranfportés
de l'efprit de colere, de haine, & de vengeance, qui en fait des furieux ; & les autres
amollis par l'efprit de pareffe, qui ne les
occupe que de frivoles vanités : ceux-là
énivrés de l'efprit d'intempérance, qui en
fait des fous & des brutaux ; ceux-ci enflés
de l'efprit d'orgueil, qui en fait des hommes
violents & infupportables ; quelques-uns
poffédés par l'efprit d'envie, qui les deffeche, & les rend chagrins & rêveurs, plufieurs corrompus jufqu'à la pourriture par
l'efprit de volupté, & plufieurs que l'efprit
d'avarice inquiete & trouble, par l'empreffement d'avoir du bien. Voyez-les tous fans
repos & fans ordre : regardez jufqu'à quel
point ils fe méprifent les uns les autres ;
combien ils fe haïffent : de quelle maniere
ils fe perfécutent, fe déchirent, fe détrui-
fent & s'entretuent. Voilà donc cette Ré-
publique du monde tyrannifée par ce mau-
dit Roi : qu'elle eft malheureufe & digne
de compaffion !

2. Confidérez à votre main droite Jefus-
Chrift crucifié qui, avec une tendreffe inex-
plicable de compaffion & d'amour, préfente à Dieu fon Pere fes Prieres & fon Sang
pour obtenir la liberté de ces malheureux
Efclaves, & qui les invite à rompre leurs
liens pour venir à lui.

Mais arrêtez-vous principalement à regarder cette nombreuse troupe de dévots & dévotes qui sont autour de lui avec leurs Anges : contemplez la beauté du Royaume de la dévotion : admirez tant de personnes de l'un & de l'autre sexe dont les ames sont pures & blanches comme les Lis ; tant d'autres à qui la mort d'un mari ou d'une femme a rendu la liberté de leurs cœurs, & qui les consacrent à Dieu par la mortification, par la charité & par l'humilité : tant d'autres qui élevent leurs familles dans le culte du vrai Dieu, en accordant la possession du bien avec le détachement du cœur, les soins de la vie avec ceux de l'ame, l'amour qu'on s'est promis réciproquement avec l'amour de Dieu, & le respect qu'on se doit avec une douce familiarité. Considérez à loisir, dans cette heureuse société des serviteurs & des servantes de Dieu, le bonheur de leur état, cette sainte tranquillité d'ame, cette suavité d'esprit, cette égalité d'humeur : ils s'aiment d'un amour pur & saint ; ils jouissent d'une joie inaltérable, mais également charitable & réglée ; ceux-là même, & celles qui ont des afflictions ne s'en inquietent point ou que très-peu, & n'en perdent rien de la paix de leur cœur. Aussi tous ont les yeux attachés sur Jesus-Christ, qu'ils voudroient avoir dans leur cœur, & qui porte lui-même ses yeux, pour ainſi parler, & ſon cœur juſqu'au fond de leur ame pour les éclairer, les fortifier & les conſoler.

3. Eh bien! Philothée, il y a du temps que par les bonnes réſolutions que la grace vous a fait former, vous avez abandonné Satan avec ſa damnable troupe : mais vous n'avez pas eu encore le courage de vous aller jetter aux pieds de Jeſus pour vous engager à ſon ſervice dans la ſociété de ſes plus fideles ſerviteurs; vous avez été comme entre les deux partis : il faut aujourd'hui vous déterminer une bonne fois.

4. La ſainte Vierge, avec ſaint Joſeph, ſaint Louis, ſainte Monique, & cent mille autres, qui ont formé au milieu du monde, le Royaume de Jeſus-Chriſt, vous invitent à les ſuivre. Ecoutez principalement Jeſus qui vous appelle par votre propre nom, & qui vous dit : venez, ma chere ame, venez, & je vous couronnerai de gloire.

ÉLECTION.

1. O monde trompeur! je t'abhorre toi & tes ſectateurs : jamais on ne me reverra ſous tes loix : c'eſt pour toujours que je me déſabuſe de tes folies, & que je me délivre de tes vanités. Et toi, Satan, eſprit infernal, abominable Roi d'orgueil & de malheur, je te renonce avec toutes tes vaines pompes, & je déteſte à jamais tes œuvres.

2. C'eſt vers vous, doux & aimable Jeſus, Roi de la félicité & de la gloire immortelle, que je me tourne aujourd'hui : je me
jette à vos pieds, je les embraſſe de toute
mon ame, je vous adore de tout mon cœur :
je vous choiſis pour mon Roi, & je me
ſoumets à l'obéiſſance de vos ſaintes loix :
je vous fais de tout ce que je ſuis un hommage univerſel & irrévocable, que je prétends ſoutenir toute ma vie avec votre grace
par une inviolable fidélité.

3. O ſainte Vierge ! permettez-moi que
je vous choiſiſſe aujourd'hui pour me conduire : je me range ſous votre protection,
en vous vouant un reſpect ſingulier & une
ſpéciale dévotion.

O mon ſaint Ange ! préſentez-moi aux
Saints & aux Saintes ; ne m'abandonnez pas
que vous ne m'ayiez fait entrer dans leur
bienheureuſe ſociété. C'eſt là qu'ayant renouvellé & confirmé de jour en jour le
choix que je fais, je dirai éternellement à
leur exemple : vive Jeſus, vive Jeſus.

CHAPITRE XIX.

De l'esprit avec lequel il faut faire sa Confession générale.

VOILA, Philothée, lès méditations les plus nécessaires à votre dessein ; quand vous les aurez faites, allez-vous-en avec beaucoup de courage, & en esprit d'humilité, faire votre Confession générale : mais ne permettez pas, je vous prie, qu'aucune vaine frayeur trouble votre ame. Vous savez que l'huile de Scorpion est le meilleur remede contre le venin du Scorpion même : sachez aussi que la Confession du péché est le souverain remede du péché même, dont elle détruit toute la confusion & toute la malignité. Oui, la pénitence a tant de charmes, & est d'une si bonne odeur pour le Ciel & sur la terre, qu'elle efface toute la laideur du péché, & en dissipe toute l'infection. Simon le Lépreux, disoit que Magdeleine étoit une pécheresse ; mais notre Seigneur disoit que non, & ne parloit plus que du parfum qu'elle avoit répandu dans la salle de ce Pharisien, & de la grandeur de sa charité. Si nous sommes bien humbles, Philothée, nos péchés nous déplairont infiniment, parce que Dieu en a été offensé; mais la confession de nos péchés nous sera douce & consolante, parce que Dieu en est honoré. C'est une maniere de soulagement pour un malade, que de découvrir au Médecin tout le mal qu'il sent. Quand vous serez aux pieds de votre Pere spirituel, imaginez vous que vous êtes sur le Calvaire aux pieds de Jesus crucifié, & que son précieux Sang distille de toutes ses plaies sur votre ame, pour vous laver de vos iniquités : car véritablement, c'est l'application des mérites de son Sang, répandu sur la Croix, qui sanctifie les Pénitents dans la Confession. Ouvrez donc entiérement à votre Confesseur tout votre cœur pour le décharger de vos péchés, & vous le remplirez en même temps de bénédictions, par les mérites de la Passion de Jesus-Christ.

Accusez vous avec beaucoup de simplicité & de sincérité : & une bonne fois en votre vie, satisfaites si bien votre conscience sur cet article, qu'il ne vous en reste plus d'inquiétude. Après cela écoutez avec douceur & docilité les avis salutaires du Ministre de Dieu, & la pénitence qu'il vous imposera : oui, c'est assurément Dieu que vous écoutez alors, puisqu'il a dit à ses Ministres, *celui qui vous écoute, m'écoute moi-même.* Après avoir entendu tout ce qu'il aura voulu vous dire, prenez en main la proteſtation ſuivante, que vous aurez lue & méditée avant la Confeſſion, & qui doit terminer cet exercice de la pénitence. Prononcez-la avec le plus d'attention & de componction de cœur que vous pourrez.

CHAPITRE XX.

Proteſtation de l'Ame à Dieu pour s'établir dans une ferme réſolution de le ſervir, & pour conclure les actes de pénitence.

JE ſouſſigné très-indigne créature de Dieu, fais la proteſtation ſuivante en la préſence de ſa divine Majeſté, & de toute ſa Cour céleſte.

Après avoir bien conſidéré l'immenſe bonté de Dieu, qui m'a créée, conſervée, ſoutenue, délivrée de tant de dangers, & comblée de tant de bienfaits : après ſa miſéricorde incompréhenſible, qui m'a tolérée dans mes péchés avec tant de douceur, qui m'a rappellée à elle tant de fois par ſes aimables & fréquentes inſpirations, qui a attendu ma converſion avec tant de patience juſqu'à cette N.... année de ma vie, quelque oppoſition que j'y aie pu apporter par mon ingratitude, par mon infidélité, par le

délai de ma pénitence & par le mépris de
ses saintes graces : après avoir bien consi-
déré la profanation que j'ai faite souvent
de mon ame & de toute la sainteté que
j'avois reçue dans mon sacré Baptême, &
que j'avois vouée & consacrée à mon Dieu,
par la promesse qu'on lui en fit alors pour
moi. Enfin revenant à moi-même, & pros-
ternée de cœur & d'esprit devant le tribunal de la justice de Dieu, je me reconnois
& me confesse coupable, entiérement con-
vaincue du crime de leze-Majesté divine,
& de la mort de Jesus-Christ, qui n'est mort
sur la Croix que parce que j'ai péché. Ainsi
j'avoue que j'ai justement mérité d'être éternellement damnée.

Cependant, après avoir détesté mes péchés de tout mon cœur, je me tourne aujourd'hui vers le Trône du Pere des miséricordes, & je lui crie : grace, mon Dieu,
grace : je vous la demande avec la rémis-
sion entiere de mes péchés au nom de Jesus-Christ votre Fils, qui est mort sur la
Croix pour mon salut. C'est en lui qu'éta-
blissant toute mon espérance, je renouvelle
aujourd'hui, ô mon Dieu! la profession de
toute la fidélité que je vous avois promise
dans mon Baptême. Ainsi, maintenant comme alors, je renonce au diable, au monde
& à la chair, détestant pour le reste de mes
jours, toutes leurs œuvres, avec leurs pom-

pes & leurs concupifcences, m'engageant irrévocablement à vous fervir & à vous aimer durant toute ma vie, ô mon Dieu! infiniment débonnaire & miféricordieux. Oui, mon Dieu, c'eft en cette vue que je vous confacre mon ame avec toutes fes Puiffances, mon cœur avec toutes fes affections, & mon corps avec tous fes fens, en vous proteftant que je ne veux plus me fervir de rien de tout ce qui eft en moi contre la volonté de votre divine Majefté, & me dévouant à vous avec toute l'obéiffance que vous doit une fidelle créature. Mais hélas! fi par la malice de mon ennemi, ou par quelque infirmité humaine, je manque de fidélité à vos graces & à mes bonnes réfolutions, je protefte que je ne négligerai rien, avec la grace du Saint-Efprit, pour me relever au moment de ma chûte.

Voilà ma réfolution inviolable, & mon intention à jamais irrévocable, auxquelles je ne veux mettre ni aucune réferve, ni aucune exception. Je fais cette proteftation en la divine préfence de mon Dieu, à la vue de l'Eglife triomphante, & à la face de l'Eglife militante, ma mere, qui la reçoit ici par fon miniftre député à cet effet. Daignez, ô Dieu éternel! tout bon & tout-puiffant, Pere, Fils & Saint-Efprit, recevoir en odeur de fuavité ce facrifice que je vous fais de tout ce que je fuis : & comme il

vous a plu me faire la grace de vous le présenter, qu'il plaise aussi à votre divine bonté
de me faire encore la grace d'en remplir les
obligations. O mon Dieu ! vous êtes mon
Dieu, le Dieu de mon cœur, le Dieu de
mon esprit, le Dieu de toute mon ame : je
vous adore & je vous aime, comme je veux
vous adorer & vous aimer durant toute l'é-
ternité. Vive Jesus.

CHAPITRE XXI.

Conclusion de tout ce qui a été dit du pre-
mier degré de la pureté d'Ame.

APRÈS avoir fait cette protestation, écoutez en esprit, & avec toute l'attention
de votre cœur, la sentence que Jesus-Christ
prononcera dans le Ciel, sur le Trône de
sa miséricorde, en présence des Anges &
des Saints, en même-temps que sur la terre
le Prêtre vous donnera l'absolution de vos
péchés. C'est alors que ce que Jesus-Christ
nous a dit, s'accomplira pour vous dans le
Ciel : car on s'y réjouira de voir votre cœur
rétabli en l'amour de Dieu, & rentré dans
la société des Anges & des Saints, qui s'u-
niront à votre ame en esprit d'amour & de
paix, & qui chanteront en la présence de

Dieu le faint Cantique de l'alégreſſe ſpirituelle.

O Dieu, Philothée! l'admirable & l'heureux traité qué celui-là, par lequel vous
vous donnez à Dieu, & il ſe donne à vous,
en vous rendant à vous-même pour vivre
éternellement. Il ne vous reſte donc plus
rien à faire qu'à prendre la plume pour ſigner
l'acte de votre proteſtation : & puis allez-
vous-en à l'Autel, où Jeſus-Chriſt ratifiera
l'abſolution de ſon Miniſtre, & confirmera
la promeſſe qu'il vous a faite de vous donner ſon Paradis, en ſe mettant lui-même
par ſon Sacrement, comme un ſceau ſa-
cré ſur votre cœur, ainſi renouvellé en ſon
amour.

Voilà donc votre ame à ce premier degré de pureté, lequel conſiſte dans l'exemp-
tion du péché mortel, & toutes les mauvaiſes affections qui peuvent vous y porter.
Cependant comme ces affections renaiſſent
ſouvent & facilement en nous, ſoit par la
raiſon de notre infirmité, ſoit à cauſe de notre concupiſcence, que nous pouvons bien
modérer & régler, & que nous ne pouvons
jamais éteindre, il eſt néceſſaire que je vous
précautionne contre ce danger, & contre
ce malheur, par les avis qui me ſemblent
les plus ſalutaires. Mais parce que ces mêmes avis peuvent vous conduire à un ſecond
degré de la pureté d'ame, beaucoup plus

excellent que le premier, il faut qu'avant de vous les donner, je vous parle de cette pureté d'ame plus parfaite, à laquelle je defire de vous conduire.

CHAPITRE XXII.

Qu'il faut purifier l'ame de toutes les affections aux péchés véniels.

A Mesure que le jour croît le matin, nous voyons mieux dans le miroir les taches & les fouillures de notre visage : de même, à proportion que le Saint-Esprit nous communique plus de cette lumiere intérieure, qui éclaire notre conscience, nous découvrons plus distinctement & plus évidemment les péchés, les imperfections & les inclinations, qui peuvent mettre en nous quelque opposition à la sainte dévotion : & remarquez que cette même lumiere, qui éclaire notre esprit sur nos défauts, excite encore dans notre cœur un ardent desir de nous en corriger.

C'est donc ainsi, Philothée, que votre ame ayant été purifiée des péchés mortels, & de toutes les affections qui vous y portent, vous découvrirez encore dans vous un grand fonds de méchantes dispositions, qui l'inclinent au péché véniel : je ne dis pas que vous y découvriez beaucoup de péchés véniels ; mais que vous la trouverez remplie de beaucoup de mauvaises affections, qui font les principes des péchés véniels. Or l'un est bien différent de l'autre : car, par exemple, se plaire habituellement au mensonge est bien autre chose que de mentir une fois ou deux de gaieté de cœur : nous ne pouvons pas nous préserver si universellement de tout péché véniel, que nous ne persévérions long-temps dans cette parfaite pureté d'ame ; mais détruire en nous toute l'affection au péché véniel, c'est ce que nous pouvons avec la grace de Dieu ; nous devons nous y appliquer.

Cela étant ainsi présupposé, je dis qu'il faut aspirer à ce second degré de pureté d'ame, lequel consiste à ne nourrir en nous volontairement aucune mauvaise inclination à quelque péché véniel que ce soit : car, en vérité, ce seroit une grande infidélité, & une lâcheté bien coupable, que de conserver en nous habituellement, & de dessein, une disposition aussi désagréable à Dieu que celle de vouloir lui déplaire. En effet, le péché véniel, pour petit qu'il soit, déplaît à Dieu, bien qu'il ne déplaise pas au point de nous attirer sa malédiction éternelle : si donc le péché véniel lui déplaît, certainement cette affection habituelle que l'on a au péché véniel,

niel, n'est autre chose qu'une disposition habituelle d'esprit & de cœur, à vouloir déplaire à sa divine Majesté. Seroit-il donc possible qu'une ame bien réconciliée avec son Dieu, voulût non-seulement lui déplaire, mais affectionner à lui déplaire?

Toutes ces affections déréglées, Philothée, sont directement opposées à la dévotion, comme l'affection au péché mortel l'est à la charité : elles rendent l'esprit languissant, elles éloignent les consolations divines, elles ouvrent le cœur aux tentations, & bien qu'elles ne donnent pas la mort à l'ame, elles lui causent de grandes & dangereuses maladies. *Les mouches mourantes,* dit le Sage, *font perdre à un baume précieux toute la bonté de son odeur, & toute sa vertu.* Il veut dire que les mouches ne s'y arrêtant que légérement, & n'en prenant que tant soit peu de la superficie, elles ne le gâtent pas dans toute sa masse; mais que si elles y meurent, elles le corrompent entiérement. De même la dévotion ne souffre qu'une légere atteinte des péchés véniels, que l'on commet de temps en temps; mais s'ils forment dans l'ame une vicieuse habitude, ils détruisent entiérement la sainte dévotion.

Les araignées ne tuent pas les mouches à miel, mais elles gâtent leur miel; & quand elles s'attachent à la ruche, elles en embar-

D

raſſent ſi fort les rayons avec leurs toiles,
que les abeilles ne peuvent plus y travailler : ainſi les péchés véniels ne donnent pas
la mort à notre ame, mais ils alterent la dévotion ; & ſi on les commet par une mauvaiſe inclination habituelle, il ſe fait dans
l'ame je ne ſais quel embarras d'habitudes
vicieuſes & de mauvaiſes diſpoſitions qui
l'empêchent d'agir avec cette ferveur de
charité, en laquelle conſiſte la vraie dévotion. C'eſt peu de choſe, Philothée, que
de faire un léger menſonge ; de ſe dérégler tant ſoit peu en paroles ou en actions,
de laiſſer échapper à ſes yeux un regard
trop naturel ou ſeulement curieux ; de ſe
plaire un jour à la vanité des ajuſtements ;
de s'engager une fois dans quelque aſſem-
blée de danſe ou de jeu, dont le cœur puiſſe
ſouffrir quelque légere atteinte : tout cela,
dis-je, eſt peu de choſe, pourvu que nous
ſoyons bien attentifs à défendre le cœur de
l'inclination & de l'attachement qu'il pourroit y prendre ; à-peu-près comme les abeilles s'efforcent de chaſſer les araignées qui
gâtent leur miel. Mais ſi tout cela revient
ſouvent, & ſi, comme il arrive toujours,
le cœur y prend cette inclination & cet attachement, l'on perd bientôt la ſuavité de
la dévotion, & toute la dévotion même.
Encore une fois, quelle apparence qu'une
ame généreuſe faſſe ſon plaiſir de déplaire

à Dieu, & s'affectionne à vouloir toujours ce qu'elle sait qui lui déplaît beaucoup?

<hr />

CHAPITRE XXIII.

Qu'il faut purifier l'ame de toute affection aux choses inutiles & dangereuses.

LE jeu, le bal, les festins, la comédie, & tout ce qu'on peut appeller les pompes du siecle, tout cela, dis-je, n'est nullement mauvais de soi-même & de son fonds, mais indifférent, & se peut prendre bien ou mal : l'usage néanmoins en est toujours dangereux; & l'affection qu'on y prendroit, en augmenteroit beaucoup le danger. C'est pourquoi je vous dis, Philothée, qu'encore que ce ne soit pas un péché qu'un jeu réglé, une danse modeste, une riche parure d'habits, sans aucun air de sensualité, une comédie honnête dans sa composition & dans sa représentation, un bon repas sans intempérance; cependant l'affection qu'on y auroit, seroit entiérement contraire à la dévotion, extrêmement nuisible à l'ame, & dangereuse pour le salut. Ah! quelle perte que d'occuper son cœur de tant d'inclinations vaines & folles, qui le rendent insensible aux impressions de la grace, &

qui le confument tellement, qu'il ne lui refte plus ni force ni application pour les chofes férieufes & faintes.

Voilà juftement la raifon pour laquelle dans l'ancien teftament, les Nazaréens s'abf-tenoient, non-feulement de tout ce qui peut enivrer, mais encore de manger du raifin, & même du verjus : ce n'eft pas qu'ils cruf-fent que ni l'un ni l'autre les pût enivrer; mais ils appréhendoient le danger qu'il y avoit qu'en mangeant du verjus, il ne leur prît envie de manger du raifin; & qu'en mangeant du raifin, ils ne fuffent tentés de boire du vin. Je ne dis donc pas, que nous ne puiffions jamais dans aucune occafion ufer des chofes dangereufes; mais je dis que nous ne pouvons jamais y avoir le cœur porté fans intéreffer la dévotion. Les cerfs qui font trop en venaifon, fe retirent dans leurs buiffons, & y obfervent une maniere d'abftinence, fentant bien que leur graiffe leur feroit perdre l'avantage de leur agilité, s'ils étoient pourfuivis par les Chaffeurs : & c'eft de cette forte que l'homme chargeant fon cœur de toutes ces affections inutiles, fuperflues & dangereufes, perd les bonnes difpofitions qui lui font néceffaires, pour courir avec ferveur & avec facilité dans les voies de la dévotion. Tous les jours les en-fants s'échauffent à courir après des papil-lons, fans que perfonne le trouve mauvais,

parce que ce font des enfants : mais n'eſt-
ce pas une choſe ridicule, & tout enſemble déplorable, de voir des hommes raiſon-
nables s'attacher avec empreſſement à des
bagatelles auſſi inutiles que celles dont nous
parlons, & qui, outre leur inutilité, les mettent en danger de ſe dérégler & de ſe perdre? Ainſi vous, Philothée, dont le ſalut
m'eſt ſi cher, je vous déclare la néceſſité
qu'il y a de dégager votre cœur de toutes
ces inclinations. Car bien que les actes particuliers n'en ſoient pas toujours contraires
à la dévotion, néanmoins l'affection & l'attachement qu'on y prend, lui cauſent toujours un grand préjudice.

CHAPITRE XXIV.

Qu'il faut même purifier l'ame des im-
perfections naturelles.

Nous avons encore, Philothée, de certaines inclinations naturelles, leſquelles n'ayant pas tiré leur origine de nos péchés particuliers, ne ſont ni péchés mortels,
ni péchés véniels : mais on les appelle imperfections, & on nomme leurs actes, des
défauts, & des manquements. Par exemple, ſainte Paule, comme le rapporte ſaint

Jérôme, étoit naturellement ſi mélancolique qu'elle penſa pluſieurs fois mourir de
triſteſſe à la mort de ſes enfants & de ſon
mari : c'étoit en elle une grande imperfection, & non pas un péché, par la raiſon
que la volonté n'y avoit point de part. Il y
en a qui ſont d'un naturel léger, d'autres
d'une humeur rébarbarative, d'autres d'un
eſprit indocile & dur à la complaiſance que
l'on doit aux ſentiments & aux conſeils de
ſes amis, pluſieurs d'une bile facile à s'enflammer, & pluſieurs d'une tendreſſe de
cœur trop ſuſceptible des amitiés humaines:
en un mot, il n'eſt preſque perſonne en
qui l'on ne puiſſe remarquer une imperfection ſemblable. Or quoique ces inclinations
ſoient naturelles, on peut les corriger &
les modérer, en tâchant d'acquérir les perfections contraires : l'on peut même s'en
défaire abſolument ; & je vous dis, Philothée, que vous devez aller juſques-là. N'a-
t-on pas trouvé l'art de donner de la douceur aux amandiers les plus amers, en les
perçant ſeulement au pied, pour en faire
ſortir un ſuc âpre & rude ? Pourquoi donc
ne pourrions-nous pas nous décharger de
nos inclinations perverſes, n'en retenant que
ce qu'elles ont de bon, pour en faire des
diſpoſitions favorables à la pratique de la
vertu ? Comme il n'y a point de ſi bon naturel que les habitudes vicieuſes ne puiſſent

corrompre, il n'y en a pas non plus de ſi méchant, qu'on ne puiſſe dompter, & entiérement changer par une conſtante application ſoutenue de la grace de Dieu.

Je m'en vais donc vous donner les avis, & vous propoſer les exercices que je juge les plus néceſſaires pour dégager votre ame de toutes les mauvaiſes affections au péché véniel, de tous les attachements aux choſes inutiles & dangereuſes, & de toutes les imperfections naturelles ; & votre ame en ſera encore mieux précautionnée contre le péché mortel : Dieu vous faſſe la grace de les bien pratiquer.

SECONDE PARTIE.

Divers avis pour élever l'ame à Dieu par l'Oraiſon, & par l'uſage des Sacrements.

CHAPITRE PREMIER.

De la néceſſité de l'Oraiſon.

PUISQUE l'Oraiſon fait entrer notre eſprit dans toute la lumiere de la Divinité, & tient notre volonté expoſée aux ardeurs du divin amour, il n'y a rien qui puiſſe mieux diſſiper les ténebres, dont l'erreur & l'ignorance ont obſcurci notre entendement, ni mieux purifier notre cœur de toutes nos affections dépravées. C'eſt l'eau de bénédiction qui doit nous ſervir à laver nos ames de nos iniquités, à déſaltérer nos cœurs preſſés par la ſoif de notre cupidité, à nourrir les premieres racines que la vertu y a jettées, & qui font les bons deſirs.

2. Mais je vous conſeille principalement l'oraiſon de l'eſprit & du cœur, & ſur-tout celle qui eſt occupée de la vie & de la paſ-

ſion de notre Seigneur ; car à force de le regarder dans l'exercice de la méditation, toute votre ame ſe remplira dé lui, & vous formerez votre conduite intérieure & extérieure ſur la ſienne. Il eſt la lumiere du monde : c'eſt donc en lui, & par lui, & pour lui que nous devons être éclairés. Il eſt le myſtérieux arbre du deſir dont parle la ſainte Epouſe des Cantiques : c'eſt donc à ſes pieds qu'il faut aller reſpirer un air plus doux, pour peu que le cœur ſe ſoit laiſſé échauffer par l'eſprit du ſiecle. Il eſt la vraie Fontaine de Jacob, cette ſource d'eau vive & pure. Il faut donc aller ſouvent à lui pour nettoyer l'ame de toutes ſes ſouillures. Vous le ſavez, les petits enfants entendant parler continuellement leurs meres, s'efforçant de bégayer avec elles, apprennent à parler la même langue : c'eſt de cette ſorte que nous attachant au Sauveur dans la méditation, y obſervant ſes paroles, ſes actions, ſes ſentiments & ſes inclinations, nous apprendrons, avec ſa grace, à parler comme lui, à agir comme lui, à juger comme lui, & à aimer ce qu'il a aimé. Il faut s'en tenir là, Philothée ; & croyez-moi, nous ne ſaurions aller à Dieu le Pere, que par cette porte, qui eſt Jeſus-Chriſt, ainſi qu'il nous l'a dit lui-même. La glace d'un miroir ne peut arrêter notre vue, à moins qu'elle ne ſoit appliquée à un corps

D v

opaque, comme le plomb ou l'étain. De même nous n'aurions jamais pu bien contempler la Divinité en cette vie mortelle, fi elle ne fe fût unie à notre humanité dans Jefus-Chrift, dont la vie, la paſſion & la mort, font pour nos Méditations l'objet le plus proportionné à la foibleſſe de nos lumieres, le plus doux à notre cœur, le plus utile au réglement de nos mœurs.

Le Sauveur s'eſt appellé le Pain deſcendu du Ciel pour bien des raiſons; en voici une : comme l'on mange le pain avec toutes fortes de viandes, nous devons ſi bien goûter l'eſprit de Jefus-Chrift dans la Méditation, que nous en étant nourris, nous le faſſions entrer dans toutes nos actions. C'eſt pour cela que pluſieurs Auteurs ont partagé ce que nous avons de ſa vie & de ſa paſſion, en divers points de Méditation : & ceux que je vous conſeille le plus, font ſaint Bonaventure, Bellitani, Bruno, Capiglia, Grenade, Dupont.

3. Donnez à cet exercice une heure chaque jour devant le dîner, & dès le matin, ſi vous pouvez, avant que vous ayiez perdu la netteté & la tranquillité d'eſprit que donne le repos de la nuit : mais n'y mettez pas plus de temps, à moins que votre Pere ſpirituel ne vous l'ait marqué expreſſément.

4. Si vous pouvez faire cet exercice tranquillement dans une Egliſe, je crois

que ce feroit le meilleur., parce que ni
pere, ni mere, ni femme, ni mari, ni aucune perfonne, ne pourra, ce me femble,
raifonnablement vous y difputer cette heure
de dévotion : au-lieu que dans votre maifon vous ne pourriez peut-être pas vous la
promettre toute entiere, ni fi libre, par la
raifon de la dépendance que vous y avez.

5. Commencez toujours votre priere,
foit la mentale, foit la vocale, par la préfence de Dieu : ne vous relâchez jamais
fur cette pratique, & vous verrez en peu
de temps combien elle eft utile.

6. Si vous m'en croyez, vous direz le
Pater, l'*Ave*, & le *Credo* en Latin : mais
vous apprendrez auffi à en bien entendre
les paroles par rapport à votre langue naturelle, afin que vous conformant à l'ufage
de l'Eglife pour la langue de la Religion,
vous puiffiez cependant en concevoir le fens
admirable, & en goûter la fuavité. Il les
faut dire avec une profonde attention au
fens qu'elles portent, & en prenant les affections qui y font conformes. Ne vous
laiffez pas aller à un mauvais empreffement
de faire beaucoup de prieres : mais appli-
quez-vous à les faire d'un bon cœur : car
un feul *Pater* dit avec un vrai fentiment
de piété, vaut mieux que plufieurs récités
avec précipitation.

7. Le chapelet eft une très-utile ma-

niere de prier, quand on le fait bien dire ; & pour vous en inſtruire, ayez quelques-uns des petits Livres qui en apprennent la méthode. Il eſt bon auſſi de dire les Litanies de notre Seigneur, de notre Dame, des Saints, & les autres Prieres que l'on peut trouver dans des heures bien approuvées : mais tout cela ne s'entend qu'à cette condition, que ſi vous avez le don de l'Oraiſon mentale, vous lui donniez toujours le premier temps & le meilleur. Remarquez bien que ſi après l'avoir faite, la multude de vos affaires, ou quelqu'autre raiſon ne vous laiſſe plus de temps pour vos prieres vocales, vous ne devez pas vous en inquiéter : & il ſuffira de dire ſimplement devant ou après la Méditation, l'Oraiſon Dominicale, la Salutation Angélique, & le Symbole des Apôtres.

8. Si en priant vocalement, votre cœur ſent quelque attrait à l'Oraiſon intérieure & mentale, bien-loin de le retenir, laiſſez-le s'y porter doucement, & ne vous troublez pas de ce que vous n'aurez pas achevé toutes ces prieres que vous vous étiez propoſées ; car l'oraiſon de l'eſprit & du cœur eſt beaucoup plus agréable à Dieu, & plus ſalutaire à l'ame que celle des levres. Vous entendez aſſez qu'il faut excepter de cette regle l'Office Eccléſiaſtique, ſi vous avez quelque obligation de le réciter.

9. Vous devez rejetter tout ce qui pourroit vous empêcher de faire ce faint exercice le matin. Si cependant la multitude de vos affaires, ou quelqu'autre raifon légitime vous le fait perdre, tâchez de la remplacer l'après-midi, à l'heure la plus éloignée du repas que vous pourrez, foit pour éviter l'affoupiffement, foit pour ne pas nuire à votre fanté. Si même vous prévoyez que de tout le jour vous ne puiffiez pas faire votre oraifon, il faut réparer cette perte en y fuppléant par ces fréquentes élévations de l'efprit & du cœur à Dieu, que nous appellons Oraifons jaculatoires ; par quelque lecture fpirituelle, par quelque pénitence qui prévienne les fuites de cette perte, & par une ferme réfolution de faire votre oraifon le lendemain.

CHAPITRE II.

Courte méthode pour bien méditer, & premiérement de la préfence de Dieu, laquelle fait le premier point de la préparation.

MAIS, Philothée, vous ne favez peut-être pas faire l'Oraifon ; car, malheureufement, c'eft une fcience peu connue à notre fiecle : il faut donc qu'en peu

de regles, je vous en dreſſe ici une méthode, en attendant que les bons Livres, &
principalement l'uſage, vous en inſtruiſent
à fond.

La premiere regle regarde la préparation,
& je la réduis à ces trois points : Se mettre
en la préſence de Dieu ; lui demander le
ſecours de ſes lumieres & de ſes inſpirations;
ſe propoſer le myſtere que l'on veut méditer.

Pour ce qui regarde le premier de ces
points, je vous propoſe quatre moyens principaux, dont vous pouvez aider votre nouvelle ardeur.

Le premier conſiſte dans une vive attention à l'immenſité de Dieu, qui eſt très-
univerſellement & très-réellement préſent à
toutes choſes & en tous lieux : de maniere
que comme les oiſeaux, en quelque région
qu'ils volent, trouvent l'air par-tout; ainſi,
quelque part où nous allions, où nous
ſoyons, nous trouvons toujours Dieu très-
préſent à nous-mêmes & à toutes choſes :
cette vérité eſt aſſez comue à tout le monde; mais chacun n'y fait pas l'attention néceſſaire. Les aveugles qui ſavent qu'ils ſont
en la préſence d'un Prince, ſe tiennent dans
le reſpect, quoiqu'ils ne le voient pas : mais
parce qu'ils ne le voient pas, ils perdent
aiſément l'idée de ſa préſence; & l'ayant
une fois perdue, ils perdent encore plus
facilement le reſpect qui lui eſt dû. Hélas,

Philothée! nous ne voyons pas Dieu, qui nous eſt préſent; & quoique la foi & notre raiſon nous avertiſſent de ſa préſence, nous en perdons bientôt l'idée, & alors nous nous comportons comme s'il étoit fort éloigné de nous : car bien que nous ſachions qu'il eſt préſent à toutes choſes, le défaut d'attention en ſa préſence nous met au même état, que ſi nous l'ignorions. C'eſt pourquoi nous devons toujours diſpoſer notre ame à l'oraiſon, par une profonde réflexion ſur la préſence de Dieu. David en avoit l'eſprit vivement frappé, quand il diſoit: *Si je monte au Ciel, ô mon Dieu! vous y êtes, & ſi je deſcends en enfer, vous y êtes auſſi.* Ainſi ſervons-nous des paroles de Jacob, qui, après avoir vu l'échelle myſtérieuſe dont je vous ai parlé, s'écria: *O que ce lieu eſt redoutable! Véritablement Dieu eſt ici, & je n'en ſavois rien.* Il vouloit dire qu'il n'y avoit pas fait de réflexion; car il ne pouvoit ignorer que Dieu ne fût par-tout. Hé donc! Philothée, quand vous vous préſenterez à l'oraiſon, dites de tout votre cœur à votre cœur même : O mon cœur, mon cœur! Dieu eſt véritablement ici.

La ſeconde maniere de ſe mettre en la préſence de Dieu, eſt de penſer que non-ſeulement il eſt où vous êtes, mais qu'il eſt en vous-même, au fond de votre ame; qu'il la vivifie, l'anime & la ſoutient par

sa divine préfence. Car comme l'ame, qui
eſt préfente à tout le corps, réſide néanmoins dans le cœur d'une maniere de préfence plus ſpéciale ; de même, Dieu, qui
eſt préfent à toutes choſes, eſt beaucoup
plus à notre ame : d'où l'on peut dire en
un bon ſens qu'il eſt l'ame lui-même. C'eſt
pour cela que David appelloit Dieu, *le Dieu
de ſon cœur.* C'eſt ce que ſaint Paul entend,
quand il dit, que *nous vivons, nous nous
mouvons, & nous ſommes en Dieu.* C'eſt
auſſi cette penſée qui excitera en votre cœur
une profonde vénération pour Dieu, qui
lui eſt ſi intimement préfent.

Le troiſieme moyen dont vous pouvez
vous aider, eſt de conſidérer que le Fils de
Dieu, en ſon humanité, regarde du Ciel
tout ce qu'il y a de perſonnes au monde,
mais particuliérement les Chrétiens, qui ſont
ſes enfants ; & encore plus ſpécialement ceux
qui ſont actuellement en priere, & dans
qui il obſerve le bon ou le méchant uſage
qu'ils en font. Or ce que je vous dis là,
n'eſt pas une ſimple imagination, mais un
fait très-réel : car bien que nous ne le voyions
pas comme ſaint Etienne le vit dans ſon
martyre, cependant il a les yeux attachés
ſur nous comme il les avoit ſur lui ; &
nous pouvons lui dire quelque choſe de
ſemblable à ce que l'Epouſe des Cantiques
dit de ſon Epoux : *Il eſt là, le voilà lui-*

*même, il m'est caché, & je ne puis le voir;
mais il me voit & il me regarde.*

La quatrieme maniere confiste à s'imaginer que Jefus-Chrift eft dans le même lieu où nous fommes, comme fi nous le voyions devant nous, & à-peu-près comme nous avons coutume de nous repréfenter nos amis, & de dire : Je m'imagine de voir un tel qui fait ceci & cela ; il me femble que je le vois, que je l'entends. Mais, Philothée, fi vous étiez devant le très-faint Sacrement de l'Autel, cette préfence de Jefus-Chrift dans l'Eglife avec vous feroit très-réelle, & non pas feulement imaginaire : car les efpeces ou les apparences du pain font comme un voile qui le cache à nos yeux, véritablement il nous voit & nous confidere, quoique nous ne le voyions pas en fa propre forme. Vous vous fervirez donc de l'une de ces quatre pratiques pour vous mettre en la préfence de Dieu, & non pas de toutes les quatre enfemble, & cela même doit fe faire briévement & fimplement.

CHAPITRE III.

DE L'INVOCATION.

Second point de la préparation.

L'INVOCATION se fait en cette maniere. Votre ame se sentant bien présente à Dieu, doit se laisser pénétrer d'une grande vénération, & se juger absolument indigne de sa présence : & néanmoins sachant que Dieu le veut ainsi, demandez-lui la grace de le glorifier en cette Méditation. Si vous le voulez, vous pouvez user de quelques paroles couvertes & enflammées, comme celles-ci qui sont du Prophete Royal : *Ne me rejettez point, ô mon Dieu! de devant votre face, & ne m'ôtez pas votre Saint-Esprit : répandez la lumiere de vos yeux sur cette ame dévouée à votre service, & je considérerai vos merveilles: donnez-moi à comprendre votre Loi, & je l'observerai de tout mon cœur.* Il est encore fort utile d'invoquer votre saint Ange Gardien & les saintes personnes qui auront eu quelque part au mystere que vous méditerez; comme dans la méditation de la mort de notre Seigneur, de la sainte Vierge, saint Jean, sainte Magdeleine, & les autres *Saints* ou *Saintes*, les priant de vous communiquer les sentiments qu'ils y eurent, ou bien dans la Méditation de votre propre mort, votre saint Ange Gardien qui y sera présent; & il faut observer cela dans tous les autres mysteres ou sujets d'Oraison.

CHAPITRE IV.

DE LA PROPOSITION DU MYSTERE.

Troisieme point de la préparation.

IL y a encore un troisieme prélude de l'Oraison mentale, qui n'est pas commun à toutes les Méditations, & qu'on appelle la composition du lieu. Cela consiste dans un certain exercice de l'imagination, par lequel l'on se représente le mystere, ou le fait que l'on veut méditer, comme si les choses se passoient réellement à nos yeux. Par exemple, si vous voulez méditer la mort de Jesus crucifié sur le Calvaire, vous vous formerez une idée de toutes ses circonstances, telles que les Evangélistes nous les ont marquées par rapport au lieu, aux personnes, aux actions & aux paroles. Et je vous dis la même chose de tous les

autres fujets qui tombent fous les fens,
comme la mort & l'enfer, ainfi que vous
l'avez vu : mais cette pratique ne convient
pas aux autres Méditations, dont les fujets
n'ont rien de fenfible ; tels que font la grandeur de Dieu, l'excellence des vertus, la
fin de notre création. Il eft vrai que l'on
pourroit bien y employer quelque fimilitude
ou comparaifon, comme nous le voyons
dans les belles paraboles du Fils de Dieu ;
mais cela n'eft pas fans difficulté, & je ne
veux traiter avec vous que fort fimplement,
& fans fatiguer votre efprit de la recherche
de femblables idées. Or l'utilité de cet exercice de l'imagination, eft que nous renfer-
mions notre efprit dans l'étendue du fujet
que nous méditons, de peur qu'étant auffi
volage qu'il l'eft, il ne nous échappe pour
fe répandre fur d'autres fujets ; & je vous
le dirai tout bonnement, c'eft lui faire ce
que l'on fait à un oifeau que l'on renferme
dans une cage, ou à un épervier que l'on
attache à fes longes, afin qu'il demeure fur
le poing.

Quelques-uns nous diront qu'il vaut mieux,
dans la repréfentation des myfteres, ufer de
la fimple penfée de la foi, & de la fimple
vue de l'efprit, ou bien les confidérer comme s'ils fe paffoient dans votre efprit : mais
cela eft trop fubtil pour un commençant ;
& à l'égard de tout ce qui eft d'une plus

grande perfection, je vous conseille, Philothée, de vous tenir au pied de la montagne
avec beaucoup d'humilité, jusqu'à ce que
Dieu vous éleve plus haut.

CHAPITRE V.

DES CONSIDÉRATIONS.

Seconde partie de la Méditation.

CET exercice de l'imagination doit être
suivi de celui de l'entendement que
nous appellons méditation, & qui n'est autre chose que l'application aux considérations capables d'élever notre volonté à Dieu,
& de nous affectionner aux choses saintes
& divines : & c'est en cela que la méditation est fort différente de l'étude, car la fin
de l'étude est la science ; mais la fin de la
méditation est l'amour de Dieu, & la pratique de la vertu. Après donc avoir renfermé, comme je vous l'ai dit, votre esprit
dans l'étendue du sujet que vous voulez
méditer, appliquez votre entendement aux
considérations qui en sont comme la substance & l'exposition : & si votre esprit trouve
assez de goût, de lumiere & d'utilité dans
une seule de ces considérations, il faut l'y

arrêter, imitant les abeilles qui ne quittent
point la fleur à laquelle elles se sont attachées, tandis qu'elles y trouvent du miel à
recueillir. Mais si votre esprit a de la peine
à y entrer, & que votre cœur n'y sente pas
d'attrait ; après avoir un peu de temps es-
sayé votre cœur & votre esprit, passez à une
autre considération, cependant sans aucune
curiosité & sans précipitation.

CHAPITRE VI.

DES AFFECTIONS ET DES RÉSOLUTIONS.

Troisieme partie de la Méditation.

C'EST par cette vive attention de l'esprit que la Méditation excite en notre
volonté tant de bons & saints mouvements,
tels que sont l'amour de Dieu & du prochain, le desir de la gloire céleste, le zele
du salut des ames, l'ardeur à imiter la vie
de Jesus-Christ, la compassion, l'admiration, la joie, la crainte de déplaire à Dieu,
la haine du péché, la crainte du jugement
& de l'enfer, la confusion de nos péchés,
l'amour de la pénitence, la confiance en
la miséricorde de Dieu, & les autres affections dans lesquelles l'ame doit s'exercer &

s'épancher le plus qu'elle pourra. Si vous voulez vous aider de quelques Livres pour vous en inftruire mieux, prenez le premier Tome des Méditations de Dom André Capiglia, & lifez-en la Préface ; car il y enfeigne l'art de s'exercer en cette pratique, & le Pere Arias le fait encore d'une maniere plus étendue dans fon Traité de l'Oraifon.

Il ne faut pas pourtant, Philothée, s'arrêter fi fort à ces affections générales, que vous n'en formiez des réfolutions fpéciales, & bien particularifées fur le réglement de vos mœurs. Ainfi la premiere parole de notre Seigneur fur la Croix produira en votre ame le defir de l'imiter fur le pardon & l'amour des ennemis, cela eft peu de chofe, fi vous ne formez votre réfolution en cette maniere : Eh bien ! je ne m'offenferai plus de telles & telles paroles fâcheufes de la part d'un tel où d'une telle, ni de tel & tel mépris, que celui-ci ou celui-là fait de moi ; au contraire, je dirai & ferai telle ou telle chofe pour adoucir l'efprit de l'un, & pour gagner le cœur de l'autre. Voilà, Philothée, le vrai moyen de vous corriger promptement de vos fautes : au-lieu que vous n'y réuffirez, avec ces affections générales, que difficilement, fort tard & peut-être jamais.

CHÀPITRE VII.

De la Conclusion, & du Bouquet spirituel.

ENFIN l'on doit terminer la méditation par trois actes qui demandent beaucoup d'humilité. Le premier est de remercier Dieu de la reconnoissance qu'il nous a donnée de sa miséricorde, ou d'une autre de ses perfections, & de toutes les saintes affections. & résolutions que sa grace a opérées en nous.

Le second est d'offrir à sa divine Majesté toute la gloire qui peut lui revenir de sa miséricorde, ou d'une autre de ses perfections, lui présentant encore toutes nos affections & résolutions en union des vertus de Jesus-Christ son Fils & des mérites de sa mort.

Le troisieme doit être une humble priere, par laquelle nous demandons à Dieu la grace de participer aux mérites de son Fils, l'esprit des ses vertus, & principalement la fidélité à nos résolutions dont nous devons reconnoître que l'exécution dépend de sa sainte bénédiction. Priez en même temps pour l'Eglise, pour vos Pasteurs, vos parents, amis, & autres personnes, par l'intercession de Notre-Dame, des Anges & des Saints,

&

& finiſſez par dire le *Pater* & l'*Ave*, qui ſont les prieres communes & néceſſaires à tous les fideles.

Au reſte, vous ſavez ce que je vous ai dit du banquet ſpirituel de la méditation, & voici encore une fois ce que j'en penſe. Ceux qui ſe ſont promenés le matin dans un beau jardin, n'en ſortent pas bien ſatisfaits, s'ils n'en prennent quelques fleurs pour avoir le plaiſir de les ſentir le reſte du jour : c'eſt ainſi qu'il faut recueillir le fruit de votre méditation, en vous formant une idée de deux ou trois choſes qui vous auront plus frappé l'eſprit & plus touché le cœur, pour les repaſſer de temps en temps dans le cours de la journée, & pour vous ſoutenir dans vos bons propos. C'eſt ce que l'on fait au lieu même où l'on a médité, en ſe promenant un peu de temps, ou autrement avec une douce attention.

CHAPITRE VIII.

Avis très-utiles ſur la pratique de la Méditation.

Il faut, Philothée, que durant le jour vous teniez vos bonnes réſolutions ſi préſentes à votre eſprit & à votre cœur, que vous ne manquiez pas de les pratiquer dans

E

l'occasion : car c'est là le fruit de l'Oraison mentale, & sans cela non-seulement elle ne sert de rien, mais souvent elle nuit beaucoup. Il est vrai, la fréquente méditation des vertus sans la pratique nous enfle l'esprit & le cœur, & nous fait croire insensiblement que nous sommes tels que nous avons résolu d'être. Certainement cela seroit ainsi, si nos résolutions avoient de la force & de la solidité ; mais parce qu'elles en manquent, elles sont toujours vaines ; & parce qu'elles sont sans effet, elles sont toujours dangereuses. Il faut donc tâcher par toutes sortes de moyens de les mettre en pratique ; l'on doit même en chercher les occasions, & les petites aussi-bien que les grandes. Par exemple, si j'ai résolu de gagner par douceur l'esprit des personnes qui m'offensent, je les chercherai ce jour-là pour les saluer d'un certain air d'estime & d'amitié ; & si je ne puis pas les rencontrer, du moins j'en parlerai avantageusement, & je prierai Dieu pour elles.

Mais en sortant de l'Oraison, prenez garde de ne donner à votre cœur aucune agitation violente ; car en s'épanchant dans ce mouvement, il perdroit ce baume céleste qu'il a reçu dans la méditation : je veux dire qu'il faut un peu demeurer dans le silence, si vous le pouvez, & retenant l'idée & le goût de vos bonnes affections, faire

paſſer doucement votre cœur de l'Oraiſon
aux affaires. Imaginez-vous un homme qui a
reçu dans un beau vaſe de porcelaine quelque liqueur de grand prix pour l'emporter
chez lui : voyez-le marcher pas-à-pas ſans
regarder derriere ſoi, ni à côté, mais toujours devant ſoi, de peur de faire un faux
pas, ou de heurter quelque pierre ; & s'il
s'arrête même quelquefois, c'eſt pour voir
ſi le mouvement de ce vaſe ne lui fait rien
perdre de ſa précieuſe liqueur. Conduiſez-
vous de la ſorte après votre Méditation : ne
vous laiſſez pas diſtraire & diſſiper tout-d'un-
coup, mais regardez avec une ſimple &
tranquille attention, le chemin que vous
avez à tenir : s'il ſe préſente une perſonne
à qui vous deviez parler, c'eſt une néceſſité, il faut s'y accommoder ; mais ayez de
l'attention ſur votre cœur, de peur qu'il ne
perde la précieuſe ſuavité dont le Saint-Eſprit l'a rempli dans l'Oraiſon.

Il faut même vous accoutumer à paſſer de
l'Oraiſon à toutes les actions que votre pro-
feſſion exige de vous, bien qu'elles vous pa-
roiſſent fort éloignées des ſentiments & des
réſolutions de votre méditation. Ainſi un
avocat doit ſavoir paſſer de la méditation
au barreau ; un marchand au trafic ; une
femme au ſoin de ſon domeſtique, avec tant
de douceur & de tranquillité, que l'eſprit
n'en ſouffre aucun trouble : car puiſque l'un

& l'autre font également de la volonté de Dieu, il faut paffer de l'un à l'autre avec une entiere égalité de dévotion & de foumiffion à la volonté de Dieu.

Il arrivera quelquefois, qu'après avoir fait la préparation de votre méditation, votre ame fentira une douce émotion, qui la tranfportera tout-d'un-coup en Dieu : alors, Philothée, laiffez toute cette méthode que je vous ai donnée : car bien que l'exercice de l'entendement doive précéder celui de la volonté, cependant fi le Saint-Efprit opere en vous par fes impreffions fur votre volonté ces faintes affections, que les confidérations de la méditation y doivent exciter, n'allez plus chercher dans votre efprit ce que vous avez déja dans le cœur. Enfin, c'eft une regle générale, qu'il faut toujours ouvrir le cœur aux affections qui y naiffent, bien-loin de les imprimer, ou de les y retenir captives, en quelque temps que ce foit, foit avant les confidérations, foit après. Vous devez encore fuivre cette regle pour tous les actes de Religion qui entrent dans la méditation, comme l'action de grace, l'oblation de foi-même, & la priere, pourvu que vous leur conferviez toujours leur place naturelle dans la conclufion de la méditation. A l'égard des réfolutions qui font les déterminations des affections, l'ordre naturel eft de ne les faire qu'enfuite des affections, & fur la fin de la méditation, parce qu'ayant à nous y repréfenter plufieurs objets particuliers & familiers, leur idée pourroit ouvrir l'efprit aux diftractions, fi elles étoient mêlées avec les affections.

Enfin, il eft bon d'ufer de quelques colloques dans cet exercice de la volonté, adreffant la parole tantôt à notre Seigneur, tantôt aux Anges, aux Saints, fur-tout à ceux qui ont eu part au myftere que l'on médite foi-même; à fon propre cœur, aux pécheurs, même aux créatures infenfibles, comme l'on voit que David fait dans fes Pfeaumes, & d'autres Saints en leurs méditations & en leurs prieres.

CHAPITRE IX.

Des fécherefes de l'efprit dans la Méditation.

S I vous ne trouvez pas de goût à la méditation, & que vous n'en fentiez pas votre ame confolée, ne vous troublez pas, Philothée, je vous en conjure, & tâchez à vous bien fervir des obfervations fuivantes. Faites quelques-unes de ces prieres vocales, qui font les plus douces à votre cœur, plaignez-vous amoureufement à Jefus-Chrift: appellez-le à votre fecours; baifez refpec-

tueufement fon image, fi vous l'avez ; con-
feffez votre indignité, dites-lui comme Jacob : Quoi qu'il en foit, Seigneur, *je ne*
vous quitterai point que vous ne m'ayez
donné votre bénédiction; ou bien comme
la Cananée : *Oui, Seigneur, je fuis une*
chienne; mais les chiens mangent les miet-
tes qui tombent de la table de leur maître.

Prenez quelquefois un livre, & le lifez
dévotement jufqu'à ce que vous ayiez donné
plus d'attention, & une meilleure fituation
à votre efprit : excitez votre cœur le plus
vivement que vous pourrez par quelque acte
extérieur de dévotion, vous profternant en
terre, croifant les mains fur la poitrine, tenant entre vos bras un crucifix; je fuppofe
que vous n'êtes en préfence de perfonne.
Si après cela vous vous trouvez dans une
égale fécherefe, ne vous en troublez pas
encore : mais continuez à vous tenir en la
préfence de Dieu avec beaucoup de refpect. Vous le favez, combien y a-t-il de
Courtifans qui vont cent fois l'année à la
Cour fans aucune efpérance de parler au
Prince, mais feulement pour être vus de
lui, pour lui rendre leurs devoirs, & comme
nous difons, pour faire leur cour? Allons
ainfi, Philothée, à la fainte Oraifon avec une
fimple & fidelle vue de notre devoir. S'il
plaît à la divine Majefté de nous y parler
par fes infpirations, & de nous y donner en

même temps de quoi lui parler, ce nous fera affurément un grand honneur & un délicieux plaifir. Mais s'il ne daigne pas nous faire cette grace, & qu'il nous laiffe là fans nous parler, non plus que s'il ne nous voyoit pas, ou que nous ne fuffions pas en fa préfence, nous ne devons pas pourtant en fortir. Au contraire, nous devons y demeurer avec attache, avec un grand refpect, & dans une douce tranquillité d'efprit. Alors notre patience & notre perfévérance nous feront trouver grace devant fes yeux tôt ou tard, & quand nous reviendrons la premiere fois devant lui, il nous recevra avec un regard favorable, il entrera dans le faint commerce de la méditation avec nous, & nous y fera goûter par fes confolations toute la fuavité de fon efprit. Mais quand cela nous manqueroit encore, contentons-nous, Philothée, de l'honneur que nous avons d'être auprès de lui, & préfent aux yeux de fon adorable majefté.

CHAPITRE X.

De l'exercice du matin.

OUTRE l'Oraifon mentale, & la priere vocale, il y a d'autres temps, & d'autres manieres de prier : & le premier exercice de tous eſt celui du matin, qui doit ſervir d'une préparation générale à toute la conduite de la journée. Voici la méthode de le bien faire.

1. Adorez Dieu avec une profonde vénération : remerciez-le de vous avoir conſervé durant la nuit : & ſi votre conſcience vous reproche quelque choſe depuis votre examen du ſoir, demandez-lui-en pardon.

2. Conſidérez que le jour préſent vous eſt donné pour mériter l'éternité bienheureuſe, & faites un ferme propos de l'employer tout entier à cette intention.

3. Prévoyez les affaires dont votre prudence doit s'occuper ce jour-là, les occaſions que vous y aurez de glorifier Dieu, & la tentation que la colere ou la vanité, ou quelqu'autre paſſion pourroit vous y faire naître. Après cette inſpection, préparez-vous par une ſainte réſolution à bien profiter de tous les moyens que vous aurez de ſervir Dieu & d'avancer votre perfection : au contraire, armez-vous de toute la fermeté de votre eſprit, pour éviter, ou pour combattre & vaincre tout ce qui vous y fera quelque obſtacle. Mais cette ſimple réſolution ne ſuffit pas, il faut la ſoutenir par la préparation des moyens que vous pouvez avoir de l'exécuter. Par exemple, ſi je prévois que je doive traiter de quelque affaire avec une perſonne que la colere enflamme

aisément, non-seulement je me précaution-
nerai du mieux que je pourrai pour ne pas
l'offenser ; mais afin de prévenir son humeur, je préparerai les manieres de parler
les plus douces & les plus honnêtes ; ou bien
pour le contenir, j'engagerai quelques personnes à s'y trouver avec moi. Si je prévois que j'aie à visiter quelques malades,
j'en disposerai l'heure, toutes les circonstances, les manieres les plus utiles de les
consoler, & les secours que je pourrai leur
donner.

4. Reconnoissez devant Dieu avec humilité, l'impuissance où vous êtes de rien faire
de tout cela, soit pour pratiquer le bien,
soit pour éviter le mal : & comme si vous
teniez votre cœur en vos mains, offrez-le
avec toutes vos bonnes résolutions à sa divine majesté, la suppliant de le prendre en
sa protection, & de le fortifier dans son service. Dites-lui : ô Seigneur ! voilà ce pauvre
& misérable cœur, à qui votre bonté a fait
prendre aujourd'hui tant de bonnes résolutions : mais hélas ! il est trop foible & trop
inconstant pour faire le bien qu'il desire, à
moins que vous ne lui donniez votre sainte
bénédiction. C'est à cette intention que je
vous la demande, ô Pere des miséricordes !
par les mérites de la passion de votre Fils,
à la gloire duquel je consacre cette journée, & le reste de ma vie. Ajoutez à cette

courte priere l'invocation de la sainte Vierge,
de votre bon Ange & des Saints, afin qu'ils
vous aident de toute leur protection. Au
reste, cet exercice que vous devez faire le
matin, avant que de sortir de la chambre,
si cela se peut, doit être vif & ardent, afin
que la bénédiction de Dieu, que vous y aurez obtenue, se répande sur toute la journée : mais je vous prie, Philothée, de ne
l'omettre jamais.

CHAPITRE XI.

*De l'exercice du soir, & de l'examen de
conscience.*

COMME vous aurez nourri votre ame
le matin du pain céleste de la méditation avant votre dîné, il faudra prendre encore un peu de cette nourriture spirituelle
avant votre soupé. Ménagez-vous donc quelque petit temps avant le repas du soir : &
alors prosternez-vous devant Dieu au pied
de votre crucifix, en rappellant votre esprit à la dissipation où vous avez été : rallu-
mez en votre cœur le feu de la méditation
du matin par de profondes humiliations, par
des inspirations du divin amour, par des
élancements amoureux de votre ame dans
les plaies de votre aimable Sauveur : ou

bien, repaſſez en votre eſprit & au fond de votre cœur tout ce que vous avez le plus goûté dans votre Oraiſon, à moins que vous n'aimiez mieux vous occuper d'un nouveau ſujet.

Pour ce qui eſt de l'examen de conſcience, que l'on doit faire avant que de ſe coucher, chacun en ſait la pratique.

1. Nous devons remercier Dieu de nous avoir conſervés durant le jour.

2. On examine toute ſa conduite d'action en action, & par rapport à leurs circonſtances.

3. Si l'on trouve que l'on ait fait quelque bien, on en rend graces à Dieu : ſi au contraire on l'a offenſé, ou en penſées, ou en paroles, ou en œuvres, on lui en demande pardon par un acte de contrition qui doit renfermer la douleur des péchés, le bon propos de s'en corriger, & la volonté de s'en confeſſer à la premiere occaſion.

4. Après cela on recommande à la divine Providence ſon corps, ſon ame, l'Egliſe, ſes parents & ſes amis, & l'on invoque la ſainte Vierge, les Saints & ſon Ange gardien, les priant de veiller ſur nous : & puis avec la bénédiction de Dieu, l'on ſe met en état de prendre le repos qu'il a voulu nous rendre néceſſaire.

L'on ne doit jamais omettre cet exercice du ſoir, non plus que celui du matin : & il faut penſer que comme par celui du matin

l'on ouvre les yeux à la lumiere du Ciel,
ainſi par celui du ſoir on les ferme aux ténebres de l'enfer.

CHAPITRE XII.

De la retraite du cœur.

C'EST ici, Philothée, que je vous ſou-
haite plus de docilité à ſuivre mes
conſeils : car c'eſt l'article dont je crois
que votre avancement ſpirituel dépend davantage.

Rappellez-vous le plus ſouvent que vous
pourrez durant le jour à la préſence de Dieu,
vous ſervant de l'une des quatre pratiques
que je vous ai données. Conſidérez ce que
Dieu fait, & ce que vous faites : vous verrez qu'il a toujours les yeux attachés ſur
vous, avec un amour incroyable. O mon
Dieu! direz-vous, pourquoi eſt ce que je
n'ai pas toujours les yeux attachés à vous
contempler comme vous les avez toujours
à me regarder avec bonté? Pourquoi pen-
ſez-vous tant à moi, mon Seigneur? Et pourquoi eſt-ce que je penſe ſi peu & ſi rarement
à vous? Où ſommes-nous, ô mon ame? Notre place naturelle eſt d'être en Dieu, & où
eſt-ce que nous nous trouvons? Les oiſeaux
ont leurs nids pour s'y retirer au beſoin; les

cerfs ont leurs forts & leurs buiſſons pour.
s'y mettre à couvert de la perſécution des.
Chaſſeurs & des ardeurs du ſoleil : notre
cœur doit auſſi choiſir tous les jours quelque place ou ſur le mont du calvaire , ou dans
les plaies de Jeſus-Chriſt , ou en quelqu'autre.
endroit auprès de lui pour s'y retirer de temps.
en temps, pour s'y délaſſer du tumulte &
de la chaleur des affaires extérieures , & pour.
s'y défendre des inſultes de notre ennemi.
Oui , bienheureuſe ſera l'ame qui pourra.
dire avec vérité à notre Seigneur : vous êtes
ma maiſon de refuge, vous êtes mon rem-
part contre mes ennemis ; je reſpire un air
bien doux à l'ombre de vos ailes, & j'y ſuis
à couvert des injures du temps.

Souvenez-vous donc , Philothée, de vous
retirer ſouvent en la ſolitude de votre cœur
pendant que les affaires & les converſations
l'occupent extérieurement : de ſorte qu'il
demeure ſeul en la préſence de Dieu ſeul.
Tout ce qui vous environne ne peut vous.
fermer l'entrée de cette ſolitude, puiſque
tout cela n'eſt qu'au-dehors de vous-même ;
auſſi étoit-ce l'exercice ordinaire de David
au milieu de toutes ſes grandes occupations:
& nous en voyons mille exemples dans ſes
pſeaumes, comme lorſqu'il dit : *O Sei-*
gneur ! je ſuis toujours avec vous : je vous
vois toujours, mon Dieu, devant moi : j'ai
levé mes yeux vers vous, ô mon Dieu ! qui

babitez dans le Ciel : mes yeux fe portent
toujours vers Dieu.

En effet, nos converfations ne font pas
ordinairement fi férieufes, ni nos affaires toujours fi appliquantes, que notre ame ne puiffe
leur dérober un peu d'attention pour fe retirer dans fa chere folitude.

Le pere & la mere de fainte Catherine de
Sienne ne lui ayant laiffé ni aucun temps,
ni aucun lieu pour prier & pour méditer,
notre Seigneur lui infpira la penfée de fe faire
un petit oratoire au fond de fon cœur, ou
elle pût fe retirer en efprit, parmi tous les
foins pénibles dont fes parents l'accabloient.
Elle en ufa aïnfi, & elle ne reffentoit aucune
atteinte de toutes les peines que le monde
lui faifoit ; c'eft par cette raifon, difoit-elle,
qu'elle s'enfermoit dans fon cabinet intérieur, où elle fe confoloit avec fon célefte
époux : ce fut là fa pratique ordinaire, &
dès ce temps-là même elle la confeilla aux
autres.

Rappellez-vous donc quelquefois à la folitude intérieure de votre cœur, & là, dans
un grand dégagement de toutes les créatures, traitez des affaires de votre falut & de
votre perfection avec Dieu, comme un ami
traite avec un ami, cœur à cœur. Dites-lui
comme David : *J'ai veillé, & j'ai été fem-*
blable au pélican de la folitude : j'ai été
comme le bibou dans les mafures, comme

le passereau solitaire sur le toît de la mai-son. Ces paroles, prises dans le sens litté-ral, nous apprennent que ce grand Roi ayant rendu son cœur bien solitaire, passoit quelques heures du jour dans la contempla-tion des choses spirituelles. Mais si nous les prenons dans le sens mystique, elles nous découvrent trois charmantes solitudes, où nous pouvons nous retirer auprès de notre aimable Jesus. Cette comparaison du hibou, caché dans une masure, nous marque l'état humiliant du Sauveur couché sur la paille, dans une crêche, au milieu d'une étable, ca-ché & inconnu à tout le monde, dont il pleu-roit les péchés. La comparaison du Pélican qui se tire le sang des veines pour nourrir ses petits, ou même, dit-on, pour leur ren-dre la vie, nous marque l'état du Sauveur sur le Calvaire, où son amour lui a fait répan-dre son sang pour notre salut. La troisieme comparaison nous marque l'état du Sauveur dans sa glorieuse Ascension, lorsque tout petit & tout méprisable qu'il avoit paru au monde, il s'éleva de terre au Ciel d'une maniere si aimable. Retirons-nous souvent près de Jesus-Christ dans ces trois états.

Le bienheureux Elzéar, Comte d'Arian en Provence, étant depuis long-temps ab-sent, son épouse, la dévote & chaste Del-phine, lui envoya un courier exprès pour savoir l'état de sa santé, & il lui fit cette

réponſe : Je me porte bien, ma chere femme, & ſi vous me voulez voir, cherchez-
moi dans la plaie du côté de notre doux
Jeſus ; car c'eſt là où je demeure, & où
vous me trouverez : me chercher ailleurs,
c'eſt me chercher inutilement. En vérité,
c'étoit là un Chevalier bien chrétien.

CHAPITRE XIII.

Des aſpirations ou oraiſons jaculatoires,
& des bonnes penſées.

ON ſe retire en Dieu, parce qu'on aſpire à lui, & on y aſpire pour s'y retirer : ainſi la retraite ſpirituelle de cœur,
& l'aſpiration vers Dieu ſont faites l'une
pour l'autre, & toutes deux tirent leur origine des bonnes penſées.

Elevez donc ſouvent votre eſprit & votre cœur à Dieu, Philothée, par ces élancements vifs & courts de votre ame en lui.
Admirez l'infinie excellence de ſes perfections : implorez le ſecours de ſa puiſſance :
adorez ſa divine majeſté : offrez-lui votre
ame mille fois le jour : louez ſon infinie
bonté : jettez-vous en eſprit aux pieds de Jeſus crucifié : interrogez-le ſouvent ſur tout
ce qui regarde votre ſalut : goûtez intérieurement la douceur de ſon eſprit ; tenez-lui

la main, comme un petit enfant à son pere, en *le* priant de vous conduire ; mettez sa croix sur votre poitrine comme un bouquet délicieux : placez-la dans votre cœur comme un étendard sous lequel vous devez combattre vos ennemis : en un mot, tournez votre pauvre cœur en toutes sortes de sens, & donnez-lui tous les mouvements que vous pourrez, pour l'exciter à une tendre & vive dilection de votre divin époux.

C'est là la pratique des oraisons jaculatoires, que saint Augustin conseilloit si fortement à la dévote dame Proba : & si nous accoutumons notre ame à traiter ainsi familiérement avec Dieu, elle prendra toutes les impressions de ses divines perfections. Mais remarquez bien que cet exercice n'est ni difficile, ni incompatible avec vos occupations : car il n'y faut que des moments d'attention ; & même bien-loin qu'il détourne ou diminue l'application de l'esprit aux affaires, il la rend & plus efficace & plus douce. Le voyageur qui prend un peu de vin pour se rafraîchir la bouche, & pour se réjouir le cœur, ne perd pas son temps, parce qu'il prend de nouvelles forces, & qu'il ne s'arrête que pour marcher plus vîte, & faire plus de chemin.

L'on a fait pour cet usage plusieurs recueils d'oraisons jaculatoires, & je les crois tous fort utiles ; cependant je ne vous con-

feille pas de vous y affujettir : contentez-
vous de dire de cœur ou de bouche ce que
l'amour vous infpirera fur le champ ; & il
vous fuggérera tout ce que vous pourrez
fouhaiter. Il eft vrai qu'il y a de certaines
paroles pour lefquelles le cœur a un attrait
tout particulier, comme celles des pfeaumes, qui ont tant de feu, ou bien les di-
verfes invocations du faint nom de Jefus :
ou bien ces traits enflammés de l'amour
divin que nous avons dans le cantique des
cantiques : j'avoue même que les cantiques
fpirituels peuvent encore fervir à cette intention, pourvu qu'on les chante avec une
attention férieufe.

Appliquez ici l'exemple des perfonnes
qui s'aiment d'un amour humain & naturel : tout en eux eft occupé de cet amour,
l'efprit, la mémoire, le cœur, & la langue ; que de penfées, que de fouvenirs,
que de réflexions, que de tranfports, que
de louanges, que de proteftations, que
d'entretiens & de lettres ! L'on veut toujours y penfer, & toujours en parler, ou
en écrire quelque chofe, même fur l'écorce
des arbres que l'on trouve. C'eft ainfi que
ceux qui font bien pénétrés de l'amour de
Dieu ne refpirent que pour lui, & n'afpi-
rent qu'au plaifir de l'aimer ; ne fe laffent
jamais de penfer à lui & d'en parler, &
voudroient, s'ils étoient les maîtres des

cœurs de tous les hommes, y graver le faint & facré nom de Jefus. Ainfi n'y a-t-il rien *hors* d'eux qui ne leur fourniffe quelque attrait du divin amour, & qui ne leur annonce les louanges de leur bien-aimé. Oui, dit faint Auguftin après faint Antoine, tout ce qui eft dans le monde leur en parle, à la vérité d'un langage muet, mais fort intelligible à leur efprit, & leur cœur forme de ces paroles & de ces penfées, les afpirations amoureufes & les douces faillies qui les élevent à Dieu. En voici quelques exemples.

Saint Grégoire, Evêque de Nazianze, fe promenant un jour fur le rivage de la mer, comme il le raconta à fon peuple, confidéra fort à loifir toutes fortes de coquillages, que les vagues y laiffoient, & que d'autres flots ramenoient avec eux alternativement : & en même temps il admira aux environs la ftabilité des rochers, contre lefquels la mer venoit battre impétueufement. A cette vue il penfa que *c'étoit là juftement le caractere des ames foibles & fuperficielles qui fe laiffent emporter tantôt à la joie, & tantôt à la trifteffe, cédant indifféremment aux mouvements des événements divers de la vie; & le caractere des ames généreufes & conftantes, que rien n'eft capable d'ébranler.* Et puis fon cœur profitant de cette penfée, s'éleva à Dieu, & lui fit dire comme au Prophete

Royal : *O Seigneur! fauvez-moi; car les eaux ont pénétré jufqu'à mon ame : ô Seigneur! délivrez-moi de cet abyme ; la tempête m'a précipité au fond de la mer.* Mais remarquez que cette réflexion & ce fentiment convenoient bien à la fituation de fon ame : parce qu'il fouffroit avec douleur l'ufurpation que Maxime vouloit faire de fon Evêché.

Saint Fulgence, Evêque de Rufpe, s'étant trouvé dans Rome à un triomphe de Théodoric, Roi des Goths, qui préfida lui-même à une affemblée générale de toute la Nobleffe Romaine, fut charmé d'un fpectacle fi magnifique, & s'écria en s'élevant à Dieu : *Hélas! fi Rome, toute terreftre qu'elle eft, paroît fi riche & fi brillante, que la Jérufalem célefte doit être belle! Et fi le maître des biens a laiffé tant de gloire aux amateurs de la vanité, que n'a-t-il pas réfervé aux contemplateurs éternels de la vérité!*

On dit que faint Anfelme, dont la naiffance a beaucoup honoré nos montagnes, & qui fut Archevêqne de Cantorbery, favoit admirablement bien cet art de fpiritualifer les penfées les plus communes. Etant en voyage, un lievre pourfuivi par des chaffeurs, vint fe refugier fous fon cheval, & les chiens faifant un grand bruit tout autour, n'oferent jamais violer l'immunité de l'afyle :

un spectacle si nouveau pour les Chasseurs les fit bien rire ; mais le saint Prélat, touché intérieurement de l'esprit de Dieu, leur dit en gémissant & en pleurant : *Ah, vous riez ! mais la pauvre bête n'a pas envie de rire. Pensez bien quel malheur c'est que celui d'une ame que les démons ont conduite de détours en détours, & de péchés en péchés, jusqu'à l'heure de la mort. Alors terriblement effrayée, elle cherche un asyle, & si elle n'en trouve pas, ses ennemis lui insultent, & elle devient leur proie éternelle.*

Saint Antoine ayant reçu une lettre fort honorable de Constantin le Grand, & les Religieux qui étoient autour de lui, en ayant paru surpris : *Quoi !* leur dit-il, *vous vous étonnez qu'un Roi écrive à un homme ? Admirez donc l'infinie bonté de Dieu éternel pour des hommes mortels, d'avoir bien voulu leur écrire lui-même sa loi, & leur parler encore par la bouche de son propre Fils.*

Saint François ayant apperçu une brebis toute seule dans un troupeau de boucs & de chevres, dit à son compagnon : *Voyez qu'elle est douce ! Voilà quelle étoit la douceur de l'humble Jesus au milieu des Scribes & Pharisiens.* Et une autre fois voyant un petit agneau mangé par un pourceau, il dit en pleurant : *Ah ! que cela me représente bien la mort de mon Sauveur !*

Cet homme illustre de notre temps, François de Borgia , Duc de Candie, tournoit auſſi toutes idées de la chaſſe en pieuſes réflexions. *J'admirois*, diſoit-il après ſa retraite de la Cour, *la docilité des faucons, qui reviennent ſur le poing, & qui ſe laiſſent couvrir les yeux & attacher à la perche ; & je m'étonne de l'indocilité aveugle des hommes, qui ſont toujours rebelles à la voix de Dieu.*

Saint Baſile dit que la roſe environnée de ſes épines , fait cette belle inſtruction aux hommes : *Ce qui eſt de plus agréable en ce monde, ô hommes mortels ! y eſt mêlé de triſteſſe : vous n'y avez pas de biens purs, & par-tout univerſellement quelque mal eſt attaché au bien, le repentir au plaiſir, la viduité au mariage, le travail & le ſoin à la fertilité, la crainte de la chûte à l'élévation de la gloire, & le chagrin de la dépenſe aux honneurs, le dégoût aux délices, & la maladie à la ſanté. Il eſt vrai*, ajoute ce ſaint Pere, *c'eſt une charmante fleur que la roſe : mais au moment que ſa vue me réjouit, elle m'afflige en me faiſant reſſouvenir du péché, pour lequel la terre a été condamnée à porter des épines.*

Une perſonne dévote regardant avec plaiſir un ruiſſeau éclairé de la lune, & y ayant apperçu tout le ciel dépeint avec les étoiles comme dans un miroir, fit éclater ſon cœur

en ce fentiment de joie : *O mon Dieu!*
toutes ces étoiles feront très-réellement fous
mes pieds, quand vous m'aurez reçu dans
vos faints tabernacles.

Et comme les étoiles du ciel font ici re-
préfentées fur la terre, les hommes de la
terre font repréfentés en Dieu, qui eft la
vive fource de la divine charité. Une autre dit
en confidérant le cours rapide d'une riviere
vers la mer : *Mon ame fera toujours ainfi*
dans le mouvement, & n'aura jamais de
repos, qu'elle ne foit abymée dans la divi-
nité d'où elle tire fon origine. Sainte Fran-
çoife confidérant un agréable ruiffeau fur le
bord duquel elle s'étoit mife pour faire fa
priere, fut ravie en extafe, & prononça
plufieurs fois ces paroles : *C'eft ainfi qu'a-*
vec beaucoup de fuavité la grace de mon
Dieu coule doucement en mon cœur.

Une perfonne que je ne vous nomme
point, admirant dans un jardin tous les arbres en fleurs, s'écria : *Ah! faut-il que*
je fois la feule qui ne porte point de fleurs
dans le délicieux jardin de l'Eglife. Une
autre voyant de petits pouffins ramaffés fous
leur mere, dit : *O Seigneur! confervez-*
nous fous l'ombre de vos aîles. Une autre
dit regardant un tournefol : *Quand fera-ce,*
ô mon Dieu! que mon ame fuivra les at-
traits de votre bonté? Et regardant ces petites fleurs qu'on appelle penfées, affez belles

à la vue, mais ſans odeur : *Hélas !* dit-elle, *telles ſont mes penſées, belles à dire, & bonnes à rien.* Voilà, Philothée, la méthode de tourner en bonnes penſées & en ſaintes aſpirations, toutes les idées qui ſe préſentent à nous parmi la grande variété des objets de cette vie mortelle. Malheureux ceux qui par leurs péchés donnent aux créatures un uſage contraire à l'intention de leur Créateur ! Bienheureux ceux qui cherchent dans les créatures, la gloire du Créateur, & qui font ſervir ce qu'elles ont de vanité, à glorifier la vérité ! *Pour moi,* dit ſaint Grégoire de Nazianze, *je ſuis accoutumé à rapporter toutes choſes au profit ſpirituel de mon ame.* Je vous conſeille encore de lire l'épitaphe de ſainte Paule, compoſé par ſaint Jérôme : vous prendrez plaiſir à y remarquer toutes les aſpirations dont l'uſage lui étoit ſi familier en toutes ſortes de rencontres.

Mais obſervez bien, que la grande pratique de la dévotion conſiſte en cet exercice de la retraite ſpirituelle du cœur, & des oraiſons jaculatoires : il eſt d'une ſi merveilleuſe utilité, qu'il peut ſuppléer au défaut de toutes les manieres de prier ; & qu'au contraire ſi on les néglige, l'on ne peut pas preſque trouver un bon moyen d'en réparer la perte. Sans cet exercice l'on n'eſt pas capable des devoirs de la vie contemplative, & l'on ne

peut

peut que s'acquitter fort mal de ceux de la vie active : le repos ne feroit qu'oifiveté, & l'action ne feroit qu'un embarras & une diſſipation. C'eſt pourquoi je vous conjure d'entrer dans cette pratique de tout votre cœur, & de ne la quitter jamais.

──────────⸙──────────

CHAPITRE XIV.

De la très-ſainte Meſſe, & de la maniere de la bien entendre.

1. JE ne vous ai point encore parlé du très-ſaint Sacrifice & Sacrement de l'autel, qui eſt entre les exercices de la religion, ce que le ſoleil eſt entre les aſtres : car il eſt véritablement l'ame de la piété, & le centre de la religion chrétienne, auquel tous ſes myſteres & toutes ſes loix ſe rapportent : c'eſt le myſtere ineffable de la divine charité, par lequel Jeſus-Chriſt ſe donne réellement à nous, nous comble de ſes graces d'une maniere également aimable & magnifique.

2. La priere faite en union de ce divin ſacrifice, en reçoit une merveilleuſe force : de ſorte, Philothée, que l'ame qui y eſt remplie des graces de Dieu, des ſuavités de ſon eſprit, & de la force de Jeſus-Chriſt, ſe trouve dans l'état que l'écriture nous exprime, en diſant que la ſainte Epouſe

F

des cantiques étoit appuyée fur fon bien-aimé, comblée de délices, & femblable à une colonne de fumée, que le feu du bois aromatique le plus excellent pouffe vers le Ciel, & dont tout l'air eft parfumé.

3. Faites donc ce que vous pourrez pour vous ménager le temps d'entendre tous les jours la fainte meffe ; afin d'y offrir avec le Prêtre le facrifice de votre Rédempteur, à Dieu fon pere, pour vous & pour toute l'Eglife. Saint Jean Chryfoftôme nous af-fure que les Anges y affiftent en grand nombre, pour y honorer de leur préfence ce faint myftere ; nous ne devons donc pas douter qu'y étant unis avec eux en un même efprit, nous ne puiffions nous rendre le Ciel propice ; tandis que l'Eglife triomphan-te, & l'Eglife militante entrent en fociété avec Jefus, dans cette divine action, pour nous gagner en lui & par lui le cœur de Dieu fon pere, & pour nous mériter toutes fes miféricordes. Quel bonheur pour une ame que d'y contribuer quelque chofe de fa part, par une dévotion fincere & affectueufe !

4. Si vous ne pouvez pas abfolument al-ler à l'Eglife, il faut fuppléer au défaut de la préfence corporelle par celle de l'efprit : ainfi ne manquez pas à quelque heure du matin de laiffer votre cœur au pied de l'au-tel, d'y unir votre intention à celle du Prê-tre & des fideles, & de vous occuper du

faint facrifice, quelque part où vous foyez, comme vous feriez fi vous étiez à l'Eglife.

Voici maintenant une méthode de la bien entendre, que je vous propofe.

1. Dès le commencement de la meffe jufqu'à ce que le Prêtre foit monté à l'autel, faites avec lui la préparation, qui confifte à vous mettre en la préfence de Dieu, à confeffer votre indignité, & à demander pardon de vos péchés.

2. Depuis que le Prêtre eft monté à l'autel jufqu'à l'évangile, confidérez la venue & la vie de notre Seigneur en ce monde, vous en faifant une idée fimple & générale.

3. Depuis l'évangile jufqu'après le *Credo*, confidérez la prédication de notre Sauveur : faites-lui une fincere proteftation, que vous voulez vivre & mourir dans la foi, dans la pratique de fa divine parole, & en l'union de la fainte Eglife catholique.

4. Depuis le *Credo* jufqu'au *Pater nofter*, appliquez votre cœur aux myfteres de la paffion & de la mort de Jefus-Chrift qui font actuellement & effentiellement reprefentés dans ce faint facrifice, que vous offrirez avec le Prêtre, & avec tout le peuple, à Dieu, le pere des miféricordes, pour fa gloire & pour votre falut.

5. Depuis le *Pater nofter* jufqu'à la communion, excitez votre cœur de toutes les manieres que vous pourrez, à defirer ar-

demment d'être à Jesus-Christ par les liens d'un amour éternel.

6. Depuis la communion jusqu'à la fin, remerciez sa divine majesté de son incarnation, de sa vie, de sa passion, de sa mort, & de l'amour qu'il nous témoigne encore dans son saint sacrifice ; le conjurant par tout cela de vous être à jamais propice, à vos parents, à vos amis, à toute l'Eglise : & puis vous humiliant profondément, recevez avec beaucoup de dévotion la bénédiction divine, que notre Seigneur vous donne par son ministre.

Mais si vous voulez faire votre méditation durant la messe sur les sujets qui vous sont ordinaires, cette méthode ne vous sera pas nécessaire ; il suffira d'avoir au commencement l'intention d'offrir le saint sacrifice ; d'autant plus que tous les exercices qui entrent dans cette méthode, se trouvent presque tous réunis dans une méditation bien faite.

CHAPITRE XV.

Des autres exercices de dévotion publics & communs.

LES dimanches & les fêtes étant des jours consacrés à un culte de Dieu plus distingué & plus grand, vous jugez bien, Philothée, que la dévotion doit s'y occuper beaucoup plus que les jours ordinaires, des devoirs de la religion; & qu'outre les autres exercices, il faut affifter à l'office le matin & le foir, autant que votre commodité vous le permettra. Vous y goûterez une grande douceur de piété; & vous en pouvez bien croire faint Auguftin, qui nous affure dans fes *Confeffions*, que quand *il* entendoit le divin office au commencement de fa converfion, il fentoit fon cœur fe fondre en fuavité, & fes yeux en larmes. De plus, (car il faut que je le dife une fois pour toutes,) tout ce qui fe fait de l'office de l'Eglife en public, porte toujours plus d'utilité & de confolation, que tout ce qui fe fait en particulier : Dieu ayant voulu que dans tout ce qui eft de fon culte, nous préféraffions la communion des fideles à toutes fortes de particularités.

Entrez volontiers dans les confrairies du lieu où vous demeurez, & principalement en celles dont les exercices vous feront efpérer plus d'utilité & d'édification ; ce fera une maniere d'obéiffance fort agréable à Dieu : car bien que l'on ne vous commande rien fur ce point-là, il eft toutefois aifé de voir que l'Eglife nous le recommande ; & fes intentions fe font affez connoître par les indulgences & les autres privileges qu'elle accorde à ces pieufes fociétés. D'ailleurs, c'eſt un vrai exercice de la charité chrétienne, que d'entrer dans les ſaintes intentions des autres, & de contribuer à leurs bons deſſeins : & quand vous feriez en votre particulier & avec plus de goût, quelque choſe d'auſſi bon que ce qui ſe fait dans ces confrairies, Dieu y eſt plus glorifié par cette union, que la piété y fait des eſprits & des oblations.

Je dis la même choſe de toutes les prieres & des dévotions publiques, auxquelles nous devons contribuer autant que nous pouvons de notre bon exemple, pour la gloire de Dieu, pour l'édification du prochain, & pour la fin commune qu'on s'y propoſe.

CHAPITRE XVI.

Qu'il faut honorer & invoquer les Saints.

Puisque c'eſt par le miniſtre des Anges que nous recevons ſouvent les inſpirations de Dieu : c'eſt auſſi par eux que nous devons lui préſenter nos aſpirations, auſſi-bien que par les Saints & les Saintes, qui étant préſentement ſemblables aux Anges dans la gloire de Dieu, comme le Sauveur nous l'a dit, lui préſentent perpétuellement leurs deſirs, & leurs prieres en notre faveur.

Joignons donc nos cœurs, Philothée, à ces céleſtes eſprits & à ces ames bienheureuſes : car, comme les petits roſſignols apprennent à chanter avec les grands, nous apprendons auſſi par ce ſaint commerce à chanter les louanges de Dieu, & à le prier d'une maniere plus digne de lui. *Je chanterai, Seigneur, vos louanges*, diſoit David, *en la préſence de vos Anges*.

Honorez, révérez, & reſpectez d'un amour ſpécial la ſacrée & glorieuſe Vierge Marie, qui étant la mere de Jeſus-Chriſt notre frere, eſt auſſi très-véritablement notre mere : recourons donc à elle, & comme ſes petits enfants jettons-nous à ſes pieds & entre ſes bras, avec une confiance parfaite, à tous moments & en toutes rencontres ; reclamons cette bonne & douce mere, implorons ſon amour maternel, ayons auſſi pour elle le cœur d'un enfant pour ſa mere, & appliquons-nous à l'imitation de ſes vertus.

Rendez-vous familier le commerce de votre ame avec les Anges, faiſant ſouvent attention à leur préſence : ſur-tout, aimez & révérez celui du Dioceſe où vous êtes, ceux des perſonnes avec qui vous vivez, mais ſpécialement le vôtre : faites-leur ſouvent quelques prieres ; béniſſez Dieu pour eux ; employez leur protection en toutes vos affaires, ſoit ſpirituelles, ſoit temporelles, afin qu'ils daignent entrer dans vos intentions.

Le célebre Pierre le Fevre, premier Prêtre, premier Prédicateur, premier Profeſſeur de Théologie de la ſainte compagnie du Nom de Jeſus, & premier Compagnon du bienheureux Ignace, ſon fondateur, venant un jour d'Allemagne, où il avoit beaucoup travaillé pour la gloire de Dieu, & paſſant par ce Dioceſe où il étoit né, racontoit que la dévotion qu'il avoit eue à ſaluer les Anges protecteurs des paroiſſes par où il avoit paſſé, à travers pluſieurs pays hérétiques, lui avoit beaucoup valu pour la conſolation intérieure de ſon ame, & pour la protection qu'il en avoit reçue ; car il proteſtoit qu'il avoit ſenſiblement reconnu combien ils lui avoient été propices ; ſoit pour le garantir des embûches des Hérétiques, ſoit pour lui diſpoſer pluſieurs ames à recevoir la doctrine du ſalut avec plus de docilité. Mais il diſoit cela avec un ſi grand deſir d'inſpirer cette dévotion aux autres, qu'une Demoiſelle qui y étoit préſente dans ſa plus tendre jeuneſſe, le racontoit elle-même il n'y a pas quatre ans, c'eſt-à-dire, plus de ſoixante ans après, avec un grand ſentiment de piété. Pour moi, je fus très-conſolée l'année paſſée, d'avoir conſacré un autel au lieu même où Dieu fit naître ſon bienheureux ſerviteur, dans le petit village de Villaret, au milieu de nos montagnes les plus inacceſſibles.

Choiſiſſez quelques Saints, en l'interceſ-ſion deſquels vous preniez une particuliere confiance, & dont vous puiſſiez lire la vie avec plus de goût pour l'imiter fidélement : vous ne doutez pas que celui dont on vous a donné le nom au baptême, ne doit être le premier de tous.

CHAPITRE XVII.

Comment il faut entendre & lire la pa-role de Dieu.

AIMEZ à entendre la parole de Dieu : mais entendez-la toujours avec beau-coup d'attention & de reſpect, ſoit au ſer-mon, ſoit dans les converſations édifiantes de vos amis, qui aiment à parler de Dieu. C'eſt la bonne ſemence qu'il ne faut pas laiſſer tomber à terre : faites-la bien profi-ter : recevez-la comme un précieux baume dans votre cœur, à l'imitation de la ſainte Vierge, qui conſervoit chérement dans le ſien tout ce qu'elle entendoit dire de ſon divin enfant ; & ſouvenez-vous bien que Dieu n'écoute favorablement notre parole dans nos prieres qu'autant que nous profi-tons de la ſienne dans les prédications.

F v

Ayez toujours quelque bon livre de dévotion; comme font ceux de faint Bonaventure, de Gerfon, de Denis le Chartreux, de Louis Blofius, de Grenade, de Stella, d'Arias, de Pinelli, d'Avila, le Combat fpirituel, les Confeffions de faint Auguftin, les Epitres de faint Jérôme, & autres femblables : lifez-en tous les jours quelqu'un un peu de temps; mais avec autant d'attention, que fi un Saint vous l'avoit envoyé du Ciel, pour vous en apprendre le chemin, & pour vous encourager à y marcher.

Lifez auffi les vies des Saints, où vous verrez, comme dans un miroir, le véritable portrait de la vie chrétienne, & accommodez leurs exemples aux devoirs de votre état : car bien que plufieurs actions des Saints foient abfolument inimitables, pour les perfonnes qui vivent dans le commerce du monde, l'on peut toujours les fuivre ou de près ou de loin. Imitez la grande folitude de faint Paul, le premier hermite, par la folitude fpirituelle de votre cœur, ou par les retraites que vous pouvez faire; ou bien l'extrême pauvreté de faint François, par l'application à de certaines pratiques de la pauvreté dont je vous parlerai. Entre les vies des Saints & des Saintes, il y en a dont notre efprit reçoit plus de lumiere pour la conduite de notre vie, comme celle de la bienheureufe mere Thérefe, dont la lecture est admirable pour cela ; celle des premiers Jésuites, celle du bienheureux Cardinal Borromée, de saint Louis, de saint Bernard, les Chroniques de saint François, & autres semblables livres. Nous avons aussi de certaines vies des Saints, lesquelles vont plus à l'admiration qu'à l'imitation, comme celle de sainte Marie l'Egyptienne, de saint Siméon le Stilite, de sainte Catherine de Sienne, de sainte Catherine de Genes, de sainte Angele, & plusieurs autres, lesquelles ne laissent pas de donner en général un plus grand goût du saint amour de Dieu.

CHAPITRE XVIII.

De la maniere de bien recevoir les inspirations.

Nous appellons inspirations tous les attraits de la grace, les bons mouvements du cœur, les reproches de la conscience, les lumieres surnaturelles de l'esprit, & généralement toutes les bénédictions dont Dieu prévient notre cœur par son amoureuse & paternelle miséricorde ; soit pour nous réveiller de notre assoupissement, soit pour nous engager à la pratique des saintes vertus, soit pour exciter en nous son amour ; en un mot, pour nous faire

F vj

chercher ce qui eſt de nos intérêts éternels. C'eſt ce que l'Epoux des cantiques appelle en termes myſtérieux, rechercher ſon épouſe, frapper à ſa porte, lui parler au cœur, la réveiller, l'appeller, & la chercher dans ſon abſence, l'inviter à manger de ſon miel, à venir cueillir des fruits & des fleurs, & à lui parler.

Je me ſers donc auſſi de cette comparaiſon pour me faire mieux entendre. Trois choſes ſont néceſſaires à la concluſion d'un mariage : premiérement, il faut le faire propoſer à la perſonne dont on demande le cœur & la foi : ſecondement, elle doit en agréer la propoſition : & en troiſieme lieu, elle y donne ſon conſentement. C'eſt ainſi que quand Dieu veut, pour ſa gloire, opérer quelque bien en nous, pour nous, & avec nous, il nous le propoſe par ſon inſpiration, nous la recevons avec une douce complaiſance, & nous y conſentons. Car, comme il y a trois degrés par leſquels on tombe dans le péché, la tentation, la délectation & le conſentement : il y en a trois auſſi, par leſquels on s'éleve à l'état de la vertu ; l'inſpiration, qui eſt contraire à la tentation ; la complaiſance que l'on a pour l'inſpiration, & qui eſt contraire à la délectation de la tentation ; & le conſentement à l'inſpiration, lequel eſt contraire au conſentement que l'on donne à la tentation.

Quand l'inspiration dureroit tout le temps de notre vie, nous n'en ferions pas plus agréables à Dieu, si du moins nous ne la recevions pas avec complaisance : au contraire, Dieu en seroit offensé, comme il le fut des Israélites, que sa grace, ainsi qu'il le dit, pressa inutilement, durant quarante ans de se convertir ; & auxquels il déclara avec serment, que jamais ils n'entreroient dans son repos.

Cette complaisance que l'on donne aux inspirations, avance beaucoup l'œuvre de la gloire de Dieu en nous, & nous attire déja la complaisance de ses yeux : car bien que cette délectation ne soit pas un véritable consentement, elle en est du moins une disposition fort heureuse : & si le plaisir que l'on prend à entendre la parole de Dieu, laquelle est comme une disposition extérieure, est un signe de salut, & une disposition agréable à Dieu ; cela est encore plus vrai à l'égard de l'inspiration intérieure. C'est aussi cette délectation dont parle l'Epouse sacrée, quand elle dit : *J'ai senti mon ame se fondre de joie en elle-même, quand mon bien-aimé m'a parlé.*

Mais enfin c'est le consentement dont tout dépend : car si ayant été inspirés, & ayant reçu l'inspiration avec complaisance, nous refusons notre consentement à Dieu ; nous nous rendons coupables d'une ex-

trême ingratitude envers fa divine majefté :
& il femble qu'il y ait plus de mépris qué fi
tout-d'un-coup nous avions rejetté l'infpiration. Ce fut la faute & le malheur de l'E-
poufe des cantiques : la voix de fon bien-
aimé avoit frappé fon cœur d'une douce
joie ; néanmois elle ne lui ouvrit pas la
porte, & elle s'en excufa d'une maniere
frivole : aufli l'Epoux s'en alla-t-il, en la
quittant avec indignation.

Il faut donc, Philothée, vous réfoudre
à recevoir déformais toutes les infpirations
du Ciel, comme vous recevriez des Anges
que Dieu vous enverroit, pour traiter
avec vous d'une grande affaire : ainfi écoutez avec tranquillité ce que l'infpiration vous
propofe ; faites attention à l'amour de celui
qui vous la donne, & la recevez avec joie ;
enfin donnez-y votre confentement d'une
maniere tendre & amoureufe, & Dieu qui
ne peut nous avoir aucune obligation, ne
laiffera pas d'agréer cette fidelle correfpondance. Mais fi l'infpiration porte quelque
chofe de fort confidérable & extraordinaire,
fufpendez votre confentement jufqu'à ce que
vous ayiez confulté votre directeur, qui doit
l'examiner pour en reconnoître la vérité ou
la fauffeté : ce qui eft d'autant plus néceffaire, que l'ennemi voyant une ame facile
à fuivre l'infpiration, lui en propofe fouvent de fauffes pour la tromper ; mais c'eft

inutilement, tandis qu'elle obéit à fon directeur avec humilité.

Quand on a une fois donné fon confentement à l'infpiration, il faut exécuter foigneufement ce qu'elle a demandé de nous, & c'eft ce qui accomplit l'œuvre de la grace : car autrement retenir ce confentement dans le cœur fans en venir à l'effet, ce feroit faire comme un homme qui ayant planté une vigne, ne voudroit pas la cultiver, de peur qu'elle ne portât du fruit.

Remarquez donc combien la pratique de l'exercice du matin, & des retraites fpirituelles du cœur, dont je vous ai parlé, eft utile pour tout ceci. D'autant que nous nous y difpofons à faire le bien par une préparation non-feulement générale, mais encore particuliere.

CHAPITRE XIX.

De la fainte Confeffion.

NOTRE Sauveur a laiffé à fon Eglife le Sacrement de la Pénitence, ou de la confeffion, pour y purifier en tout temps nos ames des fouillures qu'elles peuvent avoir contractées. Ne fouffrez donc jamais, Philothée, que votre cœur demeure longtemps infecté du péché, puifque vous avez

contre fa corruption un remede fi sûr &
fi facile. Une ame qui fe fent coupable
d'un péché, devroit avoir horreur de foi-
même, & le refpect qu'elle doit aux yeux
de la divine Majefté, l'oblige à s'en purifier au plutôt : hélas ! pourquoi nous laiffer
mourir de la mort fpirituelle ayant entre
les mains un remede fouverain pour nous
guérir ?

Confeffez-vous avec beaucoup d'humilité
& de dévotion tous les huit jours, & même
toutes les fois que vous communiez, fi vous
pouvez ; quoique vôtre confcience ne vous
reproche aucun péché mortel, vous rece-
vrez non-feulement l'abfolution des péchés
véniels que vous confefferez, mais encore
beaucoup de lumiere pour en avoir un plus
grand difcernement, beaucoup plus de force
pour les éviter, & une merveilleufe abondance de grace pour réparer les pertes qu'ils
auroient pu vous caufer. De plus, vous y
pratiquerez l'humilité, l'obéiffance, la fimplicité, l'amour de Dieu, en un mot, plus
de vertus qu'en aucun autre exercice de la
religion. ―

Ayez toujours une vraie douleur des péchés que vous confefferez, pour petits qu'ils
foient, & une ferme réfolution de vous en
corriger : car il y a bien des gens qui ne
fe confeffant des péchés véniels que par je
ne fais quelle habitude qui les accommode

& fans nulle attention à s'en corriger, en demeurent chargés toute leur vie, & fe privent de beaucoup de graces néceffaires à leur avancement fpirituel. Si donc vous vous accufez d'un menfonge léger, d'une parole tant foit peu déréglée, de quelque circonftance du jeu un peu vicieufe, ayez-en un repentir néceffaire, avec une bonne réfolution de vous obferver efficacement fur tout cela, parce que c'eft un abus de fe confeffer d'un péché mortel ou véniel fans vouloir en purifier fon cœur, puifque la confeffion n'eft inftituée que pour cela.

Retranchez de votre confeffion ces accufations fuperflues, dont plufieurs fe font fait une routine : je n'ai pas autant aimé Dieu que je devois : je n'ai pas prié avec autant de dévotion que je devois : je n'ai pas aimé mon prochain comme je devois : je n'ai pas reçu les Sacrements avec la révérence que je devois, & autres femblables. Vous en voyez bien la raifon, c'eft qu'en difant cela, vous ne dites rien de particulier qui faffe connoître au Confeffeur l'état de votre confcience, & que les hommes les plus imparfaits du monde pourroient dire les mêmes chofes auffi-bien que tous les Saints du paradis, fi la confeffion étoit encore pour eux.

Recherchez donc la raifon particuliere que vous avez de faire ces accufations, qui

ne font que générales ; & lorfque vous l'aurez reconnue, accufez-vous de votre péché
d'une maniere fimple & naturelle. Par exemple, vous vous accufez de n'avoir pas aimé
le prochain comme vous deviez, c'eft peut-
être parce qu'ayant bien connu le grand befoin d'un pauvre, que vous pouviez aifément fecourir & confoler, vous avez omis
ce devoir de la charité : hé bien, accufez-
vous de cette particularité, & dites que
vous ne l'avez pas fecouru comme vous
pouviez, ou par négligence, ou par dureté
de cœur, ou par mépris. De même, ne vous
accufez point de n'avoir pas prié Dieu avec
toute la dévotion que vous deviez : mais
laiffant cette accufation générale qui ne fert
de rien à la confeffion, dites fimplement
que vous avez eu des diftractions volontai-
res, ou que vous avez négligé de ménager
le lieu, le temps, la compofition extérieure du corps, & des autres circonftances néceffaires pour faire dévotement votre
priere. Ne vous contentez pas encore dans
l'accufation des péchés véniels, de bien
marquer le fait, accufez-vous du motif que
vous y avez eu. Ainfi, dire que vous avez
fait un menfonge, qui n'a porté aucun préjudice à perfonne, ce n'eft pas affez, dites
que ç'a été ou par une vaine gloire, afin
de vous louer ou de vous excufer, ou par
une vaine joie, ou par opiniâtreté : fi vous

avez péché dans le jeu, expliquez cela, &
dites que ç'a été, ou par le defir du gain,
ou par le plaifir de la converfation, & obfervez fur tous les autres péchés.

Il faut encore marquer à-peu-près combien de temps votre péché a duré, puifque
pour l'ordinaire la longueur du temps en
augmente notablement la malice : & en effet, il y a bien de la différence ; c'eft une
vanité paffagere qui fe gliffe dans l'efprit
pour un quart-d'heure, & une vaine complaifance, dont le fecret orgueil du cœur fe
fera nourri durant un jour, deux jours, trois
jours. Il faut donc dans l'accufation d'un
péché en bien marquer le fait, le motif &
la durée : car bien que dans la confeffion
des péchés véniels on ne foit pas communément obligé à une fcrupuleufe exactitude,
& que même l'accufation n'en foit pas abfolument néceffaire, cependant ceux qui
veulent bien purifier leur ame, pour parvenir à la perfection de la dévotion, doivent
avoir un grand foin de bien faire connoître
au Médecin fpirituel tout le mal dont ils
fouhaitent la guérifon, quelque petit qu'il
leur paroiffe.

Enfin ne vous épargnez en rien de tout
ce qui fera néceffaire à faire comprendre
tout votre péché, & remarquez encore cet
exemple. Un homme qui naturellement me
déplaît, me dira un je ne fais quoi qui ne

ſera rien, & ſeulement pour rire; mais je le prendrai mal, & je me mettrai en colere: au-lieu que ſi un autre, qui m'eſt agréable, m'eût dit quelque parole plus forte, je l'euſſe bien priſe; que faut-il donc que je faſſe dans ma confeſſion? Je dirai que je me ſuis échappé en des paroles d'aigreur, pour avoir mal pris ce qu'une perſonne m'avoit dit, non pas par la raiſon de la qualité des paroles, mais ſeulement par la raiſon du dégoût que j'ai de cette perſonne: & parce que je crois cela fort utile, je particulariſerai même ces paroles d'aigreur. C'eſt de cette ſorte que découvrant au Confeſſeur, non-ſeulement les péchés que l'on a commis, mais les mauvaiſes inclinations, les habitudes, & les autres racines du péché, il connoît mieux le cœur & les remedes néceſſaires à ſes infirmités. Il faut néanmoins, autant qu'il eſt poſſible, mettre toujours à couvert les perſonnes qui auroient eu quelque part à votre péché.

Prenez garde à beaucoup de péchés, qui ſouvent ſubſiſtent, & dominent long-temps dans un cœur, ſans qu'il s'en apperçoive, afin que vous les confeſſiez, & que vous puiſſiez en purifier le vôtre. Pour cela, liſez avec application les chapitres 6, 27, 28, 29, 35 & 36 de la troiſieme partie, & le chapitre 7 de la quatrieme partie.

Ne changez pas aiſément de Confeſſeur,

& continuez à lui rendre compte de votre conscience aux jours marqués, lui disant bonnement & sincérement toutes vos fautes : & de temps en temps, soit de mois en mois, soit de deux mois en deux mois, faites-lui connoître l'état de vos inclinations, quoiqu'elles ne vous aient pas fait tomber en aucun péché. Comme si l'esprit de tristesse ou de chagrin vous tourmente, ou si votre cœur est enclin à la joie, ou si vous avez senti quelques desirs trop vifs d'avoir plus de bien, & le reste.

CHAPITRE XX.

De la fréquente Communion.

VOUS savez ce que l'on dit de Mithridate, Roi de Pont en Asie, lequel avoit inventé une sorte de nourriture qu'il s'étoit rendu propre pour se préserver du poison. Et il se fit un tempérament si fort, qu'étant sur le point d'être pris par les Romains, & voulant éviter la captivité, il ne put jamais s'empoisonner. N'est-ce pas ce que le Sauveur a fait d'une maniere très-réelle dans le très-auguste Sacrement de l'Eucharistie, où il nous donne son corps & son sang comme une nourriture à laquelle l'immortalité est attachée ? C'est pourquoi quiconque en use souvent avec dévotion, en reçoit tant de force & de vigueur, qu'il eſt preſque impoſſible que le poiſon mortel des mauvaiſes affections faſſe aucune impreſſion ſur ſon ame. Non, l'on ne peut vivre de cette chair de vie, & mourir de la mort du péché. Si les hommes ſe fuſſent préſervés de la mort corporelle par l'uſage du fruit de l'arbre de vie, que le Créateur avoit mis dans le paradis terreſtre, pourquoi les hommes ne pourroient-ils pas maintenant ſe préſerver de la mort ſpirituelle par la vertu du ſacrement de vie ? En vérité, s'il ſe peut faire qu'un peu de miel ou de ſucre conſerve les fruits les plus tendres, & les plus ſujets à ſe corrompre, comme les ceriſes, les fraiſes & les abricots, il ne faut pas s'étonner que nos ames, quelques foibles qu'elles ſoient, ſe préſervent de la corruption du péché, quand elles ont été pénétrées de la force & de la ſuavité du ſang incorruptible de Jeſus-Chriſt.

O Philothée ! les Chrétiens qui ſe damnent n'auront rien à répondre au juſte Juge, quand il leur fera voir que ſans aucune raiſon ils ſe ſont laiſſé mourir ſpirituellement, eux qui pouvoient ſi facilement ſe conſerver la vie en ſe nourriſſant de ſon corps. Miſérables, leur dira-t-il, pourquoi, êtes-vous morts ayant entre les mains le fruit de la vie ?

Communier tous les jours, c'est un usage que je ne loue ni ne blâme : mais communier tous les dimanches, c'est une pratique que je conseille à tous les fideles, & je les y exhorte, pourvu qu'ils ne conservent en eux aucune volonté de pécher. Ce sont les propres paroles de saint Augustin, dont je prends ici le sentiment, pour ne louer ni ne blâmer la communion quotidienne, sur laquelle je renvoie les fideles à la décision de leurs directeurs : car elle demande une si grande excellence de dispositions, que l'on ne peut pas la conseiller généralement à tous; mais aussi parce que cette excellence de dispositions peut se trouver en plusieurs bonnes ames, l'on ne peut pas non plus la défendre généralement à tous; c'est une affaire que le Confesseur doit régler sur l'état habituel & actuel du pénitent. Comme ce seroit donc une imprudence de conseiller indifféremment à toutes sortes de personnes cet usage si fréquent de la communion, c'en seroit très-véritablement une autre de la blâmer dans une personne à qui un sage directeur l'auroit conseillée. C'est pourquoi j'approuve fort la judicieuse & douce réponse que sainte Catherine de Sienne fit à celui qui n'approuvant pas qu'elle communiât tous les jours, lui dit que saint Augustin ne louoit ni ne blâmoit cet usage. Hé bien, lui dit-elle agréablement, puifque faint Auguftin ne le blâme pas, je vous prie de ne le pas blâmer non plus, & je me contenterai de votre filence.

Mais, Philothée, vous voyez que faint Auguftin porte fortement les fideles par fes confeils & par fes exhortations à communier tous les dimanches; faites-le donc autant que vous pourrez, puifqu'ayant purifié votre cœur, comme je le préfuppofe, de toute forte d'affection au péché mortel, & au péché véniel, votre ame y eft encore mieux difpofée que ne demande faint Auguftin; parce que non-feulement vous n'avez pas la volonté de pécher, mais vous n'avez pas même aucune affection au péché. Si bien que vous pourriez, avec utilité, communier plus fouvent que tous les dimanches, fi votre Pere fpirituel vous le permettoit.

Je fais bien qu'il fe pourroit trouver plufieurs empêchements légitimes qui ne viendroient d'ailleurs que de votre fonds, comme de la fociété des perfonnes avec qui vous vivez; car fi quelque dépendance vous oblige à leur obéir, ou à les refpecter, & qu'ils fachent fi peu leur religion, ou foient d'une humeur fi bizarre qu'ils fe faffent une inquiétude & un embarras de vous voir communier tous les dimanches, vraifemblablement il fera bon, toutes chofes bien confidérées,

de

de condefcendre à leur infirmité, & de ne communier que tous les quinze jours, à moins que vous ne puiffiez vaincre cet obftacle. Mais bien que l'impoffibilité de faire une regle générale fur ceci, nous oblige d'en renvoyer la détermination au Confeffeur, je puis dire, avec vérité, que pour les perfonnes qui veulent mener une vie dévote, les communions ne doivent jamais être plus éloignées que d'un mois.

Si vous favez vous conduire avec prudence, il n'y aura ni mere, ni femme, ni pere, ni mari, qui vous difpute l'ufage de la fréquente communion : car puifque votre communion ne vous fera rien retrancher des devoirs de votre état, & que même ce jour-là vous en aurez plus de douceur & de complaifance pour les autres, il n'y a pas d'apparence qu'ils veuillent vous détourner d'un exercice dont ils ne doivent fouffrir aucune incommodité : fi ce n'eft qu'ils fuffent d'une humeur extrêmement fâcheufe, & d'un efprit tout-à-fait déraifonnable, & en ce cas-là vous uferez de la regle de condefcendance que je viens de vous donner, fi c'eft le confeil de votre directeur.

A l'égard des perfonnes engagées dans le mariage, il fuffit de leur dire que dans l'ancienne loi c'étoit une chofe défagréable à Dieu que les créanciers exigeaffent les jours de fêtes le paiement de ce qu'on leur de-

G

voit, quoique ce ne fût pas déplaire à Dieu que d'y payer ses dettes, si on les exigeoit: ainsi dans l'état du mariage exiger les droits de ce Sacrement le jour de la communion, c'est manquer à une sainte bienséance de la religion, quoique ce ne soit pas pécher grièvement; mais en rendre ce jour-là les devoirs, si on les exige, c'est se conformer à sa religion. Il est donc vrai que cette sujétion du mariage ne peut raisonnablement faire interdire la communion à personne, si sa dévotion est animée d'un grand desir d'y participer. Certes les chrétiens de la primitive Eglise communioient tous les jours, quoiqu'ils fussent mariés, & qu'ils usassent de la licence du mariage. C'est pourquoi j'ai dit que la fréquente communion ne peut être en aucune façon incommode ni à un pere, ni à une femme, ni à un mari, pourvu que la personne qui communie soit discrete & prudente. Pour ce qui est des maladies corporelles, il n'y en a aucune qui soit un légitime empêchement de communier, sinon celle qui provoqueroit à un fréquent vomissement.

Voici donc les regles que je puis vous donner sur la fréquente communion.

Pour communier tous les huit jours il ne faut avoir aucun péché mortel, ni aucune affection au péché, même véniel, & avoir de plus un grand desir de la communion:

mais pour communier tous les jours il faut encore avoir purifié son ame de presque toutes ses mauvaises inclinations, & ne le faire même que par le conseil de son Pere spirituel.

CHAPITRE XXI.

De la maniere de bien communier.

COMMENCEZ dès la veille de votre communion à vous y préparer le soir par plusieurs aspirations de l'amour divin; & vous retirez de meilleure heure qu'à l'ordinaire, afin de vous lever aussi plus matin. Si vous vous réveillez durant la nuit, sanctifiez ces moments-là par quelques dévotes paroles, ou par quelque doux sentiment qui pénetre votre ame du bonheur de recevoir votre divin époux; car il veille sur votre cœur, tandis que vous dormez, & vous prépare les graces qu'il veut vous faire abondamment, s'il le trouve bien disposé. Levez-vous le matin avec cette ferveur de joie, qu'une telle espérance vous doit inspirer; & après votre confession, allez avec une forte confiance, & une profonde humilité prendre à la sainte table cette viande céleste, qui vous communiquera l'immortalité. Après avoir prononcé ces paroles sacrées : *Sei-*

gneur, *je ne suis pas digne*, &c. ne re-
muez plus ni la tête ni les levres, soit pour
prier, soit pour soupirer : mais ouvrant mé-
diocrement la bouche, & élevant la tête autant qu'il faut pour que le Prêtre puisse voir
ce qu'il fait, avancez tant soit peu la langue, & recevez avec foi, avec espérance,
avec charité celui qui en est tout ensemble
le principe, l'objet, le motif & la fin. O
Philothée ! prenez si vous voulez cette douce
pensée : l'abeille ayant recueilli la rosée du
Ciel sur les fleurs, & leur suc, qui est le
plus exquis de la terre, en fait son miel,
& le porte dans sa ruche pour s'en nourrir :
le Prêtre prend aussi sur l'autel le Sauveur
du monde, qui est le vrai Fils de Dieu des-
cendu du Ciel, & le vrai fils de la Vierge,
sorti de la terre comme tous les hommes,
& il vous le donne pour vous servir de nourriture. Excitez alors votre cœur à venir faire
hommage au Roi du salut ; faites-lui, je vous
le dis simplement & familiérement, tout le
bon accueil qu'il vous sera possible : contemplez sa présence en vous, & tout ensemble votre bonheur : traitez avec lui confi-
demment de vos affaires intérieures, & le
reste du jour faites connoître par vos actions que Dieu est avec vous : mais quand
vous n'aurez pas le bonheur de communier
réellement à la sainte messe, communiez-y
au moins d'esprit & de cœur, vous unissant

par le defir de la loi à la chair vivifiante du Seigneur.

Votre grande intention dans la communion doit être de vous avancer, de vous purifier, & de vous confoler en l'amour de Dieu : car vous devez recevoir en vue de l'amour ce que le feul amour vous fait donner. Non, nous ne pouvons trouver le Sauveur dans aucun autre exercice de fa bonté, ni plus amoureux, ni plus tendre que dans celui où il s'anéantit, pour ainfi dire, & fe donne à nous comme nourriture, afin de pénétrer nos ames de lui-même, & d'étendre cette union jufqu'au cœur & au corps de fes fideles.

Si le monde vous demande pourquoi vous communiez fi fouvent, dites au monde, que c'eft pour apprendre à aimer Dieu, pour vous purifier de vos imperfections, pour vous délivrer de vos miferes, pour chercher de la confolation à vos peines, & pour vous foutenir dans vos foibleffes. Dites au monde que deux fortes de gens doivent communier fouvent ; les parfaits, parce qu'étant bien difpofés, ils auroient grand tort de ne pas s'approcher de la fource de la perfection ; & les imparfaits, afin d'afpirer à la perfection ; les forts, de peur de s'affoiblir, & les foibles, afin de fe fortifier ; les fains, pour fe préferver de toutes fortes de maladies, & les malades pour chercher leur guérifon.

G iij

Mais ajoutez que pour vous, étant du nombre des ames imparfaites, foibles & malades, vous avez befoin de recevoir fouvent l'Auteur de la perfection, le Dieu de la force, le Médecin de votre ame. Dites au monde que ceux qui ne font pas bien occupés de leurs affaires doivent communier fouvent, parce qu'ils en ont le temps; & ceux qui en font fort occupés, parce qu'étant chargés de beaucoup de travail & de peines, ils ont plus fouvent befoin d'une folide nourriture. Dites enfin que vous communiez fréquemment pour apprendre à bien communier, parce que l'on ne fait guere bien une action à laquelle on ne s'exerce que rarement.

Communiez donc fouvent, Philothée, & le plus fouvent que vous pourrez, avec l'avis de votre Pere fpirituel : & croyez-moi, fi le corps prend les qualités de la nourriture dont on ufe habituellement, comme nous la voyons dans les lievres de nos montagnes, où ils deviennent blancs durant l'hiver, parce qu'ils n'y voient & n'y mangent que de la neige : croyez-moi, dis-je, vous verrez que nourriffant fouvent votre ame de l'Auteur de toute beauté & bonté, de toute fainteté & pureté, elle deviendra à fes yeux toute belle & toute bonne, toute pure & toute fainte.

TROISIEME PARTIE.

Les avis nécessaires sur la pratique des vertus.

CHAPITRE PREMIER.

Du choix qu'on doit faire des vertus.

LE roi des abeilles ne se met point aux champs qu'il ne soit environné de tout son petit peuple : & la charité n'entre jamais dans un cœur qu'en reine, suivie de toutes les autres vertus qu'elle y place & arrange selon leur dignité, & qu'elle fait agir en réglant toutes leurs fonctions, à-peu-près comme un capitaine regle ses soldats. Mais elle ne les fait pas agir tout-à-coup, ni également, ni en tout temps, ni en tout lieu : *Le juste*, dit David, *est semblable à un arbre qui étant planté sur le bord des eaux, porte du fruit en son temps :* parce que la charité animant son cœur, lui fait opérer beaucoup de bonnes œuvres, qui sont les fruits des vertus, mais chacune en son temps & en sa place. Tâchez donc

G iv

de bien entendre ce proverbe de l'écriture: *Quelque charmante que soit une musique, elle est incommode & désagréable dans une maison de deuil.* Il nous exprime le grand défaut & le contretemps de plusieurs personnes, qui s'attachant à la pratique d'une vertu particuliere, veulent opiniâtrément en faire les actes en toute rencontre; semblables à ces philosophes, dont l'un vouloit toujours rire, & l'autre toujours pleurer; mais plus déraisonnables qu'eux, en ce qu'ils plaignent & blâment les autres qui ne tiennent pas la même conduite. C'est l'entendre mal, puisque le saint Apôtre nous dit qu'il faut se réjouir avec ceux qui se réjouissent, & pleurer avec ceux qui pleurent. Et il ajoute que la charité est patiente, bénigne, libérale, prudente & condescendante.

Il y a néanmoins des vertus dont l'usage est presque universel, & qui ne se bornant pas à leurs propres devoirs, doivent encore répandre leur esprit sur toutes les autres vertus. Il ne se présente pas souvent des occasions de pratiquer la force, la magnanimité, la magnificence; mais la douceur, la tempérance, la modestie, l'honnêteté & l'humilité sont de certaines vertus dont, universellement parlant, toutes nos actions doivent porter l'esprit & le caractere. Ces premieres vertus ont plus de grandeur & d'excellence; mais les dernieres sont d'un plus grand usage : comme nous voyons que l'on se sert bien plus souvent & plus généralement du sel que du sucre, quoique le sucre soit plus excellent que le sel. C'est pourquoi il faut toujours avoir à la main une bonne provision de ces vertus générales dont l'usage doit être si ordinaire.

Dans la pratique des vertus il faut préférer celle qui est plus conforme à notre devoir à celle qui est plus conforme à notre goût. L'austérité des mortifications corporelles étoit du goût de sainte Paule, qui prétendoit y trouver plus promptement les consolations spirituelles ; mais l'obéissance à ses supérieurs étoit plus de son devoir : & saint Jérôme avoue qu'elle étoit répréhensible, en ce qu'elle portoit l'abstinence jusqu'à un grand excès contre le sentiment de son Evêque. Au contraire, les Apôtres, à qui Jesus-Christ avoit commis la prédication de son évangile, & le soin de distribuer aux ames le pain céleste, jugerent avec beaucoup de sagesse, qu'ils ne devoient pas quitter ces fonctions pour se charger du soin de la charité envers les pauvres, quelque excellente qu'elle soit. Tous les états de la vie ont des vertus qui leur sont propres : ainsi les vertus d'un prélat sont bien différentes de celles d'un prince, ou de celles d'un soldat, & celles d'une femme mariée de celles d'une veuve. Quoique nous

G v

devions donc avoir toutes les vertus, nous ne devons pas tous les pratiquer également : & chacun doit s'attacher particuliérement à celles qui font les plus effentielles aux devoirs de fa vocation.

Entre les vertus qui ne regardent pas notre devoir particulier, il faut préférer les plus excellentes aux plus apparentes ; & l'on peut s'y tromper beaucoup. Les cometes nous paroiffent ordinairement plus grandes que les étoiles, quoiqu'elles ne leur foient nullement comparables, ni en grandeur, ni en qualité : & elles ne font telles à nos yeux que parce qu'elles font plus près de nous & dans un fujet plus matériel & plus groffier. Il y a auffi des vertus qui paroiffent beaucoup plus grandes que d'autres aux ames vulgaires, & qui emportent toujours la préférence de leur eftime : mais ce n'eft que par la raifon que ces vertus étant plus près de leurs yeux, tombent davantage fous leurs fens, & fe trouvent plus conformes à leurs idées, qui font fort matérielles. C'eft delà que le monde préfere communément l'aumône corporelle à la fpirituelle ; les haires & les difciplines, les jeûnes & la nudité des pieds, les veilles & toutes les mortifications du corps à la douceur, à la débonnaireté, à la modeftie, & à toutes les mortifications de l'efprit & du cœur, lefquelles cependant font d'une plus grande

excellence, & d'un plus grand mérite. Choififfez donc, Philothée, les vertus qui font
les meilleures, & non pas les plus eftimées ;
les plus excellentes, & non pas les plus
apparentes ; les plus folides, & non pas
celles qui ont plus de montre & de dé-
coration.

Il eft extrêmement utile de s'attacher particuliérement à la pratique d'une vertu, non
pas jufqu'à abandonner les autres, mais
pour donner plus de régularité au cœur,
plus d'attention à l'efprit, & plus d'unifor-
mité à notre conduite. Une jeune fille d'une
beauté exquife, brillante comme le foleil,
magnifiquement parée, & couronnée de
branches d'oliviers, apparut à faint Jean,
Evêque d'Alexandrie, & lui dit : Je fuis la
fille ainée du Roi : fi tu peux gagner mon
amitié, je te conduirai à fon trône, & tu
trouveras graces en fa préfence. Le faint
Prélat connut que Dieu lui recommandoit
la miféricorde envers les pauvres ; & il s'y
attacha avec tant de zele & de libéralité,
qu'il mérita le nom de Jean l'aumônier.

Un homme d'Alexandrie nommé Euloge,
defirant de faire quelque chofe de grand
pour l'amour de Dieu, & n'ayant pas affez
de forces, ni pour embraffer la vie folitaire,
ni pour vivre en communauté fous l'obéiffance d'un fupérieur, prit chez lui un pauvre tout couvert de lepre, pour pratiquer

G vj

tout enſemble la charité & la mortification; mais pour les pratiquer d'une maniere plus digne de Dieu, il fit vœu de reſpecter ſon malade, de le ſervir, & de le traiter en toutes choſes comme un valet feroit à ſon maître. Or dans la ſuite du temps le Lépreux & Euloge furent tentés de ſe quitter l'un l'autre : & ils communiquerent leur tentation au grand ſaint Antoine, qui leur fit cette réponſe : Gardez-vous bien, mes enfants, de vous ſéparer l'un de l'autre ; car étant tous deux fort près de votre fin, ſi l'Ange ne vous trouve pas enſemble, vous courez grand riſque de perdre vos couronnes.

Le Roi ſaint Louis viſitoit les hôpitaux, & ſervoit les malades avec autant d'attachement que s'il y eût été obligé. Saint François aimoit ſur-tout la pauvreté, qu'il appelloit ſa dame, & ſaint Dominique la prédication, de laquelle ſon Ordre a tiré ſon nom. Saint Grégoire le grand ſe faiſoit un plaiſir de recevoir les pélerins, à l'exemple du patriarche Abraham ; & il reçut, comme lui, le Roi de gloire ſous la forme d'un pélerin. Tobie occupoit ſa charité de la ſépulture des morts. Sainte Elizabeth, toute grande Princeſſe qu'elle étoit, faiſoit ſes délices de l'abjection de ſoi-même. Sainte Catherine de Genes, ayant perdu ſon mari, ſe dévoua au ſervice d'un hôpital. Caſſien rapporte qu'une vertueuſe fille qui avoit un

grand attrait à l'exercice de la patience, eut
recours fur cela à faint Athanafe, qui mit
auprès d'elle une pauvre veuve, chagrine,
colere, fâcheufe, & tout-à-fait infupportable ; de forte que cette dévote fille en étant
perpétuellement gourmandée, eut tout le
temps de pratiquer la douceur & la condefcendance. Ainfi, entre les ferviteurs de
Dieu, les uns s'appliquent à fervir les malades, les autres à foulager les pauvres, les
autres à apprendre la doctrine chrétienne
aux petits enfants, les autres à ramaffer les
ames perdues & égarées, les autres à parer
les églifes & à orner les autels, & les autres à procurer la paix & la concorde entre
les fideles. Ils imitent l'art des brodeurs,
qui figurent fur un certain fond avec la
foie, l'or & l'argent, toutes fortes de fleurs,
dont l'agréable variété ne fait rien perdre
du deffein & de l'ordonnance de l'ouvrage;
car ces ames pieufes ayant entrepris l'exercice d'une vertu particuliere, elles s'en fervent comme d'un fonds qui leur eft propre,
& fur lequel, pour ainfi parler, elles mettent en œuvre toutes les autres vertus; de
forte qu'elles en tiennent leurs actions plus
unies & mieux arrangées, les rapportant
toutes à une même fin, qui eft la pratique
de la vertu, qu'elles fe font fpécialement
propofée. Ainfi chacune fe fait aux yeux
de Dieu une robe femblable à celle que

David donne à la sainte épouse, & qui étoit d'un drap d'or relevé d'une riche broderie, admirablement bien diversifiée.

Lorsque nous nous sentons combattus par quelque vice, il faut faire tous nos efforts pour nous appliquer à la vertu qui y est contraire, & rapporter la pratique des autres vertus à cette même fin : c'est nous assurer de la victoire de notre ennemi, acquérir une vertu que nous n'avions pas, & perfectionner beaucoup les autres. Si donc l'orgueil ou la colere m'attaque, il faut que je donne à mon cœur toute l'inclination & tout le penchant que je pourrai pour l'humilité & pour la douceur, & que j'y fasse encore servir mes exercices spirituels, l'usage des Sacrements, & les autres vertus, comme la prudence, la constance & la sobriété : car comme les sangliers pour aiguiser leurs défenses, les frottent contre leurs autres dents, qui en même temps se liment & s'affilent; de même l'homme qui a entrepris une vertu qu'il sait être la plus nécessaire à la défense de son cœur, doit s'attacher à s'y perfectionner par le secours même des autres vertus, qui en deviennent aussi plus parfaites. Cela n'arriva-t-il pas à Job, qui, étant principalement soutenu par la patience contre les tentations du démon, se trouva un homme parfait en toutes sortes de vertus. Et bien plus, dit saint Grégoire de Nazianze, un

feul acte de vertu fait avec toute la perfection dont il eſt capable, & avec une excellente ferveur de charité, a quelquefois mis
tout-d'un-coup une perſonne au comble de
la ſainteté, & il cite ſur cela la charitable
& fidelle Rahab, qui parvint à un haut degré de fortune, pour avoir une feule fois
exercé l'hoſpitalité envers quelques Iſraélites avec beaucoup d'exactitude.

CHAPITRE II.

Suite des réflexions néceſſaires ſur le choix des vertus.

SAINT Auguſtin dit excellemment bien
que pluſieurs perſonnes dans les commencements de la dévotion, font des choſes qu'on blâmeroit, ſi l'on en jugeoit par
les regles exactes de la perfection, dont cependant on les loue; parce qu'on les regarde en elles comme les préſages & les
diſpoſitions d'une grande vertu. C'eſt par
cette raiſon que la crainte baſſe & groſſiere,
laquelle produit des ſcrupules exceſſifs dans
l'ame de ceux qui ſortent des voies du péché, eſt conſidérée comme une vertu, &
comme un préſage certain d'une parfaite
pureté de conſcience : mais la même crainte
feroit blâmable en ceux qui ſont déja avan-

cés, & dont le cœur doit être réglé par la charité, qui en bannit peu-à-peu la crainte servile.

La direction de saint Bernard étoit au commencement d'une rigueur & d'une dureté extrême pour ceux qui se mettoient sous sa conduite : car il leur déclaroit d'abord, qu'il falloit quitter le corps, & ne venir à lui qu'avec le seul esprit. Entendant leur confession, il marquoit d'une maniere vive & sévere l'horreur que lui faisoient leurs défauts, pour petits qu'ils fussent : en un mot, il troubloit & affligeoit si fort l'ame de ces pauvres novices dans la perfection, qu'à force de les y porter, il les en éloignoit : & ils perdoient cœur & haleine, comme l'on dit, en se voyant poussés si vivement : semblables à des hommes que l'on presse de monter à la hâte une montagne fort escarpée. Vous voyez, Philothée, c'étoit ce zele très-ardent d'une parfaite pureté qui faisoit prendre cette méthode à ce grand Saint ; & ce zele étoit en lui une grande vertu ; mais une vertu qui ne laissoit pas d'avoir quelque chose de repréhensible. Aussi Dieu l'en corrigea-t-il par lui-même dans une merveilleuse apparition, répandant en son ame un esprit doux & miséricordieux, charitable & tendre : de maniere que le Saint condamnant cette sévere exactitude, eut toujours de la douceur & de la condescendance pour ceux qu'il dirigeoit, & se fit avec beaucoup de suavité tout à tous, afin de les gagner tous à Jesus-Christ. Saint Jérôme, qui a écrit la vie de sainte Paule, sa chere fille, y remarque trois sortes d'excès : l'un d'une austérité immodérée, l'autre d'une grande opiniâtreté à préférer en cela sa pensée au sentiment de saint Epiphane, son évêque, & le troisieme d'une tristesse démésurée, qui la mit plusieurs fois en danger de mourir elle-même à la mort de ses enfants & de son mari. Et puis ce Pere s'écrie : mais quoi ! l'on dira que je laisse les louanges de cette Sainte pour lui reprocher ses imperfections & ses défauts. Non, j'atteste Jesus-Christ, qu'elle l'a servi comme je veux le servir ; que je ne m'éloigne nullement de la vérité ni de part ni d'autre, disant simplement en chrétien ce qu'elle a été comme chrétienne : c'est-à-dire, que j'en écris la vie & non pas l'éloge, pouvant dire d'ailleurs que ses défauts auroient été des vertus en beaucoup d'autres.

Or, vous entendez bien, Philothée, qu'il parle des ames moins parfaites que sainte Paule : & en effet, il y a des actions que l'on condamne comme des imperfections en ceux qui sont parfaits, lesquelles seroient prises pour de grandes perfections en ceux qui sont imparfaits. Ne dit-on pas que c'est

un bon figne, quand les jambes enflent à
un malade dans la convalefcence ; parce que
l'on conjecture que la nature a repris affez de
force pour rejetter les humeurs fuperflues ?
Mais cela même feroit un méchant pronof-
tic dans un homme qui ne feroit pas malade, parce que l'on jugeroit que la nature
n'auroit plus affez de force pour diffiper &
réfoudre les mauvaifes humeurs. Philothée,
ayez toujours une bonne opinion des perfonnes dans qui les vertus nous paroiffent
mêlées de quelques défauts, puifque plufieurs Saints ne les ont pas eues fans ce
mêlange : mais, pour vous, tâchez de vous
y perfectionner en accordant la prudence
avec la fidélité : & pour cela tenez-vous
bien à l'avis du Sage, qui nous avertit de
ne pas nous confier en notre prudence, &
de la foumettre à celle des conducteurs que
Dieu nous a donnés.

Il y a bien des chofes que l'on prend
pour des vertus, & qui ne le font aucunement ; & il eft néceffaire que je vous en
parle : ce font les extafes ou raviffements, les
infenfibilités, les impaffibilités, les unions
déifiques, les élévations & transformations,
& autres femblables perfections dont trai-
tent de certains livres qui promettent d'é-
lever l'ame jufqu'à la contemplation purement intellectuelle, à l'application effen-
tielle de l'efprit, & à la vie furéminente.

Philothée, ces perfections ne font pas des vertus, mais leurs récompenfes, ou bien plutôt des communications anticipées de la félicité éternelle, dont Dieu donne quelquefois le goût à l'homme pour lui en faire defirer la poffeffion. Mais enfin nous ne devons jamais prétendre à de telles faveurs, parce qu'elles ne font nullement néceffaires au fervice de Dieu, ni à fon amour, qui doit faire notre unique prétention, d'autant plus que ce ne font pas ordinairement des graces que nous puiffions acquérir par notre application, l'ame recevant plutôt en tout cela les impreffions de l'efprit de Dieu, qu'elle n'y agit par fes opérations. J'ajoute que n'ayant point ici d'autre deffein que de devenir des hommes folidement dévots, des femmes véritablement pieufes, c'eft à cela uniquement qu'il faut s'attacher : & fi Dieu veut nous élever jufqu'à ces perfections angéliques, nous ferons encore de bons anges dans le monde.

En attendant, appliquons-nous avec fimplicité & humilité aux petites vertus, dont notre Seigneur par fa grace a attaché la conquête à nos foibles efforts; comme font la patience, la débonnaireté, la mortification du cœur, l'humilité, l'obéiffance, la pauvreté, la chafteté, la fuavité envers le prochain, la patience à fouffrir les imperfections, la fainte ferveur. Laiffons volon-

tiers les furéminentes à ces grandes ames fi
élevées au-deffus de nous : nous ne méri-
tons pas un rang fi haut dans la maifon de
Dieu ; trop heureux encore de nous voir
au nombre de fes ferviteurs les moins con-
fidérés, & femblables à de petits & bas officiers de la maifon du prince, qui fe font
un honneur de leurs charges, quelques viles
& abjectes qu'elles foient. Ce fera enfuite
au Roi de la gloire, fi bon lui femble, de
nous faire entrer dans les fecrets myftérieux
de fon amour & de fa fageffe. Notre confolation en tout ceci, Philothée, eft que ce
grand Roi ne regle pas les récompenfes de
fes ferviteurs fur la dignité de leurs offices,
mais fur l'humilité & fur l'amour avec lequel ils les exercent. Saül cherchant les
âneffes de fon pere, trouva le royaume
d'Ifraël : Rebecca abreuvant les chameaux
d'Abraham, devint l'époufe de fon fils :
Ruth glanant après les moiffonneurs de
Booz, & fe couchant à fes pieds, devint
fon époufe. Certes les prétentions fi hautes
que l'on a fur ces états extraordinaires de la
perfection, font fujettes à beaucoup d'er-
reurs & d'illufions : & il arrive quelquefois,
que ceux qui peuvent être des anges, ne
font pas feulement des hommes aux yeux
de Dieu, & qu'il y a plus en leur fait d'affectation & de paroles magnifiques, que de
folidité de penfée & d'action. Il ne faut

pourtant rien méprifer ni cenfurer témérairement ; mais en béniffant Dieu de la furéminence des autres, demeurons avec humilité dans notre voie, moins excellente, mais plus proportionnée à notre politeffe ; plus baffe, mais plus fûre : perfuadés que fi nous y marchons avec une humble fidélité, Dieu nous élevera à des grandeurs qui pafferont de beaucoup les plus grandes efpérances.

CHAPITRE III.

De la Patience.

La patience, dit l'Apôtre, *vous eft néceffaire : afin qu'accompliffant la volonté de Dieu, vous en obteniez la récompenfe qu'il vous a promife :* oui, nous a dit Jefus-Chrift, *vous poffederez vos ames par la patience.* C'eft le grand bonheur de l'homme, Philothée, que de poffeder fon cœur : or eft-il qu'à proportion que la patience eft plus parfaite en nous, nous la poffédons plus parfaitement ; il faut donc perfectionner cette vertu en nous. Souvenez-vous encore que notre Sauveur nous ayant mérité les graces du falut par la patience de toute fa vie & de fa mort, nous devons auffi nous les appliquer par la patience la plus conftante & la plus douce, dans les afflictions, dans les miseres, & dans les contradictions de la vie.

Ne bornez pas votre patience à de certaines peines ; mais étendez-la universellement à tout ce que Dieu vous enverra, ou permettra qu'il vous vienne d'ailleurs. Il y a bien des gens qui ne veulent assez souffrir les peines, lesquelles portent quelque caractere d'honneur : avoir été blessé dans une bataille ; y avoir été fait prisonnier en faisant bien son devoir ; être maltraité pour la religion ; avoir perdu son bien pour une querelle d'honneur, dont on est sorti avec avantage : tout cela leur est doux ; mais c'est la gloire qu'ils aiment, & non pas la peine. L'homme véritablement patient porte avec une même égalité d'esprit les peines ignominieuses, & celles qui sont honorables ; être méprisé, blâmé & accusé par des hommes vicieux & libertins, c'est un plaisir à une grande ame : mais souffrir ce mauvais traitement de la part des gens de bien, de ses amis, ou de ses parents, c'est une patience héroïque. C'est pourquoi j'estime plus le bienheureux Cardinal Borromée d'avoir souffert en silence, avec douceur & long-temps les invectives publiques, qu'un célebre Prédicateur d'un ordre extrêmement réformé faisoit contre lui en chaire, que d'avoir soutenu ouvertement les insultes de beaucoup de libertins ; car comme les piquûres des abeilles font plus cuifantes que celles des mouches, ainfi les contradictions que l'on reçoit des gens de bien, font plus fenfibles que celles qui viennent des partifans du vice : & cependant il arrive fouvent, que deux hommes de bien, tous deux bien intentionnés dans l'adverfité de leurs opinions fe font beaucoup de peine l'un à l'autre.

Ayez de la patience, non-feulement pour le mal même que vous fouffrez, mais encore pour toutes fes circonftances & fes fuites. Plufieurs s'y trompent, qui femblent foupirer après les afflictions, & qui refufent cependant d'en fouffrir les incommodités inféparables. Je ne m'affligerois pas, dit l'un, d'être devenu pauvre, fi ce n'étoit que la pauvreté m'empêche de fervir mes amis, d'élever mes enfants, & de vivre avec un peu d'honneur : & moi, dira l'autre, je m'en inquiéterois fort peu, fi je ne voyois que l'on impute mon malheur à mon imprudence : & moi, dira encore un autre, je ferois fort peu touché de cette médifance, fi elle n'avoit pas trouvé de croyance dans les efprits. Il y en a beaucoup qui veulent bien fouffrir une partie des incommodités inféparables de leurs peines, mais non pas toutes; & qui difent qu'ils ne s'impatientent pas d'être malades, mais de ce que par-là ils caufent de la peine aux autres, ou de ce que l'argent leur manque pour ſe faire aider. Or je dis, Philothée, que la patience nous oblige à vouloir être malades comme Dieu le veut, de la maladie qu'il veut, au lieu où il veut, avec les perſonnes & dans toutes les incommodités qu'il veut, & voilà la regle univerſelle de la patience. Quand il vous arrivera du mal, apportez-y tous les remedes que vous pourrez ſelon Dieu; car en attendre le ſoulagement, ſans vous aider vous-même, ce ſeroit tenter Dieu : mais après cela réſignez-vous à tout, & ſi les remedes chaſſent le mal, remerciez-le avec humilité; ſi le mal eſt plus fort que le remede, béniſſez-le avec patience.

Je m'en tiens au ſentiment de ſaint Grégoire : lorſque l'on vous accuſera, dit-il, d'une faute véritable; humiliez-vous-en, & confeſſez que vous méritez quelque choſe de plus que cette confuſion : ſi l'accuſation eſt fauſſe, juſtifiez-vous avec beaucoup de douceur, puiſque vous devez cela à l'amour de la vérité, & à l'édification du prochain. Mais ſi votre juſtification n'eſt pas reçue, ne vous troublez pas; & ne faites plus de vains efforts en faveur de votre innocence; puiſqu'après avoir rempli les devoirs de la vérité, vous devez auſſi remplir ceux de l'humilité. Ainſi vous ne négligerez point votre réputation; & vous ne perdrez point l'affection que vous devez avoir pour la douceur & l'humilité du cœur.

Plai-

Plaignez-vous le moins que vous pourrez du tort que l'on vous aura fait : car il est fort rare que l'on se plaigne sans péché ; notre amour-propre grossissant toujours dans nos yeux & dans notre cœur les injures que nous avons reçues. S'il est nécessaire de vous plaindre, ou pour calmer votre esprit, ou pour demander conseil, ne vous plaignez jamais à des personnes qui prennent feu aisément, & qui aient de la facilité à mal parler, ou à penser mal des autres ; mais plaignez-vous à des personnes qui aient de la modération & de l'amour de Dieu, parce que bien-loin de calmer votre ame, on vous troubleroit davantage ; & qu'au-lieu de vous arracher l'épine du cœur, on l'y enfonceroit plus avant.

Il y a bien des gens qui étant malades, ou affligés de quelque maniere que ce soit, s'empêchent bien de se plaindre & de faire paroître aucune délicatesse de vertus ; parce qu'ils savent (& cela est très-vrai) que c'est une foiblesse & une lâcheté : mais ils tâchent de s'attirer la compassion & les plaintes des autres sur leur peine ; aussi-bien que leurs louanges sur leur patience. Je l'avoue, voilà de la patience, mais certainement c'est une fausse patience ; & qui en effet est un orgueil très-subtil, & une vanité bien raffinée : oui, comme dit l'Apôtre, ils ont de la gloire ; mais ce n'est pas celle qui con-

H

duit à Dieu. Le chrétien véritablement patient ne se plaint point de son mal, & ne desire point qu'on le plaigne ; s'il en parle, c'est avec beaucoup de simplicité & de naïveté, sans le faire plus grand qu'il n'est ; si on le plaint, il souffre patiemment ces plaintes, à moins qu'on ne le plaigne d'un mal qu'il n'a pas, car alors il en désabuse modestement les autres : ainsi il conserve la tranquillité de son ame entre la vérité & la patience ; déclarant ingénument son mal, & ne se plaignant point.

Dans les contradictions que la dévotion vous attirera, (car elles ne vous manqueront pas) souvenez-vous de cette comparaison de Jesus-Christ : *Les douleurs de l'enfantement causent bien des douleurs à une pauvre mere :* mais dès qu'elle voit son enfant, elle les oublie ; & la joie d'avoir mis un homme au monde dissipe toute sa tristesse. Hé bien ! Philothée, vous voulez absolument travailler, comme dit l'Apôtre, à former Jesus-Christ dans votre cœur & en vos œuvres, par un amour sincere de sa doctrine, & par une parfaite imitation de sa vie : il vous en coûtera quelques douleurs, n'en doutez pas ; mais elles passeront, & la présence de Jesus, qui vivra en vous, remplira votre ame d'une joie ineffable, que personne ne vous ravira jamais.

Quand vous serez malade, offrez vos

douleurs, votre langueur, & toutes vos peines à Jesus-Chrift, le suppliant de les recevoir en union des mérites de sa paffion. Souvenez-vous fur-tout du fiel qu'il prit pour l'amour de vous ; & obéiffant au médecin, prenez, & faites tout ce qu'il voudra pour l'amour de Dieu. Defirez la guérifon pour le fervir ; mais ne refufez point de languir long-temps dans votre mal, pour lui obéir, & même difpofez-vous à mourir, s'il le veut ainfi, pour aller jouir de fa glorieufe préfence. Souvenez-vous, Philothée, que les abeilles vivent d'une nourriture fort amere, pendant qu'elles font leur miel ; & que jamais nous autres, nous ne pouvons mieux remplir notre cœur de cette fainte fuavité qui eft le fruit des vertus, que quand nous mangeons avec patience le pain amer des tribulations que Dieu nous envoie : & plus elles font humiliantes, plus notre vertu en devient excellente & douce à notre cœur.

Penfez fouvent à Jefus crucifié ; confidérez-le couvert de plaies, accablé d'opprobres & de douleurs, pénétré de trifteffe jufqu'au fond de l'ame, dans un dépouillement & un abandonnement univerfel, chargé de calomnies & de malédictions : alors vous avouerez que vos fouffrances ne font nullement comparables aux fiennes, ni en qualité, ni en quantité ; & que jamais vous n'endurerez rien pour lui, qui approche

H ij

tant soit peu de ce qu'il a souffert pour vous.

Comparez-vous encore aux martyrs, & sans aller si loin, à tant de personnes qui souffrent actuellement plus que vous, & dites en bénissant Dieu : Hélas ! mes épines me paroissent des roses, & mes douleurs des consolations ; quand je me compare à ceux qui, sans secours, sans assistance, sans soulagement, vivent dans une mort continuelle, accablés de douleur & de tristesse.

CHAPITRE IV.

De l'humilité dans la conduite extérieure.

LE prophete Elisée dit à une pauvre veuve qu'elle empruntât de ses voisins tous les vases qu'elle pourroit, & que le peu d'huile qui lui restoit dans sa maison couleroit toujours tandis qu'elle en auroit à remplir. Cela nous apprend que Dieu demande des cœurs qui soient bien vuides pour y faire couler sa grace avec l'onction de son esprit ; c'est, Philothée, de notre propre gloire, qu'il faut absolument bien les vuider.

On dit qu'un certain oiseau, que l'on nomme cresserelle, a une vertu secrete dans son cri & dans son regard pour chasser les oiseaux de proie, & l'on veut que ce soit la raison de la sympathie que les pigeons & les colombes ont pour cet oiseau. Nous pouvons dire aussi que l'humilité est la terreur de satan, le roi de l'orgueil; qu'elle conserve en nous la présence du Saint-Esprit & ses dons, & que c'est pour cela qu'elle a été chérie par les Saints & par les Saintes, comme elle a fait les délices du cœur de Jesus & de sa sainte mere.

Nous appellons vaine gloire celle que nous nous donnons, soit pour les choses qui ne sont point en nous, soit pour celles qui étant en nous, ne sont pas proprement à nous, ne viennent pas de nous; soit pour beaucoup d'autres qui, étant en nous & à nous, ne méritent pas que nous nous en fassions honneur. La noblesse de la naissance, la faveur des grands, & l'applaudissement du peuple, tout cela est hors de nous, dans nos ancêtres, ou dans l'estime des autres hommes; pourquoi s'en glorifier? Il y a bien des gens à qui la richesse & la parure des habits, l'éclat d'un brillant équipage, la propreté d'un ameublement, l'avantage d'avoir de bons chevaux donnent de la fierté : qu'est-ce qui ne voit pas en cela la folie des hommes? Combien y en a-t-il qui s'entêteront d'une vaine complaisance d'eux-mêmes pour avoir de beaux cheveux, de belles dents, ou de belles mains, quelque avantage pour un jeu, quelque agrément pour chanter, quelque difpofition à bien danfer : mais quelle baffeffe d'efprit & de cœur que de vouloir établir leur honneur fur des chofes fi frivoles ? Combien d'autres fe font à leur efprit même un charme de leur prétendue beauté ? Et combien encore à qui un peu de fcience jointe à beaucoup de vanité, donne un tour fi ridicule parmi les autres hommes, dont ils veulent fe faire refpecter comme des maîtres, que le nom de pédant eft tout l'honneur qu'ils en reçoivent ? En vérité, tout cela eft bien fuperficiel, fort bas & très-impertinent. Cependant, Philothée, c'eft fur tout cela que roule la vaine gloire.

L'on connoît le vrai bien à la même épreuve que le vrai baume : l'on fait l'effai du baume en le diftillant dans de l'eau ; s'il va au fond, l'on juge qu'il eft pur, très-fin, & d'un grand prix ; au contraire, s'il furnage, l'on juge qu'il eft altéré ou contrefait. Voulez-vous-donc favoir fi un homme eft véritablement fage, favant, noble, généreux, examinez fi fes bonnes qualités font accompagnées d'humilité, de modeftie, de foumiffion envers ceux qui font au-deffus de lui ; fi cela eft, ce font de vrais biens : mais fi vous y découvrez de l'affectation à faire paroître ce qu'il croit avoir de bon, dites que cet homme n'eft qu'un homme superficiel, & que ces biens sont d'autant moins réels en lui, qu'il affecte de les montrer. Les perles qui ont été conformées en une saison de vents orageux ou de tonnerre, n'ont que l'écorce de perle sans aucune substance : & toutes les vertus & les plus grandes qualités d'un homme qui les enfle de son orgueil & de sa vanité, n'ont que la simple apparence du bien, sans aucune solidité. L'on a raison de comparer les honneurs au safran, qui se fortifie, & qui vient plus abondamment quand il a été foulé aux pieds. Une personne qui est fiere de sa beauté en perd la gloire, & celle qui la néglige lui donne plus d'agrément. La science déshonore, dès qu'elle nous enfle l'esprit, elle dégénere en une ridicule pédanterie. Quand le paon veut se donner le plaisir de voir ses belles plumes, il se hérisse tout le corps, & en découvre ce qui est le plus difforme & le plus hideux.

Si nous sommes pointilleux pour des préséances, pour des rangs & des titres, outre que nous aurons le chagrin de faire examiner nos qualités, & de les voir contestées, nous les rendrons encore méprisables : car comme il n'y a rien de plus beau que l'honneur, quand on le reçoit comme un présent, il n'y a rien aussi de plus honteux quand on l'exige comme un droit. Il est semblable à une belle fleur, qu'il ne faut

H iv

ni cueillir, ni toucher, à moins qu'on ne la veuille flétrir. L'on dit que la Mandragore jette de loin une odeur fort douce; mais que ceux qui veulent la fentir de près & long-temps, font frappés d'une vapeur maligne, laquelle leur caufe un affoupiffement fort dangereux. C'eft ainfi que l'honneur fait une douce impreffion fur le cœur de ceux qui le reçoivent comme il fe préfente, fans empreffement ni attachement; mais à l'égard de ceux qui s'empreffent à le chercher, & qui s'y attachent, il en fort une fumée maligne, laquelle leur porte à la tête, leur fait perdre l'efprit & les rend méprifables.

L'amour & la recherche de la vertu commencent à nous rendre vertueux : mais la paffion & l'empreffement pour la gloire commencent à nous faire méprifer. Les grandes ames ne s'amufent pas à toutes ces bagatelles de préféance, de rang, de falut : elles fe font des occupations nobles; & cela ne convient qu'à de petits efprits qui n'ont rien de bon à faire. Comme celui qui peut faire un riche commerce de perles ne fe charge pas de coquilles : celui auffi qui s'attache à la pratique des vertus, n'a point d'empreffement pour ces marques d'honneur. J'avoue que chacun peut conferver & tenir fon rang, fans bleffer l'humilité, pourvu que ce foit fans affectation, & fans conteftation : car comme ceux qui viennent du Pérou dans des vaisseaux chargés d'or & d'argent, apportent encore des singes & des perroquets, parce que la dépense, non plus que la charge, n'en est pas grande ; ainsi ceux qui s'apppliquent à la vertu peuvent encore recevoir les honneurs qui leur sont dus, pourvu qu'il n'en coûte pas beaucoup de soin ni d'attention, & que les inquiétudes qui y sont ordinairement attachées, n'accablent pas l'ame de leur poids. Remarquez cependant que je ne parle pas ici ni des dignités publiques, ni des droits particuliers, dont la conservation ou la perte peut avoir de grandes suites. En un mot, c'est à chacun de conserver ce qui lui appartient ; mais avec un juste tempérament entre l'intérêt & la charité, entre les regles de la prudence & les mesures de l'honnêteté.

CHAPITRE V.

De l'humilité plus parfaite & intérieure.

VOUS desirez, Philothée, que je vous fasse entrer plus avant dans la pratique de l'humilité ; je vous en loue, & je vais vous satisfaire : car en ce que je viens de dire, il y a presque plus de sagesse que d'humilité.

H v

L'on voit bien des perſonnes qui ne veulent jamais faire d'attention aux graces particulieres que Dieu leur fait, de peur que leur cœur, ſurpris d'une vaine complaiſance, ne lui en dérobe la gloire ; c'eſt une fauſſe crainte & une véritable erreur. Car puiſque la conſidération des bienfaits de Dieu nous porte efficacement à l'aimer, comme l'enſeigne le Docteur angélique, plus nous le connoîtrons, plus nous l'aimerons : mais parce que notre cœur eſt plus ſenſible aux graces particulieres qu'aux bienfaits généraux ; c'eſt ſur ces graces mêmes que nous devons faire plus de réflexion.

Rien ne peut nous humilier davantage en la préſence de la miſéricorde de Dieu, que la multitude de ſes graces, & la multitude de nos péchés, en la préſence de ſa juſtice : conſidérons donc attentivement ce qu'il a fait pour nous, & ce que nous avons fait contre lui ; puiſque nous recherchons nos péchés en détail, examinons auſſi en détail les graces que Dieu nous a faites : & pour lors il ne faut pas craindre que cette vue nous enfle l'eſprit, pourvu que nous penſions bien que ce que nous avons de bon n'eſt pas de nous. Hélas ! les mulets ne ſont-ils pas toujours des bêtes lourdes & infectes, quoiqu'ils ſoient chargés de meubles précieux & parfumés du Prince : *Qu'avons-nous de bon que nous n'ayions pas reçu ? Et ſi*

nous l'avons reçu, pourquoi nous en glori-
fier? Au contraire, la vive confidération des
graces de Dieu nous doit rendre humbles,
puifque la connoiffance d'un bienfait en produit naturellement la reconnoiffance : mais fi
cette vue flatte notre cœur de quelque vaine
complaifance, le remede infaillible à ce mal
eft le fouvenir de nos ingratitudes, de nos
imperfeéctions, & de nos miferes. Oui, fi
nous confidérons ce que nous avons fait
quand Dieu n'a pas été avec nous, nous
connoîtrons bien que ce que nous faifons,
quand il eft avec nous, n'eft pas de notre
façon ni de notre fonds : véritablement nous
jouirons du bien qu'il a mis en nous, & même
nous nous en réjouirons, parce que nous
le poffédons ; mais nous en glorifions Dieu
feul, parce qu'il en eft l'auteur. C'eft delà
que la fainte Vierge publie que Dieu a opéré
en elle de très-grandes chofes ; & elle ne le
publie que pour s'en humilier tout enfemble, & pour l'en glorifier : *Mon ame*, dit-
elle, *glorifie le Seigneur*, *parce qu'il a*
opéré de grandes chofes en moi.

Nous difons fouvent que nous ne fommes rien, que nous fommes la mifere même, & comme le difoit faint Paul, l'ordure
du monde : mais nous ferions bien marris
que l'on nous prît au mot, & que les autres parlaffent ainfi de nous. Au contraire,
nous fuyons fouvent pour faire courir après

nous; nous nous cachons, afin que l'on nous cherche; nous affectons de prendre la derniere place, pour paſſer avec plus d'honneur à la premiere. Le vrai humble ne fait pas ſemblant de l'être, & ne parle que fort peu de ſoi; car l'humilité n'entreprend pas ſeulement de cacher les autres vertus, mais encore plus de ſe cacher ſoi-même : & ſi la diſſimulation, le menſonge, le mauvais exemple étoient permis, elle feroit des actions de fierté & d'ambition, pour ſe cacher juſques ſous l'orgueil, & ſe dérober plus ſûrement à la connoiſſance des hommes. Voici donc mon avis, Philothée : ou bien ne parlons jamais de nous en termes d'humilité, ou bien conformons nos penſées à nos paroles par le ſentiment intérieur d'une vraie humilité : ne baiſſons jamais les yeux qu'en humiliant nos cœurs, n'affectons pas la derniere place, à moins que de bon cœur & ſincérement nous ne la voulions prendre. Je crois cette regle ſi générale, qu'elle ne doit ſouffrir aucune exception : j'ajoute ſeulement que la civilité nous oblige quelquefois de préſenter aux autres de certains honneurs que nous ſavons bien qu'ils ne prendront pas, & que cela n'eſt ni une fauſſe humilité, ni une duplicité; parce que cette déférence eſt une maniere de les honorer; & puiſqu'on ne peut pas leur céder l'honneur tout entier, on ne fait pas mal de le leur préfenter. Je dis de même de certains termes de refpect, qui, ne paroiffant pas conformes aux loix rigoureufes de la vérité, ne lui font pas abfolument contraires, pourvu que l'on ait une intention fincere d'honorer la perfonne à qui l'on parle : car bien qu'il y ait quelque excès dans ces expreffions, nous ne faifons pas mal de nous en fervir, felon l'ufage que tout le monde reçoit & entend bien. Je voudrois toutefois que l'on tâchât de donner à fes paroles la plus grande juffeffe de conformité que l'on pourroit avec fon intention : afin de ne s'éloigner en rien de la fimplicité du cœur, ni de l'exactitude de la fincérité.

L'homme qui eft véritablement humble aimeroit mieux qu'un autre dît de lui qu'il eft un miférable, qu'il n'eft rien, qu'il ne vaut rien, que de le dire lui-même : du moins s'il fait que l'on parle ainfi de lui, il le fouffre de bon cœur, parce qu'étant perfuadé de ce que l'on dit, il eft bienaife que le jugement des autres fe trouve conforme au fien.

Plufieurs difent qu'ils laiffent l'oraifon mentale aux parfaits, & qu'ils ne font pas dignes de la faire ; les autres proteftent qu'ils n'ofent pas communier fouvent, parce qu'ils ne fe fentent pas affez de pureté d'ame. Ceux-là publient qu'ils craindroient de faire tort à la dévotion, s'ils s'en mêloient, à caufe de leur grande mifere, & de leur fragilité : ceux-ci ne veulent point fe fervir de leurs talents pour la gloire de Dieu & pour le falut du prochain, parce que connoiffant bien, difent-ils, leur foibleffe, ils craignent que l'orgueil ne profite du bien dont ils feroient les inftruments, & qu'en éclairant les autres, ils fe confument euxmêmes. Tout cela n'eft qu'un artifice & une forte d'humilité non-feulement fauffe, mais maligne : car on s'en fert ou pour méprifer finement & couvertement les chofes de Dieu, ou bien pour cacher fous un humble prétexte fon amour-propre, fon opiniâtreté, fon humeur & fa pareffe.

Demandez à Dieu un miracle, foit en haut dans le Ciel, foit en bas au profond de l'abyme, dit le Prophete Ifaïe à l'impie Achaz, & il répond : *Non : je ne le demanderai point, & je ne tenterai point le Seigneur.* O le méchant homme ! il affecte un grand refpect pour Dieu, & fous couleur d'humilité, il rejette une grace que la divine bonté lui préfente : mais ne favoit-il pas que quand Dieu veut nous faire du bien, c'eft un orgueil que de le refufer ; que fes dons font d'une nature à nous obliger par eux-mêmes de les recevoir, & que l'humilité confifte à fe conformer le plus qu'on peut à fes defirs ? Or le grand defir de Dieu eft que nous foyons parfaits, pour nous unir à lui par la plus parfaite imitation de fa fainteté. Le fuperbe qui fe confie en foi-même, trouve auffi une grande raifon de n'ofer rien entreprendre : mais l'humble eft d'autant plus courageux, qu'il fe connoît plus impuiffant ; & l'efprit magnanime croît en lui, à proportion que le mépris de foi-même l'humilie à fes yeux, parce qu'il met toute fa confiance en Dieu qui fe plaît à glorifier fa puiffance par notre foibleffe, & à faire éclater fa miféricorde fur notre mifere. Il faut donc entreprendre avec une courageufe humilité tout ce que ceux qui conduifent nos ames jugent néceffaire à notre avancement.

Penfer favoir ce que l'on ne fait pas, c'eft une fottife bien groffiere ; faire le favant fur ce que l'on ignore, c'eft une vanité infupportable : pour moi je ne voudrois jamais ni faire le favant, ni faire l'ignorant. Quand la charité le demande, il faut aider le prochain avec bonté & avec douceur, fur tout ce qui eft néceffaire à fon inftruction & à fa confolation ; car l'humilité qui cache les vertus pour les conferver, les fait paroître comme la charité le commande, pour les exercer & pour les perfectionner. L'on peut bien comparer l'humilité à un arbre des ifles de Rylos, dont les fleurs font d'un incarnat fort vif, & qui les tenant clofes durant toute la nuit, ne les ouvre qu'au foleil levant, ce qui fait dire aux

habitants du pays que ces fleurs dorment la
nuit. En effet, l'humilité cache nos vertus
& nos bonnes qualités, & ne les fait jamais
paroître que pour la charité, qui étant une
vertu non pas humaine & morale, mais céleſte & divine, & le ſoleil des vertus, doit
toujours dominer ſur elles : de ſorte que par-
tout où l'humilité préjudicie à la charité,
elle eſt indubitablement une fauſſe humilité.

Je ne voudrois encore jamais ni faire le
fou, ni faire le ſage : parce que ſi l'humilité m'empêche de faire le ſage, la ſimplicité & la ſincérité doivent m'empêcher de
faire le fou ; & ſi la vanité eſt contraire à
l'humilité, l'artifice & le déguiſement ſont
contraires à la ſimplicité & à la candeur de
l'ame. Si quelques grands ſerviteurs de Dieu
ont fait ſemblant d'être foux, pour ſe rendre plus abjects, il faut les admirer, &
non pas les imiter : parce que les motifs
qui les ont portés à cet excès ont été en
eux ſi extraordinaires & ſi propres de leurs
diſpoſitions particulieres, que perſonne n'en
doit tirer aucune conſéquence pour ſoi-même. A l'égard de l'action de David, qui
danſa & ſauta devant l'arche d'alliance, un
peu plus que la bienſéance ordinaire ne le
demandoit, il ne prétendit pas faire le fou ;
non : mais il s'abandonna ſimplement &
ſans aucun artifice, à l'inſtinct & à l'impétuoſité de ſa joie, dont l'eſprit de Dieu rem-

pliſſoit ſon cœur. Il eſt vrai que quand ſon épouſe Michol lui en fit reproche comme d'une folie, il n'en fut nullement touché, & que même par une ſuite de l'impreſſion de cette joie ſpirituelle ſur ſon ame, il témoigna qu'il recevoit ce mépris avec plaiſir pour l'honneur de ſon Dieu. Ainſi lorſque pour des actions qui porteront quelques manieres naïves d'une vraie dévotion, le monde vous regardera comme une perſonne vile & abjecte ou extravagante : l'humilité vous fera trouver de la joie dans ce précieux opprobre, dont le principe ne ſera pas en vous, qui le ſouffrirez, mais en celui d'où il viendra.

CHAPITRE VI.

Que l'humilité nous fait aimer notre propre abjection.

JE paſſe plus avant, Philothée, & je vous dis que vous aimiez en tout & par-tout votre propre abjection : mais vous me demandez peut-être ce que c'eſt qu'aimer ſa propre abjection : je vais vous en inſtruire.

Ces deux termes abjection & humilité n'ont qu'une même & ſeule ſignification dans la langue latine : ainſi quand la ſainte

Vierge nous dit en son divin cantique, que toutes les générations publieront son bonheur, parce que le Seigneur a regardé son humilité, elle veut nous faire entendre que Dieu a daigné jetter les yeux sur sa bassesse & sur son abjection pour la combler de graces & de gloire. Il y a néanmoins une grande différence entre la vertu d'humilité & l'abjection : car l'abjection n'est autre chose que la bassesse, la petitesse, & la foiblesse qui est réellement en nous, & indépendamment de nos réflexions; mais l'humilité est une véritable connoissance que nous avons de notre abjection, & qui nous porte à la reconnoître volontairement en nous. Or, la perfection de l'humilité consiste non-seulement à reconnoître notre abjection, mais à l'aimer, & à nous y complaire : non pas par aucune bassesse d'esprit, ni lâcheté de cœur, mais en vue de la gloire que nous devons rendre à Dieu, & de la préférence d'estime que nous devons donner à notre prochain sur nous-mêmes. C'est aussi ce que je vous recommande de tout mon cœur; & pour en concevoir mieux la pratique, considérez qu'entre les maux que nous avons à souffrir, les uns sont abjects & humilians, & les autres sont honorables; que beaucoup de personnes s'accommodent assez de ceux qui leur font honneur, & que peu de gens font à ceux qui les déshonorent. Voyez un bon & dévot Hermite tout déchiré & pénétré de froid ; chacun honore son habit & plaint sa peine : mais si un pauvre artisan, un pauvre gentilhomme, une pauvre demoiselle, paroissent en cet état, on les méprise ; on se moque d'eux, & la même pauvreté est abjecte en leurs personnes. Un religieux reçoit en silence une correction fort vive de son supérieur, ou bien un enfant de son pere ; l'on appelle cela mortification, obéissance, & sagesse : mais un cavalier ou une dame en souffrira autant de quelqu'un pour l'amour de Dieu, & l'on appellera cela bassesse d'esprit & lâcheté ; voilà encore un mal qui porte de l'abjection. Une personne a un cancer au bras, & l'autre l'a au visage ; celle-là n'a que le mal, mais celle-ci le mépris & l'abjection avec le mal. Je dis donc qu'il ne faut pas seulement aimer le mal, ce qui est un exercice de patience, mais qu'il faut encore chérir l'abjection, & c'est le parfait exercice de l'humilité.

De plus, il y a des vertus abjectes, & des vertus honorables : la patience, la douceur, la simplicité & l'humilité, sont des vertus qui passent pour viles & abjectes au yeux du monde, au-lieu qu'il estime beaucoup la prudence, la générosité & la liberté. Il se trouve encore dans la pratique d'une même vertu des actions, dont les unes ſont mépriſées, les autres honorées : donner l'aumône, & pardonner à ſes ennemis, ſont deux actions de charité, & il n'eſt perſonne qui ne loue la premiere, au-lieu que la ſeconde eſt preſque univerſellement mépriſée. Un jeune gentilhomme, ou une jeune dame, qui fuira la ſociété des perſonnes déclarées pour le jeu, pour le luxe des habits, pour le mauvais enjouement des converſations, & pour l'intempérance, attirera leur critique, leur mépris, leurs railleries, & ſa modeſtie paſſera pour hypocriſie, & pour petiteſſe d'eſprit : aimer cela, c'eſt aimer ſon abjection. En voici un autre exemple : nous allons viſiter les malades, ſi on m'envoie au plus miſérable, ce me ſera une abjection ſelon l'eſprit du monde, c'eſt pourquoi je l'aimerai : ſi on m'envoie à quelque perſonne de qualité, ce me ſera une abjection ſelon l'eſprit de Dieu, parce qu'il n'y a pas tant de vertu ni de mérite ; & j'aimerai encore cette abjection. L'on tombe dans la rue, & outre le mal qu'on ſe fait, on en reçoit de la confuſion. Il faut aimer cette abjection.

Il y a même des fautes qui ne portent aucun mal, que la ſeule abjection, l'humilité n'exige pas qu'on les faſſe de deſſein ; mais elle demande que l'on ne s'en inquiete point quand on les a commiſes, telles ſont certaines incivilités, inadvertances & autres défauts. Certainement la prudence ou la civilité veut que nous les évitions autant que nous pouvons : mais quand elles nous ont échappé, la sainte humilité veut que nous en acceptions toute l'abjection. J'en dis bien davantage : si je me suis laissé aller par colere, ou par quelque liberté sensuelle à dire des paroles piquantes ou indécentes, aussitôt je me le reprocherai vivement, j'en concevrai un vrai repentir, & je réparerai la faute de tout mon mieux : mais en même temps j'accepterai l'abjection qui m'en peut revenir ; & si l'on pouvoit séparer l'un de l'autre, je rejetterois le péché avec indignation, & je conserverois l'abjection dans mon cœur avec une humble patience.

Mais quoique nous aimions l'abjection que le mal porte avec soi, nous devons toujours remédier au mal qui l'a causée, par les moyens naturels & légitimes que nous en avons, sur-tout quand il est de quelque conséquence. Si j'ai au visage quelque mal honteux & humiliant, j'en chercherai la guérison, mais sans oublier l'abjection qui m'en est revenue. Si j'ai fait une faute qui n'offense personne, je ne m'en excuserai pas ; parce qu'encore que ce soit un défaut, il n'a pas d'autre suite que le mépris qu'on a fait de moi, & que je ne m'en excuserois que pour me décharger de l'abjection qu'il m'a attirée, & c'est ce que l'humilité ne

peut abfolument permettre. Mais fi j'ai offenfé ou fcandalifé quelqu'un, foit par mégarde, foit par une mauvaife humeur, je
réparerai ma faute par une fincere excufe,
parce que le mal que j'ai fait fubfifte encore, & que la charité m'oblige à le détruire de mon mieux. Au refte, il arrive
quelquefois que notre prochain étant inté-
reffé à notre réputation, la charité demande
que nous tâchions d'éloigner l'abjection autant que nous pouvons : mais en la détrui-
fant ainfi aux yeux du monde, pour éviter
le fcandale, nous la devons conferver chérement dans notre cœur, afin qu'il s'en édifie.

Si après cela, Philothée, vous voulez favoir quelles font les meilleures abjections,
je vous dirai que les plus falutaires à l'ame
& les plus agréables à Dieu font celles qui
nous viennent fortuitement, ou qui font attachées à notre état, parce qu'elles ne font
pas de notre choix, mais de celui de Dieu,
qui fait mieux ce qu'il nous faut que nous-
mêmes. S'il falloit en choifir quelques-unes,
les plus grandes feroient les meilleures; &
celles-là font eftimées les plus grandes, qui
font les plus contraires à notre inclination,
pourvu qu'elles foient conformes à votre
vocation : car, afin de le dire une fois pour
toutes, votre choix, c'eft-à-dire, notre propre volonté, altere extrêmement toutes nos
vertus, & en diminue beaucoup le mérite.

Ah! qui nous fera la grace de pouvoir dire avec ce grand Roi : *J'ai choisi de mener une vie abjecte en la maison de mon Dieu, plutôt que de demeurer dans les palais des pécheurs?* Nul ne le peut, Philothée, que celui qui, pour nous glorifier, a été en sa vie & en sa mort l'opprobre des hommes, & l'abjection du peuple. Je vous ai dit beaucoup de choses qui vous paroîtront dures dans la spéculation : mais croyez-moi, vous les trouverez plus douces que le miel dans la pratique.

CHAPITRE VII.

De la maniere de conserver sa réputation avec esprit d'humilité.

LA louange, l'honneur, & la gloire ne sont pas le prix d'une vertu commune, mais d'une vertu rare & excellente. Quand nous louons une personne, nous voulons en donner de l'estime aux autres; si nous l'honorons nous-mêmes, cet honneur est une marque de l'estime que nous en avons; & la gloire n'est autre chose qu'un certain éclat de réputation, qui revient de toutes les louanges qu'on lui donne, & de tous les honneurs qu'on lui rend : semblable à la lumiere & à l'émail de plusieurs pierres précieuses qui forment tout ensemble ûne même couronne. Or l'humilité nous défendant tout amour, & toute estime de notre propre excellence, elle nous défend aussi la recherche de la louange, de l'honneur & de la gloire qui ne sont dues qu'à un mérite d'excellence & de distinction. Cependant elle reçoit le conseil du sage, qui nous avertit d'avoir soin de notre réputation : parce que la réputation n'est pas établie sur l'excellence d'une vertu ou perfection, mais seulement sur une certaine bonté de mœurs & intégrité de vie : & comme l'humilité ne nous défend pas de croire que nous avons ce mérite commun & ordinaire, elle ne nous défend pas non plus l'amour, & le soin de notre réputation. Il est vrai que l'humilité mépriseroit encore la réputation, si elle n'étoit pas nécessaire à la charité : mais parce qu'elle est un des principaux fondemens de la société humaine, & que sans elle nous sommes non-seulement inutiles au public, mais encore pernicieux, par la raison du scandale qu'il en reçoit ; la charité nous oblige à la desirer & à la conserver, & l'humilité souffre nos desirs & nos soins.

Ne peut-on pas dire que la bonne renommée est à l'homme ce que la verdure d'un beau feuillage est à un arbre ? En effet, quoique l'on n'estime pas beaucoup les feuilles d'un arbre, elles servent cependant à l'eml'embellir, & à conſerver ſes fruits tandis qu'ils ſont encore tendres : de même la réputation n'eſt pas un bien fort ſouhaitable par elle-même ; mais elle eſt l'ornement de notre vie, & nous aide beaucoup à conſerver nos vertus, & principalement celles qui ſont encore tendres & foibles : car l'obligation de ſoutenir notre réputation, & d'être tels qu'on nous eſtime, fait à une ame généreuſe une douce violence, qui la détermine bien fortement. Conſervons nos vertus, Philothée, parce qu'elles ſont agréables à Dieu, qui eſt le grand & le ſouverain objet de toutes nos actions. Mais comme ceux qui veulent conſerver des fruits ne ſe contentent pas de les confire, & qu'ils les mettent encore dans des vaſes propres à cet uſage : ainſi, bien que l'amour divin ſoit le principal conſervateur de nos vertus, nous pouvons encore faire ſervir utilement à leur conſervation l'amour de notre réputation.

Il ne faut pas pourtant que ce ſoit avec un certain eſprit d'ardeur & d'exactitude pointilleuſe : car ceux qui ſont ſi délicats & ſi ſenſibles ſur leur honneur, reſſemblent à ces hommes qui prennent des médecines pour toutes ſortes de petites incommodités, & qui ruinent tout-à-fait leur ſanté à force de la vouloir conſerver : oui, la trop grande délicateſſe ſur la conſervation de la réputation, la fait perdre entiérement ; parce que

I

cette fenfibilité trop vive rend un homme bizarre, mutin, infupportable, & provoque contre lui la malignité des médifants. La diffimulation & le mépris d'une médifance ou d'une calomnie, eft ordinairement un remede plus falutaire que le reffentiment, la conteftation & la vengeance : le mépris diffipe tout ; mais la colere donne un air de vraifemblance à ce qu'on dit. Le crocodile ne fait mal, dit-on, qu'à ceux qui le craignent : & j'ajoute que la médifance ne fait tort qu'à ceux qui s'en mettent en peine.

Une crainte exceffive de perdre fa réputation fait fentir aux autres une grande défiance que l'on a de fon mérite ou de la vertu qui en eft le fondement. Les villes qui n'ont que des ponts de bois fur de gros fleuves, en craignent la ruine à toutes fortes de débordements ; mais là où les ponts font de pierre, on ne craint que les inondations extraordinaires : ceux auffi qui ont l'ame folidement chrétienne, méprifent ce flux de paroles, dont la médifance remplit le monde ; mais ceux qui fe fentent foibles, s'inquietent de tout ce qu'on leur dit. Indubitablement, Philothée, quiconque veut avoir une réputation univerfelle, la perd univerfellement : & celui-là mérite auffi de perdre l'honneur qu'il veut recevoir de ces hommes que le vice a déshonorés.

La réputation n'eft que comme une en-

seigne, qui fait connoître où la vertu loge :
la vertu lui doit donc être préférée par-tout
& en toutes chofes. C'eft pourquoi, fi l'on
dit que vous êtes un hypocrite, parce que
vous vivez chrétiennement, ou que vous
êtes un lâche, parce que vous avez pardonné à votre prochain l'injure qu'il vous
a faite, méprifez tous ces jugements : car,
outre qu'ils ne viennent que de fottes gens,
& toujours fort méprifables par beaucoup
d'endroits, il ne faudroit pas abandonner
la vertu pour conferver votre réputation.
Les fruits des arbres valent mieux que leurs
feuilles : & nous devons préférer les biens
intérieurs & fpirituels aux biens extérieurs.
Oui, l'on peut être jaloux de fon honneur,
mais on n'en doit jamais être idolâtre : &
comme il ne faut rien faire qui bleffe les
yeux des gens de bien, il ne faut pas chercher à plaire aux yeux des méchants. Le
Pfalmifte dit, que la langue des médifants
eft femblable à un rafoir bien affilé, & nous
pouvons comparer la bonne renommée à
une belle chevelure, qui ayant été coupée,
ou entiérement rafée, revient plus touffue &
plus belle qu'elle n'étoit ; mais comme les
cheveux que l'on a arrachés de la tête jufqu'à la racine ne reviennent prefque jamais, je dis auffi que fi par une conduite
déréglée & fcandaleufe, nous détruifons
notre réputation, il fera difficile de la réta-

blir : parce qu'elle aura été détruite jufqu'au fondement, qui eft cette probité de
mœurs, laquelle, tandis qu'elle fubfifte en
nous, peut toujours nous rendre l'honneur
que la médifance nous auroit ravi. Il faut
quitter cette vaine converfation, cette fociété inutile, cette amitié frivole, cet amufement de plaifir, fi la réputation en reçoit
quelque atteinte, puifqu'elle vaut mieux
que toutes ces fatisfactions humaines. Mais
fi pour les exercices de piété, pour l'avancement en la vie fpirituelle, pour l'application à mériter les biens éternels, le monde
murmure & gronde, ou éclate même en
médifances & en calomnies, il faut laiffer,
comme on dit, aboyer les mâtins contre
la lune. Le rafoir de la médifance fervira
à notre honneur, comme la ferpe à la vigne que l'on taille, & qui en porte plus
de raifins.

Ayons toujours les yeux attachés fur Jefus crucifié ; marchons dans fes voies avec
confiance & fimplicité, mais auffi avec prudence & difcrétion ; il fera le protecteur
de notre réputation : & s'il permet qu'elle
foit flétrie, ou que nous la perdions, ce
ne fera que pour nous rendre plus d'honneur même aux yeux des hommes, ou pour
nous perfectionner dans la fainte humilité,
dont je puis vous dire familiérement qu'une
feule once vaut mieux que mille livres d'hon-

neur. Si l'on nous blâme injuſtement, oppoſons la vérité à la calomnie, avec un eſprit de paix : ſi après cela la calomnie ſubſiſte encore, tâchons de ſubſiſter dans notre humiliation : en remettant ainſi notre honneur avec notre ame entre les mains de Dieu, c'eſt le conſerver avec plus de ſûreté. Servons donc notre divin maître dans la bonne & dans la mauvaiſe renommée, à l'exemple de ſaint Paul, afin que nous puiſſions dire avec David, quand le Seigneur voudra que nous ſoyons humiliés : *O mon Dieu! c'eſt pour vous que j'ai ſupporté cet opprobre & la conſuſion qui a couvert mon viſage.*

Il y a cependant deux exceptions à faire ici : la premiere regarde de certains crimes ſi atroces & ſi infames, que perſonne n'en doit ſouffrir le reproche, quand on peut s'en juſtifier. La ſeconde touche de certaines perſonnes dont la réputation eſt néceſſaire à l'édification publique. Car en ces deux cas, il faut pourſuivre tranquillement la réparation du tort que l'on a reçu, c'eſt le ſentiment des théologiens.

CHAPITRE VIII.

De la douceur envers le prochain, & des remedes contre la colere.

LE ſaint chrême dont l'égliſe ſe ſert, ſelon la tradition des apôtres, pour le Sacrement de Confirmation, & pour pluſieurs bénédictions, eſt compoſé d'huile d'olive & de baume, qui, entre pluſieurs autres choſes, nous repréſente la douceur & l'humilité, deux vertus ſi cheres au divin cœur de Jeſus, & qu'il nous a recommandé ſi expreſſément, en nous diſant : *Apprenez de moi que je ſuis doux & humble de cœur.* Comme s'il avoit uniquement prétendu conſacrer notre cœur à ſon ſervice, & l'appliquer à l'imitation de ſa vie par l'amour de ces deux vertus. L'humilité perfectionne l'homme dans ſes devoirs envers Dieu, & la douceur le perfectionne dans les devoirs de la ſociété humaine. Le baume qui prend le deſſous parmi toutes les autres liqueurs, nous marque l'humilité. L'huile d'olive, qui prend le deſſus, nous repréſente la douceur, qui met l'homme au-deſſus de toutes les peines, & qui excelle en toutes vertus, parce qu'elle eſt la fleur de la charité, laquelle, dit ſaint Ber-

nard, n'a toute sa perfection que quand elle
joint la douceur à la patience.

Mais comprenez bien, Philothée, ce que
dit Jesus-Christ, qu'il faut apprendre de lui
à être doux & humble de cœur, & que ce
chrême mystique doit être en notre cœur.
Car c'est un des grands artifices de notre
ennemi, que d'amuser plusieurs personnes
du dehors de ces deux vertus. En effet,
combien y en a-t-il qui n'en ont que le langage, l'air & les manieres extérieures, &
qui n'examinant pas bien leurs dispositions
intérieures, pensent être humbles & débon-
naires, & ne sont rien moins? Et cela se connoît, lorsque nonobstant cette humilité extérieure, & cette douceur cérémonieuse, on
les voit s'élever avec une chaleur & un orgueil incroyables, sur une légere injure qu'on
leur aura faite, ou sur la moindre parole
qu'on leur aura dite de travers.

Quand l'humilité est bien réelle, & la
douceur sincere, elles sont à l'ame un excellent préservatif contre l'enflure d'esprit
& l'ardeur du cœur, que les peines qu'on
nous fait ont coutume d'y exciter : comme
l'on dit que ceux qui ont été piqués ou mordus par une vipere, n'enflent jamais quand
ils ont pris de ce préservatif qu'on appelle
vulgairement la grace de saint Paul. Mais
si ayant été piqués par la médisance qui a
la langue de serpent, notre esprit s'enfle

I iv

d'orgueil, & notre cœur s'enflamme ; n'en doutons pas, c'est un signe évident que notre humilité & notre douceur ne font ni véritables ni finceres, mais artificieufes & apparentes.

Le faint & illuftre patriarche Jofeph, renvoyant fes freres d'Egypte en la maifon de fon pere, ne leur donna que cet avis : *Ne vous fâchez point en chemin.* Je vous le dis auffi, Philothée, cette vie n'eft qu'un voyage que nous avons à faire pour aller au ciel : ne nous fâchons donc point en chemin les uns contre les autres , marchons en la compagnie de nos freres avec un vrai efprit de paix & d'amitié. Mais je vous le dis univerfellement parlant, ne vous fâchez point du tout, s'il eft poffible, & jamais, pour quelque prétexte que ce foit, n'ouvrez votre cœur à la colere : *Car*, nous dit faint Jacques, *la colere de l'homme n'opere point la juftice de Dieu.* L'on doit s'oppofer au mal, & corriger les mœurs de fes inférieurs avec une fainte hardieffe, & avec beaucoup de fermeté, mais ajoutez, avec une égale douceur & tranquillité. Rien ne dompte davantage le feu d'un éléphant irrité, que la vue d'un petit agneau : & rien ne peut mieux rompre le coup d'un boulet de canon, que la laine. La correction que fait la raifon toute feule, eft toujours mieux reçue, que celle où la paffion entre avec la

raiſon : parce que l'homme ſe laiſſe aiſément
conduire par la raiſon, à laquelle il eſt naturellement aſſujetti ; au-lieu qu'il ne peut
ſouffrir qu'on le domine par paſſion. Or,
c'eſt delà que quand la raiſon veut ſe fortifier par la paſſion, elle ſe rend odieuſe : &
elle perd, ou du moins elle affoiblit ſa propre autorité, en appellant à ſon ſecours la
tyrannie de la paſſion. Lorſque les princes
viſitent leurs états en temps de paix avec
leur maiſon, les peuples qui ſe trouvent
fort honorés de leur préſence, en font par-
tout éclater leur joie : mais quand ils y vont
à la tête de leurs armées, cette marche ne
leur plaît guere, quoique le bien public y
ſoit intéreſſé, par la raiſon que quelque
bonne diſcipline qu'ils faſſent obſerver à leurs
troupes, il eſt impoſſible que pluſieurs particuliers ne ſouffrent beaucoup de la licence
du ſoldat. De même, quand la raiſon exerce
avec douceur les droits de ſon autorité par
quelque correction, ou par quelques châtiments, chacun l'approuve & l'aime, quelque exactitude de ſévérité qu'il y paroiſſe :
mais quand la raiſon y emploie l'indignation,
le dépit & la colere que ſaint Auguſtin appelle ſes ſoldats, elle ſe fait plus craindre
qu'aimer, & elle en demeure elle-même
troublée & incommodée. Il vaut mieux, dit
ſaint Auguſtin, écrivant à Profuturus, fermer l'entrée du cœur à la colere, quelque

I v

jufte qu'elle foit, que de l'y recevoir pour
petite qu'elle foit : parce qu'elle y jette de
fi fortes racines, qu'il eft très-difficile de
l'en arracher, femblable à une petite plante
qui devient un grand arbre. C'eft donc avec
juftice que l'Apôtre nous défend de laiffer
coucher le foleil fur notre colere : car elle
fe change en haine durant la nuit, elle devient prefque implacable, & elle fe nourrit
dans le cœur par beaucoup de faux raifon-
nements, nul homme n'ayant jamais cru fa
colere injufte.

La fcience de vivre fans colere eft donc
meilleure que celle de s'en fervir avec fageffe & avec modération : & lorfque par
quelque imperfection ou par foibleffe, cette
paffion a furpris notre cœur, il vaut mieux
la réprimer promptement que de la ménager : car pour peu qu'on lui donne de temps,
elle fe rend maîtreffe de fa place, & fait
comme le ferpent qui tire aifément tout
fon corps, où il peut mettre la tête. Mais
comment, direz-vous, la pourrai-je bien réprimer ? Il faut, Philothée, qu'à la premiere atteinte que vous en reffentirez, vous
ramaffiez contre elle toutes les forces de votre ame, non pas d'une maniere brufque &
impétueufe, mais douce & efficace : parce
que comme l'on voit dans les audiences du
barreau, que les huiffiers font plus de bruit
que ceux qu'ils veulent faire taire ; il arrive

auffi fort fouvent, que voulant réprimer avec
impétuofité, nous nous troublons davantage; & le cœur ainfi troublé, ne peut plus
être maître de lui-même.

Après ce doux effort, pratiquez le confeil que faint Auguftin donnoit dans fa vieilleffe au jeune Evêque Auxilius : *Faites*,
difoit·il, *ce qu'un homme doit faire*; & fi
dans quelque occafion vous avez fujet de
dire comme David : *Mes yeux font trou-
blés du feu d'une grande colere*, recourez
promptement à Dieu, & lui dites comme
ce prophete : *Seigneur, ayez pitié de moi*,
afin qu'il étende fa main droite fur votre
cœur, pour y réprimer votre colere ; je
veux dire, qu'il faut invoquer le fecours
de Dieu, auffi-tôt que nous nous fentons
émus, en imitant ce que firent les Apôtres
au milieu de la tempête : il commandera
indubitablement à notre paffion de fe calmer, & il rendra la tranquillité à notre
ame. Mais je vous avertis encore, qu'il
faut faire cette priere avec une attention
douce, & non pas avec un violent effort
d'efprit : & enfin c'eft la maxime qu'on
doit obferver dans tous les remedes dont
on peut ufer contre ce mal.

Dès·lors que vous vous appercevrez d'une
faute que la colere vous aura fait commettre, réparez·la promptement par quelque
acte de douceur envers la perfonne à qui

I vj

vous aurez fait fentir votre paffion : car fi c'eft une précaution falutaire contre le menfonge que de le détracter fur le champ ; c'eft un fouverain remede contre la colere que de la réprimer auffi-tôt par un acte contraire de douceur : les plaies récentes font, comme on dit, plus aifées à guérir que celles qui font invétérées.

Au refte, lorfque vous êtes bien tranquille, & que vous n'avez aucun fujet de colere, faites un grand fonds de douceur & de débonnaireté, vous accoutumant à parler & à agir en cet efprit, dans les plus petites occafions, comme dans les plus grandes. Souvenez-vous que l'Epoufe des cantiques n'a pas feulement le miel fur fes levres & au bout de fa langue ; mais encore au-deffous de la langue, c'eft-à-dire, dans la poitrine, & qu'elle y a encore du lait avec le miel : cela nous apprend que la douceur envers nôtre prochain doit être en nôtre cœur, auffi-bien que dans nos paroles, & qu'il ne fuffit pas d'avoir la douceur du miel qui eft de bonne odeur, c'eft-à-dire, la fuavité d'une converfation honnête avec les étrangers ; mais qu'il faut encore avoir la douceur du lait dans fon domeftique, envers fes parents & avec fes voifins. C'eft ce qui manque à beaucoup de perfonnes, qui paroiffent des anges hors de la maifon, & qui y vivent en vrais démons.

CHAPITRE IX.

De la douceur envers nous-mêmes.

L'UN des bons usages que nous puissions faire de cette vertu, c'est de nous appliquer à nous-mêmes, pour ne jamais nous irriter contre nous ni contre nos imperfections : car la raison qui veut que nous ayions un véritable repentir de nos fautes, ne veut pas que nous concevions une douleur chagrine de dépit & d'indignation. Or, c'est en ce point-là que manquent tous les jours ceux qui se fâchent de ce qu'ils se sont fâchés, & qui se chagrinent de ce qu'ils se sont chagrinés, parce qu'ils entretiennent le feu de la colere dans leur cœur; & bien-loin que cette dévote indignation leur serve à éteindre leur passion, elle la tient toujours prête à s'enflammer de nouveau à la premiere occasion; outre que ces coleres, ces dépits, ces aigreurs que l'on a contre soi-même, ne tendent qu'à l'orgueil, & n'ont point d'autre origine que notre amour-pro-pre, qui se trouble & s'inquiete de nous voir si imparfaits. Le repentir de nos fautes doit avoir deux qualités : la tranquillité & la fermeté. N'est-il pas vrai que les sentences qu'un juge porte contre des criminels,

dans l'état d'une raiſon qui eſt calme, ſont
plus conformes à la juſtice, que celles où
l'impétuoſité de l'eſprit & la paſſion ont
eu quelque part, d'autant qu'il y regle leur
châtiment ſur l'emportement de ſon humeur,
& non pas ſur la qualité de leurs crimes?
Je dis auſſi que nous nous puniſſons nous-
mêmes plus utilement de nos fautes, par
une douleur tranquille & conſtante, que
par un repentir paſſager d'aigreur & d'indignation : d'autant que dans cette impétuoſité nous nous jugeons ſelon notre inclination, & non ſur la nature de nos fautes.
Par exemple, celui qui s'affectionne à la
chaſteté, ſe départira avec une grande amertume de cœur, ſur la moindre faute qu'il
commettra contre cette vertu, & il ne fera
que rire d'une groſſe médiſance qu'il aura
faite : au contraire, celui qui hait la médiſance, s'affligera avec excès d'une parole
fort légere contre la charité; & il comp-
tera pour rien une faute conſidérable contre la chaſteté. D'où vient cela, ſinon de
ce que l'un & l'autre juge ſa conſcience,
non pas par ſa raiſon, mais par ſa paſſion.

Croyez-moi, Philothée, la remontrance
d'un pere faite à ſon enfant avec une douceur toute paternelle, eſt bien plus capable de le corriger, qu'une réprimande aigre
& emportée : pareillement, quand notre
cœur aura fait quelque faute, ſi nous le

reprenons doucement & tranquillement,
avec plus de compaffion pour la foibleffe,
que de paffion contre fa faute, l'excitant
avec fuavité à fe mieux régler, il fera plus
touché & plus pénétré de douleur, qu'il
ne le feroit de tous ces regrets, que l'indignation impétueufe pourroit y exciter.
Pour moi, fi j'avois entrepris de me préferver de tout péché de vanité, & que j'en
euffe commis un fort confidérable, je ne
voudrois pas reprendre mon cœur en cette
forte : N'es-tu pas miférable & abominable
de t'être laiffé emporter à la vanité, après
tant de réfolutions? Odeur de honte, ce
n'eft plus à toi de penfer au ciel, aveugle
que tu es, impudent, infidele à Dieu. Mais
je voudrois le corriger ainfi, par maniere de
compaffion : hé bien! mon pauvre cœur!
nous voilà tombés dans le piege que nous
avions tant réfolu d'éviter : ah! relevons-
nous & fortons-en pour jamais; implorons
la miféricorde de Dieu, efpérons qu'elle
nous foutiendra à l'avenir, & rentrons dans
la voie de l'humilité : courage, Dieu nous
aidera, nous ferons quelque chofe de bon.
C'eft donc, fur la fuavité de cette douce
correction, que je voudrois établir folidement la réfolution de ne plus faire la même
faute, prenant d'ailleurs les moyens convenables à cette intention, & principalement
l'avis de mon directeur.

Cependant, si quelqu'un ne trouve pas son cœur assez sensible à cette douce réprimande, il faut y employer des reproches plus vifs & une répréhension plus dure & plus forte, pour le pénétrer d'une profonde confusion de soi-même : pourvu qu'après l'avoir traité avec aigreur, l'on tâche de le soulager par une sainte & suave confiance en Dieu, à l'imitation de ce grand pénitent, qui sentant son ame affligée, la consoloit en cette maniere : *Pourquoi es-tu triste, ô mon ame! & pourquoi te troubles-tu? espere en Dieu, car je le bénirai encore. Vous êtes, ô mon Dieu! le salut qui paroît toujours certain à mes yeux : vous êtes mon Dieu.*

Relevez-vous donc de vos chûtes, avec une grande suavité de cœur, vous humiliant beaucoup devant Dieu, par l'aveu de votre misere; mais sans vous étonner de votre faute; car quel sujet y a-t-il de s'étonner que l'infirmité soit infirme, la foiblesse foible, & la misere misérable? Détestez néanmoins de toutes vos forces l'injure que vous avez faite à la divine Majesté, & puis avec une grande & courageuse confiance en sa miséricorde, rentrez dans les voies de la vertu que vous aviez quittées.

CHAPITRE X.

Qu'il faut s'appliquer aux affaires avec beaucoup de soin, mais sans inquiétude ni empressement.

IL y a bien de la différence entre le soin des affaires & l'inquiétude, entre la diligence & l'empressement. Les anges procurent notre salut avec autant de soin & de diligence qu'ils peuvent, parce que cela convient à leur charité, & n'est pas incompatible avec la tranquillité & la paix de leur bienheureux état : mais comme l'empressement & l'inquiétude seroient entiérement contraires à leur félicité, ils n'en ont jamais pour notre salut, quelque grand que soit leur zele.

Prenez donc, Philothée, le soin des affaires que Dieu vous met entre les mains; car Dieu, qui vous les a confiées, veut que vous y apportiez toute la diligence nécessaire : mais n'en prenez jamais, s'il est possible, la chaleur & l'inquiétude; car toute sorte d'empressement trouble la raison, & nous empêche de bien faire la chose même pour laquelle nous nous empressons.

Qand notre Seigneur reprit sainte Marthe, il lui dit, *Marthe, Marthe, vous vous inquiétez, & vous vous troublez pour beaucoup de chofes* : Philothée, prenez bien garde à cela, fi elle n'eût eu qu'un foin raifonnable, elle ne fe fût pas troublée : mais parce qu'elle s'inquiétoit beaucoup, elle fe troubla, & c'eft de quoi notre Seigneur la blâma. Les fleuves qui roulent doucement & également leurs eaux à travers les campagnes, portent de grands bateaux, & de riches marchandifes ; & les pluies douces & modérées donnent la fécondité à la terre : au-lieu que les torrents & les rivieres rapides qui à grands flots courent fur la terre, ruinent & défolent tout, & font inutiles au commerce ; comme les pluies violentes & orageufes ravagent les champs & les prairies. Il eft vrai, jamais ouvrage fait avec une impétueufe précipitation ne fut bien fait. Il faut fe hâter lentement, comme porte l'ancien proverbe : Celui qui court bien vîte, dit Salomon, court rifque de tomber à chaque pas, & nous avons toujours fait affez tôt ce que nous avons à faire, quand nous l'avons bien fait. Les bourdons qui font beaucoup plus de bruit, & font beaucoup plus empreffés que les abeilles, ne font que de la cire, & jamais de miel : ainfi ceux qui font dans leurs affaires d'un fi grand bruit, & d'un empreffement fi inquiet, ne font jamais que peu de chofe, & encore fort mal.

Les mouches ne nous importunent que

par leur multitude, & non pas par leur effort : & les grandes affaires ne nous troublent pas tant que le nombre des petites. Prenez donc les affaires avec une douce tranquillité d'esprit comme elles viendront, & appliquez-vous-y selon l'ordre qu'elles se présentent : car si vous voulez faire tout en même temps & dans la confusion, vous ferez de grands efforts d'esprit qui vous consumeront, & vous n'en verrez pas ordinairement d'autres effets que l'accablement sous lequel vous succomberez.

En toutes vos affaires appuyez-vous uniquement sur la divine Providence, qui seule les peut faire réussir. Agissez cependant de votre côté avec une raisonnable application de votre prudence, pour y travailler sous sa conduite. Après cela, croyez que si vous avez une vraie confiance en Dieu, le succès en sera toujours heureux pour vous, soit qu'il paroisse bon ou mauvais, au jugement de votre prudence.

Dans le maniement & dans l'acquisition du bien, imitez les petits enfants, qui se tenant d'une main à leur pere, se divertissent à cueillir de l'autre quelques fruits ou quelques fleurs : je veux dire qu'il faut vous y conserver dans une continuelle dépendance de la protection de votre Pere céleste, considérant bien qu'il vous y tient par la main, comme parle l'écriture, pour vous y con-

duire heureusement ; & tournant les yeux
de temps en temps vers lui pour observer
si vos occupations lui sont agréables, gardez-vous, sur toutes choses, que l'envie
d'amasser plus de bien ne vous fasse quitter
sa main, & négliger sa protection : parce
que s'il vous abandonne, vous ne ferez pas
un pas que vous ne donniez du nez en
terre. Ainsi, Philothée, dans les occupations ordinaires qui ne demandent pas beaucoup d'application, pensez plus à Dieu qu'à
vos affaires ; & quand elles seront d'une si
grande importance qu'elles mériteront toute
votre attention, ne laissez pas de tourner,
de temps en temps, les yeux vers Dieu,
à la maniere de ceux qui étant sur mer regardent plus le ciel que la mer pour conduire leur vaisseau. Si vous en usez de la
sorte, Dieu travaillera avec vous, en vous,
& pour vous : & votre travail vous produira toute la consolation que vous en pouvez attendre.

CHAPITRE XI.

De l'obéissance.

L A seule charité nous rend essentiellement parfaits ; mais l'obéissance, la
chasteté & la pauvreté sont les principales

vertus qui nous aident à acquérir la perfection : car l'obéiſſance conſacre notre eſprit à l'amour & au ſervice de Dieu, la
chaſteté de notre corps & la pauvreté de
nos biens. Elles ſont comme les trois branches de la croix ſpirituelle ſur laquelle nous
ſommes crucifiés avec Jeſus-Chriſt : & elles
ſont en même temps fondées ſur une quatrieme vertu, qui eſt la ſainte humilité. Je
ne prétends pas vous parler de ces trois
vertus, ni par rapport aux vœux ſolemnels de religion, ni même par rapport aux
vœux ſimples qu'on en peut faire dans le
monde, pour de bonnes raiſons : parce
qu'encore que le vœu attache beaucoup de
graces & de mérites à ces vertus, toutefois
leur pratique ſans aucun vœu ſuffit abſolument pour nous conduire à la perfection.
Il eſt vrai que les vœux qu'on en fait, & ſur-
tout les ſolemnels dans la religion, établiſ-
ſent une perſonne dans l'état de perfection :
mais il y a une grande différence entre l'é-
tat de perfection, & la perfection, puiſque
tous les évêques & les religieux ſont dans
l'état de perfection, & que tous néanmoins
n'ont pas la perfection comme il ne ſe
voit que trop. Tâchons donc, Philothée,
de nous appliquer tous à la pratique de ces
vertus ; mais chacun ſelon ſa vocation. Car
bien qu'elles ne nous mettent pas elles-
mêmes dans l'état de perfection, elles nous

donneront cependant la perfection : & d'ailleurs nous fommes tous obligés à la pratique de ces trois vertus, quoique nous ne foyons pas tous obligés de les pratiquer d'une même maniere.

Il y a deux fortes d'obéiffance : l'une eft néceffaire, & l'autre volontaire. Par les loix de l'obéiffance néceffaire, vous devez obéir humblement à vos fupérieurs eccléfiaftiques ; comme au Pape & à votre Evêque, à votre Curé, & à ceux qui font commis de leur part : vous devez encore obéir à vos fupérieurs politiques, c'eft-à-dire, au Prince, & aux Magiftrats qu'il a établis dans fes états : vous devez enfin obéir à vos fupérieurs domeftiques, c'eft-à-dire, à votre pere & à votre mere, à votre maître & à votre maîtreffe. Or cette obéiffance s'appelle néceffaire, par la raifon que nul ne fe peut exempter d'obéir à fes fupérieurs. Dieu leur ayant communiqué fon autorité pour gouverner par voix d'empire & de commandement ceux dont il leur a confié la conduite ; obéiffez donc à leurs commandements, c'eft en cela que confifte l'obéiffance, qui eft de néceffité indifpenfable : mais pour la rendre parfaite, fuivez encore leurs confeils, & même leurs defirs & leurs inclinations, autant que la charité & la prudence vous le permettront. Obéiffez quand ils vous commanderont quelque chofe d'agréable, comme de manger ou de vous divertir ; & bien qu'il ne paroiffe pas une grande vertu à obéir en de femblables chofes, ce feroit un grand vice que d'y défobéir. Obéiffez en tout ce qui paroît indifférent, comme de porter tel ou tel habit, d'aller par un chemin ou par un autre, de parler ou de fe taire, & votre obéiffance fera déja d'un grand mérite. Obéiffez dans les chofes difficiles, rebutantes & laborieufes, & votre obéiffance fera parfaite. Obéiffez enfin fans replique, & même avec douceur, fans délai, & même avec ferveur, fans chagrin & même avec joie : fur-tout obéiffez avec amour, & pour l'amour de celui qui par amour pour nous fe rendit obéiffant jufqu'à la mort de la croix, & qui aima mieux, comme dit faint Bernard, perdre la vie que l'obéiffance.

Pour apprendre à obéir aifément à vos fupérieurs, foyez faciles à vous conformer aux volontés de vos égaux, cédant à leurs fentiments fans aucun efprit de conteftation lorfqu'il ne vous y paroîtra rien de mauvais : & de plus accommodez-vous volontiers aux inclinations raifonnables de vos inférieurs, fans exercer votre autorité fur eux d'une maniere impétueufe, tandis qu'ils fe tiendront dans l'ordre. C'eft un abus de croire que fi on étoit en religion, on obéiroit facilement, quand on fent de la difficulté & de la répugnance à obéir aux perfonnes que Dieu a mifes fur nos têtes.

Nousappellonsobéiffance volontaire celle qui ne nous êft pas impofée de droit, & à laquelle nous nous obligeons nous-mêmes, par une maniere de choix & d'élection. L'on ne peut choifir fon pere & fa mere; l'on ne choifit pas ordinairement fon prince, ni fon évêque, ni même fouvent fon mari; mais l'on choifit fon confeffeur & fon directeur. Or foit que dans ce choix on faffe vœu de lui obéir, comme la fainte mere Thérefe qui, outre l'obéiffance qu'elle avoit vouée folemnellement au fupérieur de fon ordre, s'obligea par un vœu fimple d'obéir au pere Gratien; foit que fans aucun vœu l'on veuille humblement obéir à un confeffeur; cette obéiffance s'appelle volontaire, parce qu'elle dépend dans fon principe de notre volonté & de notre élection.

Il faut obéir à tous nos fupérieurs; mais à chacun en particulier dans les chofes fur lefquelles leur autorité s'étend; aux princes, pour tout ce qui êft de la police & du gouvernement de leurs états; aux prélats, en tout ce qui regarde la difcipline eccléfiaftique; à un pere, à un maître, à un mari, dans tout l'ordre domeftique; à fon directeur & à fon confeffeur, pour tout ce qui êft de la conduite particuliere de l'ame.

Faites-vous ordonner par votre pere fpirituel

rituel toutes les actions de piété que vous devez pratiquer. Elles deviendront meilleures, parce qu'outre la bonté & le mérite qu'elles auront de leur propre fonds, elles auront encore le mérite de l'obéissance, qui les aura commandées & animées de son esprit.

Bienheureux sont les obéissants; car Dieu ne permettra jamais qu'ils s'égarent.

CHAPITRE XII.

De la nécessité de la chasteté.

La chasteté est le lis des vertus, & dès cette vie elle nous rend presque semblables aux anges. Par-tout, rien n'est beau que par la pureté, & la pureté des hommes est la chasteté. On appelle cette vertu honnêteté, & sa pratique honneur; on la nomme encore intégrité, & le vice qui lui est contraire, corruption. En un mot, elle a cette gloire entre toutes les vertus, qu'elle est tout ensemble la vertu de l'ame & du corps.

Il n'est jamais permis de faire servir ses sens à un plaisir voluptueux, en quelque maniere que ce soit, hors d'un légitime mariage, dont la sainteté puisse par une juste compensation réparer la perte que l'ame y peut souffrir de ce commerce sensuel : en-

K

core faut-il y donner tant d'honnêteté à l'intention, que la volonté n'en puisse recevoir aucune tache. Le cœur chaste est semblable à la mere-perle, laquelle ne reçoit aucune goutte d'eau qui ne vienne du ciel; car il ne souffre aucun plaisir que celui du mariage établi par le ciel : hors delà la seule pensée même ne lui est pas permise; j'entends une pensée à laquelle la volupté porte & attache l'esprit volontairement.

Pour le premier degré de cette vertu, jamais, Philothée, ne souffrez volontairement rien de tout ce qui est défendu dans toute l'étendue de la volupté, comme universellement parlant, tout ce que l'on en cherche hors de l'état du mariage, ou même ce qui est contraire aux regles de cet état.

Pour le second degré, retranchez, autant que vous pourrez, toutes les délectations des sens superflues & inutiles, quoiqu'elles soient honnêtes & permises.

Pour le troisieme degré, n'attachez point votre affection à celles qui sont nécessaires & ordonnées : car bien qu'il faille s'assujettir à celles qui sont de l'institution & la fin du saint mariage, il ne faut jamais y attacher l'esprit & le cœur.

Au reste cette vertu est incroyablement nécessaire à tous les états. Dans celui de la viduité, la chasteté doit être extrêmement généreuse, pour le défendre du plaisir, non-feulement à l'égard du préfent & de l'avenir, mais encore à l'égard du paffé, dont les idées, toujours dangereufes, rendent l'imagination plus fufceptible de mauvaifes impreffions. C'eft pourquoi faint Auguftin admiroit en fon cher Alipius cette admirable pureté d'ame qui l'avoit entiérement affranchi des fentiments, & même des fouvenirs de tous fes déréglements paffés. En effet chacun fait bien qu'il eft facile de conferver long-temps les fruits qui font encore en leur entier; mais pour peu qu'ils aient été flétris ou entamés, l'unique moyen de les bien garder, c'eft de les confire au fucre ou au miel. Je dis auffi que l'on a plufieurs moyens de conferver avec fûreté la chafteté, tandis qu'elle a toute fon intégrité : mais quand elle l'a une fois perdue, rien ne peut plus la conferver qu'une folide dévotion, dont j'ai fouvent comparé la douceur avec celle du miel.

Dans l'état de la virginité, la chafteté demande une grande fimplicité d'ame, & une grande délicateffe de confcience, pour éloigner toutes fortes de penfées curieufes, & pour s'élever au-deffus de tous les plaifirs fenfuels, par un mépris abfolu & entier de tout ce que l'homme a de commun avec les bêtes, & qu'elles ont même plus que lui. Que jamais donc ces ames pures ne doutent, en aucune maniere, que la chafteté ne

K ij

leur foit incomparablement meilleure que
tout ce qui eft incomparable avec fa perfection : car, comme dit faint Jérôme, le démon ne pouvant fouffrir cette falutaire ignorance du plaifir, tâche du moins d'en exciter le defir dans ces ames, & leur en donne
pour cela des idées fi attirantes, quoique
très-fauffes, qu'elles en demeurent fort trou-
blées : parce qu'elles fe laiffent imprudem-
ment aller, ajoute ce faint Pere, à eftimer
ce qu'elles ignorent. C'eft ainfi que tant de
jeunes gens, furpris par une fauffe & folle
eftime des plaifirs voluptueux, & par une
curiofité fenfuelle & inquiete, s'y livrent avec
la perte entiere de leurs intérêts temporels
& éternels; femblables à des papillons qui,
s'imaginant que la flamme eft auffi douce
qu'elle leur paroît belle, vont étourdiment
s'y brûler.

A l'égard de l'état du mariage, c'eft une
erreur vulgaire, & très-grande, de penfer
que la chafteté n'y foit pas néceffaire : car
elle l'eft abfolument, & même beaucoup,
non pas pour s'y priver des droits de la foi
conjugale, mais pour fe contenir dans leurs
bornes. Or comme l'obfervation de ce commandement : *Fâchez-vous, & ne péchez
point*, porte plus de difficulté que la pratique de celui-ci : *Ne vous fâchez point*, par
la raifon qu'il eft plus aifé d'éviter la colere
que de la régler : de même il eft plus facile

de se priver de tous les plaisirs de la chair que de les modérer. Il est vrai que la licence du mariage, sanctifié par la grace de Jesus-Christ, peut beaucoup servir à éteindre la passion naturelle : mais l'infirmité de plusieurs personnes qui s'en servent, le font passer aisément de la permission à l'usurpation, & de l'usage à l'abus. Et comme l'on voit beaucoup de riches s'accommoder injustement du bien de leur prochain, non pas par indigence, mais par avarice, l'on voit beaucoup de personnes mariées qui, pouvant & devant fixer leur cœur à un objet légitime, s'emportent encore à des plaisirs étrangers par une incontinence effrénée. Il est toujours dangereux de prendre des médicaments violents, parce que si l'on en prend plus qu'il en faut, ou qu'ils ne soient pas bien préparés, la santé en souffre beaucoup : le mariage a été institué & sanctifié en partie pour servir de remede à la cupidité naturelle ; & si on doit dire que ce remede est salutaire, on peut dire qu'il est violent, & par conséquent dangereux, si l'on s'en sert sans modération, & sans les précautions nécessaires de la piété chrétienne.

J'ajoute que la variété des affaires de la vie & de longues maladies séparent souvent deux personnes que l'amour conjugal a unies : c'est pourquoi cet état a besoin d'une double chasteté : de l'une pour s'abstenir de tout

K iij

plaisir dans les temps d'absence, & de l'autre pour se modérer dans les temps de présence. Sainte Catherine de Sienne vit entre les damnés plusieurs ames excessivement tourmentées pour avoir profané la sainteté du mariage, non pas précisément par la raison de l'énormité de leurs péchés, puisque les meurtres & les blasphêmes sont plus énormes, mais par cette raison que ceux qui les commettent ne s'en font aucun scrupule; & que par conséquent ils y persévèrent durant toute leur vie.

Vous voyez donc combien la chasteté est nécessaire à tous les états : *Cherchez la paix, soit avec tous*, dit l'Apôtre, *& la sainteté, sans laquelle personne ne verra Dieu*. Or remarquez que par la sainteté il entend la chasteté, selon l'observation de saint Jérôme, & de saint Chrysostôme. Non, Philothée, personne ne verra Dieu sans la chasteté; personne n'habitera en ses saints tabernacles qu'il n'ait le cœur pur; & comme le dit le Sauveur même, les chiens & les impudiques en seront bannis. *Aussi bienheureux sont*, nous a-t-il dit, *ceux qui ont le cœur pur, parce qu'ils verront Dieu.*

CHAPITRE XIII.

Avis pour conserver la chasteté.

AYEZ toujours une grande attention sur vous pour éloigner promptement tout ce qui peut porter quelque attrait à la volupté : car c'est un mal qui se prend insensiblement, & qui par de petits commencements fait de grands progrès. En un mot, il est plus aisé de le fuir que de le guérir.

La chasteté est ce trésor que saint Paul dit que nous possédons dans des vases bien fragiles : & véritablement elle tient beaucoup de la fragilité de ces vases, qui pour peu qu'ils se heurtent les uns contre les autres, courent risque de se casser. L'eau la plus fraîche, que l'on veut conserver dans un vase, y perd bientôt sa fraîcheur, si quelque animal y a tant soit peu touché. Ne permettez donc jamais, Philothée, & défendez-vous à vous-même tout ce badinage extérieur des mains, également contraire à la modestie chrétienne, & au respect que l'on doit à la qualité ou à la vertu d'une personne. Car bien que peut-être on puisse absolument conserver un cœur chaste parmi ces actions, qui viennent plutôt de légéreté que de malice, qui ne sont pas ordinaires;

K iv

cependant la chasteté en reçoit toujours quelque mauvaise atteinte. Au reste, vous jugez assez que je ne parle pas de ces attouchements malhonnêtes qui ruinent entiérement la chasteté.

La chasteté dépend du cœur comme de son origine, & sa pratique extérieure consiste à régler & à purifier les sens : c'est pourquoi elle se perd par tous les sens extérieurs, comme par les pensées de l'esprit & par les desirs du cœur. Ainsi toute sensation que l'on se permet sur un objet déshonnête, & avec esprit de déshonnêteté, est véritablement une impudicité ; jusques-là que l'Apôtre disoit aux premiers chrétiens : *Mes freres, que la fornication ne se nomme pas entre vous.* Les abeilles non-seulement ne touchent pas à un cadavre pourri, mais fuient encore la mauvaise vapeur qui en exhale. Observez, je vous prie, ce que la sainte écriture nous dit de l'Epouse des cantiques, tout y est mystérieux ; la myrthe distille de ses mains, & vous savez que cette liqueur préserve de la corruption : ses levres sont bandées d'un ruban vermeil ; & cela nous apprend que la pudeur rougit des paroles tant soit peu malhonnêtes : ses yeux sont comparés aux yeux de la colombe, à cause de leur netteté : elle a des pendants d'oreilles qui sont d'or ; & ce précieux métal nous marque la pureté : son nez est comparé à un cedre du Liban, dont l'odeur est exquise & le bois incorruptible. Que veut dire tout cela ? Telle doit être l'ame dévote, chaste, nette, pure & honnête en tous ses sens extérieurs.

A ce propos je veux vous apprendre un mot bien remarquable, que Jean Cassien, un ancien Pere, assure être sorti de la bouche de saint Basile, qui parlant de soi-même, dit un jour avec beaucoup d'humilité : *Je ne sais ce que sont les femmes, cependant je ne suis pas vierge.* Certes la chasteté peut se perdre en autant de manieres qu'il y a de sortes d'impudicités, lesquelles, à proportion qu'elles sont grandes ou petites, l'affoiblissent ou la blessent dangereusement, ou la font entiérement périr. Il y a de certaines libertés indiscretes, badines & sensuelles, qui, à promprement parler, ne violent pas la chasteté, mais qui l'affoiblissent, qui l'amollissent, & qui en ternissent l'éclat. Il y a d'autres libertés, non-seulement indiscretes, mais vicieuses ; non-seulement badines, mais déshonnêtes ; non-seulement sensuelles, mais charnelles, qui du moins blessent mortellement la chasteté je dis du moins, parce qu'elle périt entiérement, si cela va jusqu'au dernier effet du plaisir voluptueux. Alors la chasteté périt d'une maniere plus indigne que méchante, & plus malheureuse que quand elle se perd

K v

par la fornication, même par l'adultere, &
par l'incefte : car quoique ces dernieres efpeces de la brutale volupté foient de grands
péchés, les autres, comme dit Tertullien
dans fon livre de la pudicité, font des monftres d'iniquité & de péché. Or Caffien ne
croit pas, ni moi non plus, que faint Bafile ait voulu s'accufer d'un déréglement pa-
reil, quand il dit qu'il n'étoit pas vierge :
& je crois, avec raifon, qu'il n'entendoit
parler que des feules penfées voluptueufes,
qui ne font que falir l'imagination, l'efprit
& le cœur, dont la chafteté a toujours été
fi chere aux ames généreufes, qu'elles en
ont été extrêmement jaloufes.

N'ayez jamais de commerce avec des perfonnes dont vous connoîtrez que les mœurs
foient gâtées par la volupté, fur-tout quand
l'impudence eft jointe à l'impureté, ce qui
arrive prefque toujours.

L'on prétend que les boucs touchant feulement de la langue les amandiers, qui font
doux de leur efpece, en rendent le fruit
amer : & ces ames brutales & infectes ne
parlent guere à perfonne ni de même fexe,
ni de fexe différent, qu'elles ne faffent un
grand tort à la pudeur; femblables aux Ba-
filics, qui portent leurs venins dans leurs
yeux & dans leur haleine.

Au contraire, faites une bonne liaifon
avec les perfonnes chaftes & vertueufes,

occupez-vous souvent de la lecture des livres sacrés, car la parole de Dieu est chaste, & rend chastes ceux qui l'aiment. C'est pourquoi David la compare à cette pierre précieuse, qu'on appelle topaze, & dont la propriété spéciale est d'amortir l'ardeur de la concupiscence.

Tenez-vous toujours auprès de Jesus-Christ crucifié, soit spirituellement par la méditation, soit réellement & corporellement par la sainte communion. Vous savez que ceux qui couchent sur l'herbe nommée *agnus castus*, prennent insensiblement des dispositions favorables à la chasteté : pensez donc que reposant votre cœur sur notre Seigneur, qui est véritablement l'agneau immaculé, vous trouverez bientôt votre ame, votre cœur & vos sens entiérement purifiés de tous les plaisirs sensuels.

CHAPITRE XIV.

De la pauvreté d'esprit dans la possession des richesses.

BIENHEUREUX *sont les pauvres d'esprit, parce que le royaume des cieux est à eux* : Malheureux donc sont les riches d'esprit, parce que la misere de l'enfer est pour eux. Celui-là est riche d'esprit qui a

l'efprit dans fes richeffes ou fes richeffes dans
fon efprit. Et celui-là eft pauvre d'efprit qui
n'a nulles richeffes dans fon efprit, ni fon
efprit dans les richeffes. Les alcions font
leur nid d'une conftruction admirable : la
forme en eft femblable à une pomme, &
ils n'y laiffent qu'une très-petite ouverture
par en haut; ils le placent fur le bord de
la mer, & le font fi ferme & fi impénétrable, que quand elle vient fondre fur le rivage avec fes flots, il n'y peut entrer aucune goutte d'eau, parce qu'il tient toujours le deffus des vagues, dont il prend
le mouvement. Ainfi il demeure au milieu
de la mer, fur la mer, & maître de la mer.
C'eft l'image de votre cœur, Philothée,
qui doit toujours être ouvert au ciel, &
toujours impénétrable à l'amour des biens
périffables : fi vous êtes riche, confervez
votre cœur dans un grand détachement de
vos richeffes, & qu'il s'éleve toujours au-
deffus d'elles, de forte qu'au milieu des richeffes il foit dans ces richeffes, & maître
des richeffes. Non, ne permettez pas que
cet efprit célefte fe plonge dans les biens
terreftres; & faites au contraire, que fupérieur à ce qu'ils ont de plus aimable, il s'é-
leve de plus en plus vers le ciel.

Il y a bien de la différence entre avoir
du poifon & être empoifonné. Ceux qui
font la pharmacie ont prefque tous les poi-

fons pour plusieurs bons usages de leur art ;
& l'on ne peut pas dire pour cela qu'ils
soient empoisonnés, puisqu'ils n'ont ces poi-
sons que dans leurs cabinets. Aussi vous pouvez avoir des richesses, sans que le poison qui
leur est naturel, aille jusqu'à votre cœur,
pourvu que vous les ayiez seulement en votre maison, & non pas dans votre cœur.
Etre riche en effet, & pauvre d'affection,
c'est le grand bonheur du chrétien : car il a
tout ensemble les commodités des richesses
pour cette vie, & le mérite de la pauvreté
pour l'autre. Hélas, Philothée ! jamais personne ne confesse qu'il soit avare, & chacun désavoue cette bassesse d'ame : on s'ex-
cuse sur le nombre des enfants, & sur les
regles de la prudence, qui demandent qu'on
se fasse un établissement solide : jamais on
n'a trop de bien, & il se trouve toujours des
nécessités nouvelles d'en avoir davantage :
les plus avares ne pensent pas en leur conscience qu'ils le soient. L'avarice est une
prodigieuse fievre qui se rend d'autant plus
imperceptible qu'elle devient plus violente
& plus ardente. Moïse vit un buisson brûler
du feu du ciel sans en être consumé : mais,
au contraire, le feu de l'avarice dévore &
consume l'avare sans le brûler, du moins
il n'en sent pas les ardeurs, & l'altération
violente qu'elles lui causent, ne lui paroît
qu'une soif fort douce & toute naturelle.

Si vous defirez ardemment, long-temps, & avec inquiétude les biens que vous n'avez pas, croyez que véritablement vous êtes avare, quoique vous difiez que vous ne voulez pas les avoir injuftement : en la même maniere qu'un malade qui defire ardemment de boire, & le defire long-temps, & avec inquiétude, fait bien voir qu'il a la fievre, quoiqu'il ne veuille boire que de l'eau.

O Philothée, je ne fais fi c'eft un defir bien jufte que celui d'avoir par des voies juftes ce qu'un autre poffede avec juftice ; car s'il femble que nous voulions nous accommoder aux dépens de l'incommodité d'autrui, celui qui poffede un bien juftement, n'a-t-il pas plus de raifon de le garder injuftement que nous n'en avons de defirer de l'avoir injuftement ? Par quelle raifon donc étendrons-nous nos defirs fur fa commodité pour l'en priver ? Quand ce defir feroit jufte, certainement il ne feroit pas charitable : & nous ne voudrions pas qu'un autre fe permît ce même defir à notre égard. Ce fut le péché d'Achab, de vouloir avoir injuftement la vigne de Naboth, qui la vouloit encore plus juftement garder : ce Roi la defira ardemment, long-temps, & avec inquiétude, pourtant il offenfa Dieu.

Attendez, Philothée, à defirer le bien du prochain quand il commencera à defirer de s'en défaire, & alors fon defir rendra le vôtre jufte & charitable. Oui, je confens que vous vous appliquiez à l'augmentation de votre bien, pourvu que ce foit avec autant de charité que de juftice.

Si vous aimez les biens que vous avez, s'ils occupent votre prudence avec empreffement, fi votre efprit y eft, votre cœur y tient; fi vous fentez une crainte vive & inquiete de les perdre, croyez-moi, vous avez encore quelque forte de fievre, & le feu de l'avarice n'eft pas éteint, car les fébricitants boivent l'eau qu'on leur donne avec une certaine avidité, application & joie qui ne font ni naturelles ni ordinaires aux perfonnes faines, & il n'eft pas poffible de fe plaire beaucoup à une chofe fans que l'on y ait un grand attachement. Si dans quelque perte de biens vous fentez votre cœur affligé & défolé, croyez-moi encore, Philothée, vous y avez beaucoup d'affection, puifque rien ne marque mieux l'attachement que l'on avoit à ce que l'on a perdu que l'affliction de la perte.

Ne defirez donc point d'un defir entiérement formé, le bien que vous n'avez pas; ne plongez point votre cœur dans celui que vous avez; ne vous défolez point des pertes qui vous arriveront : alors vous aurez quelque fujet de croire non-feulement qu'étant riche en effet, vous ne l'êtes point d'affection, mais encore que vous êtes pauvre d'esprit, & par conséquent du nombre des bienheureux, puisque le royaume des cieux vous appartient.

CHAPITRE XV.

La maniere de pratiquer la pauvreté réelle dans la possession des richesses.

LE célebre peintre Parthasius fit un portrait du peuple Athénien, que l'on trouva d'une invention très-ingénieuse; car pour le peindre avec tous les traits de son naturel léger, variable & inconstant, il representa dans plusieurs figures d'un même tableau des caracteres fort opposés, de vertus & de vices, de colere & de douceur, de clémence & de sévérité, de fierté & d'humilité, de courage & de lâcheté, de civilité & de rusticité. C'est à peu près ainsi que je voudrois, Philothée, faire entrer dans votre cœur la richesse & la pauvreté, un grand soin & un grand mépris des biens temporels.

Ayez beaucoup plus d'application à faire valoir vos biens que n'en ont même les mondains : car, dites-moi, je vous prie, ceux à qui les grands princes donnent l'intendance de leurs jardins, n'ont-ils pas plus d'attention à les cultiver, & plus de soin d'avoir tout ce qui peut servir à les embellir que s'ils leur appartenoient en propre? Pourquoi cela? C'est qu'ils considerent ces jardins comme ceux de leurs princes & de leurs rois, à qui ils veulent plaire. Philothée, les biens que nous avons ne sont pas à nous, & Dieu qui les a confiés à notre administration, prétend que nous les fassions bien valoir : c'est donc lui rendre un service agréable que d'en avoir un grand soin; mais il faut que ce soin soit plus solide, & plus grand que celui des mondains, parce qu'ils ne travaillent que pour l'amour d'eux-mêmes, & que nous devons travailler pour l'amour de Dieu. Or comme l'amour de soi-même est un amour empressé, turbulent, & violent, le soin qui en tire son origine est plein de trouble, de chagrin & d'inquiétude; & comme l'amour de Dieu porte dans le cœur la douceur, la tranquillité & la paix, le soin qui en procede est doux, tranquille & paisible, même à l'égard des biens du monde. Ayons donc cette suavité d'esprit, & cette tranquillité de conduite en tout ce qui est de la conservation & de l'augmentation de nos biens, selon les besoins véritables, & les justes occasions que nous en avons; car enfin Dieu veut que nous en usions ainsi pour son amour.

Mais prenez garde que l'amour-propre ne vous trompe; il contrefait quelquefois fi bien l'amour de Dieu, que l'on diroit que c'est lui-même : & pour éviter cette furprife, & le danger qu'il y a que ce foin légitime ne devienne une vraie avarice, il faut, outre ce que j'ai dit au chapitre précédent, il faut, dis-je, pratiquer fouvent une maniere dans toutes les richeffes.

Défaites-vous donc fouvent de quelque partie de vos biens en faveur des pauvres : donner ce que l'on a, c'eft s'appauvrir d'autant ; & plus vous donnerez, plus vous vous appauvrirez. Il eft vrai que Dieu vous le rendra bien, & en l'autre vie & en celle-ci, puifqu'il n'y a rien qui faffe plus profpérer le temporel que l'aumône ; mais en attendant que Dieu vous le rende, vous participerez toujours au mérite de la pauvreté. O le faint & riche appauvriffement que l'aumône chrétienne !

Aimez les pauvres & la pauvreté, & cet amour vous rendra véritablement pauvre ; puifque, comme dit l'écriture, *nous devenons femblables aux chofes que nous aimons.* L'amour met de l'égalité entre les perfonnes qui s'aiment : *Qui eft infirme,* difoit faint Paul, *avec lequel je ne fois pas infirme ?* Il pouvoit dire : qui eft pauvre, avec lequel je ne fois pas pauvre ? L'amour le rendoit femblable à ceux qu'il aimoit : fi donc vous aimez les pauvres, vous participerez à leur pauvreté, & vous leur ferez femblable.

Or si vous aimez les pauvres, prenez plaisir à vous trouver avec eux, à les voir chez vous, à les visiter chez eux, à traiter volontiers avec eux, à les laisser approcher de vous, dans les églises, dans les rues & ailleurs. Soyez pauvre de la langue avec eux, leur parlant comme d'égal à égal. Mais soyez riche des mains, en leur faisant part de ce que Dieu vous a donné de plus qu'à eux.

Voulez-vous faire encore davantage, Philothée ? ne vous contentez pas d'être pauvre, comme les pauvres, mais soyez plus pauvre qu'eux-mêmes : & comment cela, dites-vous ? Je m'explique : le serviteur est inférieur à son maître, vous n'en doutez pas : attachez-vous donc au service des pauvres : allez les servir quand ils sont malades dans leur lit, & de vos propres mains apprêtez-leur à manger, & à vos dépens : occupez-vous humblement de quelque travail pour leur usage. O Philothée ! servir ainsi les pauvres, c'est régner plus triomphamment que les rois. Sur cela je ne puis assez admirer l'ardeur de saint Louis, l'un des plus grands rois que le soleil ait jamais vu ; mais je dis grand roi en toute sorte de grandeur : il servoit très-fréquemment à la table des pauvres qu'il nourrissoit ; il en faisoit venir presque tous les jours trois à la sienne, & souvent il mangeoit les restes de leur potage, avec une affection incroyable pour eux & pour leur état ; il vifitoit fouvent les hôpitaux, & il s'attachoit ordinairement à fervir les malades qui avoient les maux les plus horribles, comme les lépreux, les ulcérés, & ceux qui étoient rongés d'un chancre ; il leur rendoit ce fervice nue tête & à genoux, refpectant en eux le Sauveur du monde, & les chériffant d'un amour auffi tendre que celui d'une mere pour fon enfant. Sainte Elifabeth, fille du Roi de Hongrie, fe mêloit ordinairement parmi les pauvres ; & pour fe divertir avec les dames de fa maifon, elle s'habilloit quelquefois en pauvre femme, leur difant : Si j'étois pauvre, je m'habillerois ainfi. O mon Dieu ! ô Philothée, que ce Prince & cette Princeffe étoient pauvres dans leurs richeffes, & qu'ils étoient riches en leur pauvreté : bienheureux ceux qui font ainfi pauvres, car le royaume des cieux leur appartient. *J'ai eu faim, & vous m'avez nourri*, leur dira le Roi des pauvres & des rois au jour de fon grand jugement : *J'ai été nud, & vous m'avez vêtu :* poffédez le royaume qui vous a été préparé dès le commencement du monde.

Il n'y a perfonne à qui les commodités de la vie ne manquent quelquefois en de certaines occafions : on n'aura pas à la campagne ce qu'il faudroit pour bien recevoir fes amis, dont la vifite eft imprévue ; les habits néceffaires felon les regles de la bienséance pour paroître avec honneur dans une assemblée ne se trouveront pas où l'on sera; les meilleures provisions de vin & de bled sont gâtées, & il n'en reste que ce qu'il y avoit de méchant, sans qu'on puisse y suppléer; tout manquera dans un voyage, la chambre, le lit, la nourriture, le service; en un mot, tel riche que l'on soit, il est aisé d'avoir souvent besoin de quelque chose; & c'est être véritablement pauvre en ces temps-là : Philothée, acceptez donc l'occasion de bon cœur, & en souffrez la peine avec joie.

Quand vous ferez quelque perte, grande ou petite, par quelqu'un de ces accidents dont la vie est fort mêlée; comme une tempête, le feu, une inondation, la stérilité, un larcin, un procès : c'est alors le véritable temps de pratiquer la pauvreté, en recevant avec douceur d'esprit cette diminution de vos biens, & vous accommodant avec toute la fermeté de la patience chrétienne. Esaü se présenta à son pere avec ses mains couvertes de poil, & Jacob en fit autant : mais parce que le poil qui couvroit les mains de Jacob ne tenoit pas à sa peau, mais seulement à ses gants, on pouvoit le lui arracher sans l'écorcher, ni le blesser : au contraire, parce que le poil des mains d'Esaü tenoit à sa peau, qui étoit naturellement toute velue, on ne le lui auroit pas arraché ni fans une grande douleur, ni fans une grande réfiftance. C'eft juftement une double figure de l'attachement des uns aux richeffes, & du détachement des autres : quand nos biens nous tiennent au cœur, fi la tempête, fi le larron, fi le chicaneur, nous en enlevent quelque partie, que de plaintes, que de trouble, que d'impatience ! mais quand nous ne tenons à nos biens que par le foin que Dieu veut que nous en ayions, & non pas par le cœur, fi nous les perdons, nons ne perdrons pas pour cela ni la raifon, ni la tranquillité. Les fideles ferviteurs de Dieu ne tiennent pas plus à leurs biens qu'à leurs habits, qu'ils peuvent prendre & laiffer comme il leur plaît : mais les mauvais chrétiens y tiennent autant que les bêtes à leur peau.

CHAPITRE XVI.

Des richeffes de l'efprit dans l'état de la pauvreté.

MAIS fi effectivement vous êtes pauvre, Philothée, ô Dieu ! tâchez de l'être encore d'efprit : faites de néceffité vertu, & employez cette pierre précieufe de la fainte pauvreté pour ce qu'elle vaut : elle paroît fort obfcure au monde, & il n'en ſait pas la valeur ; cependant l'éclat en eſt admirable, & elle eſt d'un grand prix.

Ayez un peu de patience, vous êtes avec votre pauvreté en bonne compagnie : notre Seigneur, la ſainte Vierge ſa mere, les Apôtres, tant de Saints & de Saintes ont été pauvres ; & ayant pu avoir les richeſſes du monde, il les ont mépriſées. Combien y a-t-il eu de grands du monde qui, malgré toutes les contradictions du monde, ſont allés chercher avec beaucoup d'empreſſement la ſainte pauvreté dans les cloîtres & dans les hôpitaux ? ils ont pris bien de la peine pour la trouver ; & vous ſavez ce qu'il en coûta à ſaint Alexis, à ſainte Paule, à ſaint Paulin, à ſainte Angele, & à tant d'autres : or voilà, Philothée, qu'elle vient ſe préſenter à vous, & vous l'avez trouvée ſans la chercher, & ſans peine : embraſſez-la donc comme la chere amie de Jeſus-Chriſt, qui étant né pauvre, vécut & mourut pauvre.

Votre pauvreté, Philothée, a deux avantages conſidérables, qui peuvent vous faire un grand fonds de mérites. Le premier eſt que n'étant point de votre choix, elle vous eſt venue de la ſeule volonté de Dieu, ſans que votre volonté y ait eu part. Or ce qui nous vient de la ſeule diſpoſition de la Providence nous rend toujours plus agréables à Dieu, pourvu que nous le recevions de bon cœur, & par un vrai amour de ſa ſainte volonté. Par-tout où il y a moins de nous, il y a plus de Dieu : la simple & pure acceptation de sa volonté rend la patience extrêmement pure.

Le second avantage consiste en ce qu'elle est une pauvreté vraiment pauvre ; je m'explique : une pauvreté estimée, louée, caressée, secourue & assistée tient lieu de richesses, du moins elle ne fait pas un pauvre autant qu'il peut l'être ; mais une pauvreté méprisée, rejettée, reprochée & abandonnée, est la véritable pauvreté. Telle est pour l'ordinaire celle des séculiers ; car comme ils ne sont pas pauvres par leur choix, mais par nécessité, on n'en fait pas grand cas ; & c'est par cette raison que leur pauvreté est plus pauvre que celle des religieux, bien que celle-ci tire une grande excellence, & un mérite singulier du choix que l'on en a fait, & du vœu par lequel on s'y est assujetti.

Donc, Philothée, ne vous plaignez pas de votre pauvreté : car on ne se plaint que de ce qui déplaît, & si la pauvreté vous déplaît, vous n'êtes plus pauvre d'esprit, mais riche de cœur & d'affection.

Ne vous désolez point de ce que les secours nécessaires vous manquent ; car c'est en cela que consiste la perfection de la pauvreté : Vouloir être pauvre, & n'en recevoir aucune incommodité, c'est une grande ambi-

ambition ; oui, c'eſt vouloir l'honneur de la pauvreté & la commodité des richeſſes.

N'ayez point de honte d'être pauvre, ni de demander l'aumône par charité ; recevez avec humilité ce que l'on vous donnera, & ſouffrez les refus avec douceur. Rappellez, le plus que vous pourrez, le ſouvenir du voyage que Notre-Dame fit en Egypte pour y porter ſon divin enfant, & de tout ce qu'il lui fallut ſouffrir de mépris & de miſeres.

Si vous viviez ainſi, vous ſeriez très-riche en pauvreté.

CHAPITRE XVII.

*De l'amitié en général, & de ſes mauvaiſes
eſpeces.*

L'AMOUR tient le premier rang entre les paſſions ; il regne dans le cœur, & en conduit tous les mouvements : il ſe les rend propres & comme naturels, en leur faiſant prendre ſes impreſſions, il nous rend nous-mêmes ſemblables à ce que nous aimons : défendez donc bien votre cœur, Philothée, de tout mauvais amour ; car il deviendroit auſſi-tôt un méchant cœur. Or le plus dangereux de tous les amours, c'eſt l'amitié, parce que les autres amours peuvent abſolument ſubſiſter ſans aucune com-

L

munication, & que l'amitié eſt eſſentiellement fondée ſur le commerce de deux perſonnes, dont il eſt preſque impoſſible que
les bonnes ou les mauvaiſes qualités ne paſ-
ſent de l'un à l'autre.

Tout amour n'eſt plus amitié, puiſque
l'on peut aimer ſans être aimé; alors il y
a de l'amour, & il n'y a pas d'amitié : car
l'amitié eſt un amour mutuel, & s'il n'eſt
mutuel, ce n'eſt pas amitié. Il ne ſuffit pas
encore qu'il ſoit mutuel ; il eſt néceſſaire que
les perſonnes qui s'aiment, connoiſſent leur
affection réciproque : d'autant que ſi elles
l'ignorent, elles auront de l'amour, mais
non pas de l'amitié. Il faut en troiſieme lieu
qu'il y ait entre elles quelque communication, qui ſoit tout enſemble le fondement
& l'entretien de leur amitié.

La diverſité des communications fonde
la diverſité des amitiés, & ces différentes
communications prennent leur différence de
celles des biens que l'on peut ſe communiquer mutuellement : ſi donc ces biens ſont
faux & vains, l'amitié eſt fauſſe & vaine ; ſi
ce ſont de vrais biens, l'amitié eſt véritable.
Ainſi ſon excellence croît toujours à proportion de celle des biens que l'on ſe communique, comme le meilleur miel eſt celui
que les abeilles vont prendre ſur les fleurs
les plus exquiſes. Mais il y a une ſorte de
miel à Héraclée, ville du Royaume de Pont,

qui eſt un poiſon ſi dangereux, que ceux qui en mangent deviennent inſenſés, parce que les abeilles vont le cueillir ſur l'aconit, qui vient abondamment en cette région : & c'eſt un ſymbole de cette fauſſe & mauvaiſe amitié, qui eſt fondée ſur la communication des biens faux & favorables au vice.

La communication des voluptés naturelles n'étant qu'une propoſition ſympathique, & toute animale des deux ſexes, elle ne peut non plus fonder une amitié dans la ſociété humaine qu'entre les bêtes : & s'il n'y avoit rien de plus dans l'état du mariage, il n'y auroit nulle amitié. Mais parce qu'il s'y trouve une parfaite communication de vie & de bien, d'affections & de ſecours réciproques, & ſur-tout d'une fidélité dont les liens ſont indiſſolubles, il s'y trouve auſſi une véritable & ſainte amitié.

Celle qui eſt établie ſur la communication des plaiſirs ſenſuels, ou de certaines perfections vaines & frivoles, eſt encore ſi groſſiere, qu'elle ne mérite pas le nom d'amitié : j'appelle plaiſirs ſenſuels ceux qui ſont immédiatement & principalement attachés aux ſens extérieurs, comme le plaiſir naturel de voir une belle perſonne, d'entendre une douce voix, d'avoir une converſation tendre, & tout autre plaiſir ſemblable. J'appelle perfections vaines & frivoles,

certaines habiletés ou qualités, ſoit naturelles, ſoit acquiſes, que les foibles eſprits prennent pour de grandes perfections : en effet,
combien de filles, de femmes, de jeunes
gens diroient ſérieuſement : en vérité, Mon-
ſieur un tel a beaucoup de mérite, car il
danſe bien ; il joue en perfection toutes ſortes de jeux ; il chante avec beaucoup d'a-
grément ; il a un génie particulier pour la
propreté & les ajuſtements ; il a toujours
un bon air ; ſa converſation eſt douce &
enjouée. Quel jugement, Philothée ! c'eſt
ainſi que les charlatans jugent entre eux que
les plus grands bouffons ſont les hommes
les plus parfaits. Or, comme tout cela regarde les ſens, les amitiés qui en proviennent s'appellent ſenſuelles, & méritent plutôt le nom de vain amuſement que d'amitié : ce ſont ordinairement les amitiés des
jeunes gens, qui ſe prennent par un extérieur fort ſuperficiel, ou d'une badine converſation, ou d'une certaine bonne grace
encore plus affectée que naturelle : amitiés
dignes de l'âge des amis ou des amants, qui
n'ont encore ni aucune vertu établie, ni
même la raiſon formée ; auſſi telles amitiés
ne ſont que paſſageres, & fondent comme
la neige au ſoleil.

CHAPITRE XVIII.

Des amitiés sensuelles.

QUAND ces amitiés vaines & badines se rencontrent entre des personnes de différent sexe, sans aucune vue du mariage, elles ne méritent pas le nom ni d'amitié, ni d'amour, à cause de leur incroyable vanité, & de leurs grandes imperfections; & l'on ne peut les nommer autrement que sensuelles, ainsi que je l'ai dit dans le chapitre précédent. Cependant les cœurs de ces personnes s'y trouvent pris, engagés & comme enchaînés par de vaines & folles affections, qui ne sont fondées que sur ces frivoles communications & misérables agréments dont j'ai parlé : & quoique ces sortes d'amour dégénerent ordinairement en voluptés les plus grossieres, ce n'est pas néanmoins la premiere vue que l'on ait eue ; autrement tout ce que je viens de dire, seroit une impureté déclarée & fort criminelle. Il se passera même quelquefois plusieurs années sans que les personnes qui sont frappées de cette folie fassent rien qui soit formellement & directement contraire à la chasteté, ne se repaissant l'esprit & le cœur que de souhaits, que de soupirs, d'assidui-

L iij

tés, d'enjouements, & d'autres semblables
vanités & badineries, pour parvenir aux
fins que chacun s'y propose.

Les uns n'ont point d'autre dessein que
de satisfaire une certaine inclination naturelle qu'ils ont à donner de l'amour & à
en recevoir ; & ceux-là ne font aucun choix,
& n'ont aucun discernement ; mais suivant
seulement leur goût & leur instinct : de sorte
qu'à la premiere occasion imprévue, ils se
laissent prendre à un objet qui leur paroît
agréable, sans en examiner le mérite ; & c'est
toujours un piege pour eux, dans lequel,
ayant donné en aveugles, ils s'embarrassent
si fort qu'ils ne peuvent plus en sortir. Les autres se laissent aller à cela par vanité, persua-
dés qu'ils veulent être, qu'il y a de la gloire
à s'assujettir un cœur : Et ceux-ci font un
grand discernement des personnes, voulant
entreprendre celles dont l'attachement peut
leur faire plus d'honneur. Dans plusieurs
l'inclination naturelle & la vanité conspirent
également à cette folle conduite : car bien
qu'ils aient du penchant à aimer & à vouloir être aimés, ils prétendent cependant
l'accorder avec le desir de vaine gloire. Ces
amitiés, Philothée, font toutes mauvaises,
folles & vaines : elles font mauvaises, parce
qu'elles se terminent ordinairement par les
plus grands péchés de la chair, & qu'elles
dérobent, & à Dieu & à une femme, ou bien

à un mari, un cœur & un amour qui leur appartient. Elles font folles, parce qu'elles n'ont ni fondement ni raifon : elles font vaines, parce qu'il n'en revient ni utilité, ni honneur, ni joie. Au contraire, on y perd le temps, on y expofe beaucoup fon honneur, puifque la réputation en fouffre ; & l'on n'en reçoit point d'autre plaifir que celui d'un empreffement de prétendre & d'efpérer, fans favoir ce que l'on prétend, ni ce qu'on efpere. Ces foibles efprits s'entêtent toujours de la créance qu'il y a je ne fais quoi à defirer en ces témoignages qu'on fe donne d'un amour réciproque, & ils ne peuvent dire ce que c'eft. Malheureux qu'ils font encore en ce point-là, que ce defir, bien-loin de s'éteindre, agite leur cœur par de perpétuelles défiances, jaloufies & inquiétudes. Saint Grégoire de Nazianze écrivant fur cela contre ces femmes fi vaines, en parle excellemment bien ; & voici un petit fragment de fon difcours, qui peut être également utile aux deux fexes : *C'eft affez,* dit-il à une femme, *que votre beauté vous rende agréable aux yeux de votre mari : fi pour vous attirer une eftime étrangere, vous en expofez les attraits à d'autres yeux, comme l'on tend des filets à des oifeaux qui s'y laiffent prendre, que croyez-vous qu'il en doive arriver? Indubitablement celui à qui votre beauté plaira, vous* plaira lui-même : vous rendrez regard pour regard, œuillade pour œuillade ; les doux souris suivront les regards, & ils seront eux-mêmes suivis de ces demi-mots qu'une passion naissante arrache à la pudeur. Après cela on se verra bientôt librement ; la liberté tournera à une mauvaise familiarité d'enjouements indiscrets, & puis.... Mais taisez-vous ici, ma langue, qui en voulez trop dire ; & ne parlez pas de la suite. Cependant je dirai encore une vérité générale : jamais rien de toutes ces folles complaisances entre les jeunes gens & les femmes, soit pour les actions, soit pour les paroles, n'est exempt de plusieurs atteintes que les sens & le cœur souffrent ; parce que tout ce qui fait le commerce des amitiés sensuelles, se tient l'un à l'autre, & s'entresuit par une maniere d'enchaînement, comme un anneau de fer, attiré par l'aiman, en tire plusieurs autres.

O que ce grand Evêque en parle bien ! Car enfin que pensez-vous faire ? donner de l'amour seulement ; vous vous trompez : jamais personne n'en donne volontairement sans en prendre nécessairement ; à ce mauvais jeu, qui prend est toujours pris : le cœur n'est que trop semblable à l'herbe nommée aproxis, qui de loin prend feu aussi-tôt qu'on le lui présente. Mais, dira quelqu'un, j'en veux bien prendre, pourvu que ce ne foit pas beaucoup. Hélas, que vous vous abufez! Ce feu d'amour eft plus actif & plus pénétrant que vous ne penfez. Si vous croyez n'en recevoir qu'une étincelle, vous vous étonnerez d'en voir tout-d'un-coup votre cœur embrafé. Le fage s'écrie: *Qui aura compaffion de l'enchanteur qui s'eft laiffé piquer par un ferpent?* Et je m'écrie après lui: O aveugles & infenfés, penfez-vous donc enchanter l'amour pour en difpofer à votre gré? Vous voulez vous divertir avec lui comme avec un ferpent; il fera couler tout fon poifon en votre cœur par les atteintes les plus piquantes qu'il lui donnera: alors chacun vous blâmera de ce que par une téméraire confiance vous aurez voulu recevoir & nourrir en votre cœur cette méchante paffion qui vous aura fait perdre vos biens, votre honneur & votre ame.

O Dieu! quel aveuglément que de rifquer comme au jeu, fur des gages fi frivoles, ce que notre ame a de plus cher. Oui, Philothée; car Dieu ne veut l'homme que pour fon ame, & il ne veut l'ame que pour fon amour. Hélas! nous fommes bien éloignés d'avoir autant d'amour que nous en avons befoin; je veux dire qu'il s'en faut infiniment que nous en ayions affez pour aimer Dieu. Et cependant, miférables que nous fommes, nous le prodiguons avec un

épanchement entier de notre cœur sur mille
chofes fottes, vaines & frivoles, comme
fi nous en avions de refte. Ah! ce grand
Dieu, qui s'étoit réfervé le feul amour de
nos ames, en reconnoiffance de leur création, de leur confervation, & de leur rédemption, exigera un compte bien rigoureux de l'ufage & de l'emploi que nous en
aurons fait. Que s'il doit faire une recherche fi exacte des paroles oifeufes, que fera-ce
des amitiés oifeufes, imprudentes, folles &
pernicieufes?

Le noyer nuit beaucoup aux champs &
aux vignes, parce qu'étant fort gros & fort
grand, il tire tant de fuc de la terre, qu'il
lui fait perdre l'air & la chaleur du foleil
par fon feuillage extrêmement étendu &
touffu, & qu'il attire encore les paffants
qui, pour avoir de fon fruit, y font un
grand dégât. C'eft le fymbole des amitiés
fenfuelles : elles occupent fi fort une ame,
& épuifent tellement fes forces, qu'il ne lui
en refte plus pour la pratique de la religion : elles offufquent entiérement la raifon
par tant de réflexions, d'imaginations, d'entretiens & d'amufements, qu'elle n'a prefque plus d'attention ni à fes propres lumieres, ni à celles du ciel : elles attirent tant
de tentations, d'inquiétudes, de foupçons
& de fentiments contraires à fon vrai bien,
que le cœur en fouffre un dommage in-

croyable. En un mot, elles banniffent non-feulement l'amour célefte, mais encore la crainte de Dieu : elles énervent l'efprit, elles flétriffent, la réputation, elles font le divertiffement des cours, mais elles font la pefte des cœurs.

CHAPITRE XIX.

Des vraies amitiés.

O PHILOTHÉE, aimez toutes fortes de perfonnes d'un grand amour de charité; mais ne liez d'amitié qu'avec celles dont le commerce peut vous être bon; & plus vous le rendrez parfait, plus auffi votre amitié fera parfaite. Si c'eft un commerce de fcience, l'amitié fera honnête & louable; beaucoup plus encore, fi c'eft un commerce de vertus morales, comme de prudence, de juftice & de force : mais fi la religion, la dévotion, l'amour de Dieu & le defir de la perfection font entre vous & les autres cette douce & mutuelle communication, ô Dieu! que votre amitié fera précieufe! elle fera excellente, parce qu'elle vient de Dieu : excellente, parce qu'elle conduit à Dieu : excellente, parce que Dieu en eft le lien : excellente enfin, parce qu'elle fubfiftera éternellement en Dieu. O! qu'il

.L vj

fait bon aimer en terre comme l'on aime au ciel, & apprendre à s'entre-chérir en ce monde comme nous ferons éternellement en l'autre. Je ne parle donc pas ici du simple amour de charité, que l'on doit à son prochain, quel qu'il soit; mais de l'amitié spirituelle par laquelle deux ou trois personnes, ou davantage, se communiquant leurs dévotions, leurs bons desirs & leurs dispositions pour Dieu, n'ont plus en elles qu'un même cœur & une même ame. Que c'est alors, avec raison, qu'elles peuvent chanter ces paroles de David : *O que l'union des freres qui vivent ensemble est bonne & agréable!* Oui, Philothée, car le baume délicieux de la dévotion coule des cœurs des uns dans les cœurs des autres par un flux & réflux perpétuel : si bien qu'on peut dire, avec vérité, que Dieu a répandu sur cette amitié sa bénédiction jusques aux siecles des siecles. Toutes les autres amitiés ne sont que comme les ombres de celle-ci, & leurs liens sont aussi fragiles que le verre ou le jais; au-lieu que ces bienheureux cœurs unis en esprit de dévotion, sont enchaînés avec une chaîne toute d'or. Philothée, ne faites jamais d'amitié que de cette nature; j'entends celles qui sont en votre choix, parce qu'il ne faut rompre ni négliger celle que la nature & vos devoirs vous obligent de cultiver, comme à l'égard de vos parents, de vos alliés, de vos bienfaiteurs, & de vos voisins.

L'on vous dira peut-être, qu'il ne faut point avoir d'affection particuliere, ni d'amitié pour personne, parce qu'elle occupe trop le cœur, distrait l'esprit, & produit des jalousies; mais ce seroit vous donner un méchant conseil : car si l'on a appris de plusieurs sages & saints auteurs, que les amitiés particulieres nuisent infiniment aux religieux, il ne faut pas appliquer ce principe aux gens du monde, & véritablement il y a une grande différence. Dans un monastere bien réglé, tous conspirent à une même fin, qui est la perfection de leur état; ainsi ces communications d'amitié particuliere ne doivent pas y être tolérées, de peur que cherchant en particulier ce qui est commun à tous, on ne passe des particularités aux partialités : mais dans le monde il est nécessaire que ceux qui prennent le parti de la vertu, s'unissent par une sainte amitié, pour s'animer & se soutenir dans ses exercices. Dans la religion les voies de Dieu sont aisées & applanies; & ceux qui y vivent sont semblables aux voyageurs qui, marchant en une belle plaine, n'ont pas besoin de se prêter la main : mais ceux qui vivent dans le siecle, où il y a tant de mauvais pas à franchir pour aller à Dieu, sont semblables aux voyageurs qui, dans les chemins diffi-

ciles, rudes ou gliſſants, ſe tiennent les uns
aux autres pour s'y ſoutenir, & pour y marcher avec plus de ſûreté. Non, dans le monde, tous ne conſpirent pas à la même fin, &
n'ont pas le même eſprit; & c'eſt ce qui fonde
la néceſſité de ces liaiſons particulieres, que
le Saint-Eſprit forme & conſerve entre les
cœurs qui veulent également lui être fideles. J'avoue que cette particularité fait une
partialité, mais une partialité ſainte, qui ne
cauſe aucune ſéparation que celle du bien &
du mal, des brebis fidelles à leur paſteur, &
des chevres ou des boucs, des abeilles & des
frélons : ſéparation abſolument néceſſaire.

Certes, l'on ne ſauroit nier que notre
Seigneur n'aimât d'une plus douce & plus
ſpéciale amitié ſaint Jean, Marthe, Made-
leine, & Lazare leur frere, puiſque l'évangile nous le marque aſſez. On ſait que ſaint
Pierre chériſſoit tendrement ſaint Marc, &
ſainte Pétronille ſes enfants ſpirituels; comme ſaint Paul les ſiens, & principalement ſon
cher Timothée & ſainte Thecle. Saint Grégoire de Nazianze, l'ami de ſaint Baſile, ſe
fait un honneur & un plaiſir de parler ſouvent de leur amitié, & voici la deſcription
qu'il en fait. Il ſembloit qu'il n'y eût en nous
qu'une ſeule ame, pour animer deux corps:
& il ne faut donc pas croire ceux qui di-
ſent que chaque choſe eſt en elle-même
tout ce qu'elle eſt, & non pas dans un ap-

tre; car nous étions tous deux en l'un de nous, & l'un étoit en l'autre. Une feule & même prétention nous unifloit dans le deffein que nous avions de cultiver la vertu en nous, & de conformer notre vie à l'efpérance du ciel, travaillant tous deux comme une feule & même perfonne à fortir de cette terre périffable avant que d'y mourir. Saint Auguftin témoigne que faint Ambroife aimoit uniquement faint Monique pour les rares vertus qu'il voyoit en elle, & qu'elle-même chériffoit le faint prélat comme un ange de Dieu.

Mais j'ai tort de vous arrêter à une chofe qui ne fouffre aucun doute. Saint Jérôme, faint Auguftin, faint Grégoire, faint Bernard, & tous les plus grands ferviteurs de Dieu, ont eu des amitiés particulieres, fans qu'elles aient donné aucune atteinte à leur perfection. Saint Paul reprochant aux païens toute la corruption de leur vie, les accufe d'être des gens fans affection, c'eft-à-dire, de n'avoir aucune amitié; faint Thomas reconnoît avec tous les bons philofophes, que l'amitié eft une vertu, & il ne parle que de l'amitié particuliere, puifqu'il dit que la parfaite amitié ne peut s'étendre à beaucoup de perfonnes.

La perfection donc ne confifte pas à n'avoir point d'amitié, mais à n'en avoir qu'une bonne & fainte.

CHAPITRE XX.

De la différence des vraies & des vaines amitiés.

Voici, Philothée, l'important avertiffement & la grande regle. Le miel
d'Héraclée, dont je vous ai parlé, & qui
eft un vrai poifon, eft tout femblable au
miel ordinaire dont l'ufage eft fi fain; & il
eft fort dangereux de prendre l'un pour l'autre, ou de les prendre mêlés enfemble,
parce que la bonté de l'un ne corrigeroit
pas la malignité de l'autre. Je dis auffi qu'il
faut être fur fes gardes pour n'être point
trompé en amitié, principalement quand
il s'agit d'une perfonne de différent fexe,
quelque bon principe que puiffe avoir cette
liaifon; car fouvent fatan donne le danger
à ceux qui s'aiment. On commence par l'a-
mour vertueux; mais à moins que de prendre de fages précautions, l'amour frivole
s'y mêlera, & puis l'amour fenfuel, & enfin
l'amour charnel. Oui, il y a même du danger dans l'amour fpirituel, fi l'on ne fait
pas bien s'armer de défiance & de vigilance,
quoiqu'il foit plus difficile d'y prendre le
change, parce que la parfaite innocence du
cœur lui découvre plus évidemment tout

ce qui peut s'y glisser d'impur, en la maniere que des taches paroissent plus sur un fond bien blanc. C'est pourquoi, quand le démon entreprend de corrompre cet amour tout spirituel, il le fait plus finement en essayant de faire couler insensiblement dans le cœur quelques dispositions peu favorables à la pureté.

Le discernement de l'amitié sainte & de l'amitié mondaine dépend donc des regles suivantes :

Le miel d'Héraclée est plus doux à la langue que le miel commun, parce que les abeilles le cueillent sur l'aconit, qui lui donne cette douceur extraordinaire ; & l'amitié mondaine a un certain flux de paroles douces, molles, passionnées, & pleines de flatteries sur la beauté, sur la bonne grace, sur de vains avantages naturels. Mais l'amitié sainte a un langage simple, uni & sincere ; & elle ne peut jamais jouer que la vertu & les dons de Dieu, l'unique fondement sur lequel elle subsiste.

Ceux qui ont mangé de méchant miel, sont aussi frappés d'un tournoiement de tête & de beaucoup de vertiges : & la fausse amitié cause un dangereux étourdissement d'esprit, qui fait chanceler à tout moment une personne dans la voie du salut ; car c'est delà que procedent la tendresse & la mollesse des regards, les démonstrations sensuel-

les, les foupirs déréglés, les plaintes affectées fur le défaut de correfpondance, les
contenances étudiées, les manieres enjouées
& infinuantes, les demandes de plufieurs
mauvaifes marques d'amitié : préfage certain de la ruine prochaine de toute honnêteté. Mais l'amitié fainte n'a des yeux que
pour la pudeur, ni de démonftrations que
pour la pureté & la fincérité, ni de foupirs que pour le ciel, ni de libéralité que
pour l'efprit, ni de plaintes que pour l'intérêt de Dieu, qui n'eft pas aimé ; marques
infaillibles d'une honnêteté parfaite.

Le miel d'Héraclée trouble la vue, &
l'amitié mondaine trouble fi fort le jugement, que l'on ne diftingue plus le bien &
le mal, & que l'on prend pour de vraies
raifons les prétextes les plus fondés ; que
l'on craint la lumiere, & que l'on aime les
ténebres. Mais l'amitié fainte a les yeux
clair-voyants, ne fe cache point, & fe montre même volontiers aux gens de bien.

Enfin ce miel empoifonné laiffe une grande
amertume à la bouche, quelque doux qu'il
ait paru d'abord : & la fauffe amitié fe ter-
mine à des demandes honteufes, & en cas
de refus, à des dégoûts & des ennuis, à
des défiances & des jaloufies, à des reproches & des injures, à des impoftures & des
calomnies, qui vont fouvent jufqu'à la rage
la plus emportée, & jufqu'à la trahifon la

plus noire ; mais la chaste amitié, semblable en tout temps à elle-même, est toujours également honnête, civile & douce ; & elle ne reconnoît point d'autre changement que celui d'une nouvelle perfection que donne de jour en jour l'union des esprits & des cœurs ; image fort vive de la bienheureuse amitié qui regne dans le ciel.

CHAPITRE XXI.

Avis & remedes contre les mauvaises amitiés.

MAIS vous me demandez comment l'on peut se précautionner contre ces folles & impures amours : en voici les moyens.

Dès la premiere atteinte que votre cœur en ressentira, quelque légere qu'elle soit, tournez-le tout-d'un-coup de l'autre côté, & avec une secrete, mais très-ferme détestation de cette sensuelle vanité, ayez recours en esprit à la croix du Sauveur, & prenez sa couronne d'épines, pour en faire, comme parle la sainte écriture, une haie à votre cœur, de peur que, comme elle le dit aussi, ces petits renardeaux n'en approchent. Gardez-vous bien d'en venir à aucune composition avec votre ennemi : ne dites pas, je l'écouterai, mais je ne ferai rien de ce qu'il me dira; je lui prêterai l'oreille, mais je lui refuserai le cœur. O Philothée, armez-vous, au nom de Dieu, de toute la fermeté la plus rigoureuse en ces occasions. Le cœur & l'oreille ont des liaisons trop sympathiques pour croire que l'un ne soit pas touché de ce qui frappe l'autre; & comme il est impossible d'arrêter un torrent qui a pris son cours vers le penchant d'une montagne, il est bien difficile que ce que l'amour a fait entrer dans l'oreille ne tombe dans le cœur. Une personne qui a de l'honneur ne se rendra jamais attentive à la voie de l'enchanteur: si elle l'écoute, ô Dieu! quel mauvais augure de la perte de son cœur! La sainte Vierge se troubla en voyant un ange, parce qu'elle étoit seule, & qu'il lui donnoit de grandes louanges, quoiqu'il ne lui parlât que du ciel. O Sauveur du monde! la pureté craint un ange en forme humaine, & l'impureté ne devroit pas craindre un homme, encore qu'il parût en figure d'ange, s'il lui donnoit des louanges pleines d'une flatterie vaine & sensuelle? Ce sont des complaisances que jamais aucune raison de bienséance & de respect ne peut ni permettre, ni justifier, dût-on s'attirer des reproches, & se voir blâmer d'incivilité.

Souvenez-vous bien qu'ayant consacré votre cœur à Dieu, & lui ayant sacrifié votre amour, ce feroit une efpece de facrilege que de lui en faire perdre la moindre partie ; renouvellez même en ce temps votre facrifice par toutes fortes de bonnes réfolutions & de proteftations ; & y tenant votre cœur renfermé comme le cerf eft dans fon fort, réclamez l'affiftance de Dieu, il viendra à votre fecours, & fon amour prendra le vôtre en fa protection, afin qu'il foit tout entier pour lui.

Que fi votre cœur s'eft déja laiffé prendre aux pieges de ces mauvaifes amours, ô Dieu, quelle difficulté que celle de l'en dégager ! Profternez-vous devant fa divine majefté ; reconnoiffez en fa préfence l'excès de votre mifere, de votre foibleffe, de votre vanité ; enfuite que votre cœur faffe le plus grand effort qu'il pourra pour détefter ces amours commencés, pour abjurer la déclaration que vous en avez faite, & pour renoncer à toutes les promeffes que vous avez acceptées, & formez une vive & abfolue réfolution de ne jamais rentrer dans un tel commerce.

Si vous pouviez vous éloigner, j'approuverois tout-à-fait cet éloignement ; car s'il eft véritable qu'un homme mordu par un ferpent ne puiffe pas aifément guérir en préfence d'une perfonne qui a eu autrefois le même malheur, cela eft encore plus vrai de deux perfonnes dont un même amour a bleffé le cœur. L'on a toujours dit que le changement de lieu est fort falutaire pour calmer les inquiétudes de la douleur, & les empreffements de l'amour. Ce fut auffi par cette raifon que faint Auguftin, fenfiblement affligé de la perte de fon cher ami, fortit de Tagefte où il étoit mort, & s'en alla à Carthage : & c'eft ce que l'on vit en ce jeune homme débauché, dont parle faint Ambroife au fecond livre de la pénitence, qui revint d'un long voyage entiérement guéri de fes folles amours; dès les premiers jours de fon retour, il rencontra, fans vouloir s'en appercevoir, une perfonne qu'il n'avoit que trop connue. Et comme elle lui eut dit : quoi! ne me connoiffez-vous pas? je fuis toujours la même. Oui, lui répondit-il; mais pour moi je ne fuis pas le même : l'abfence l'avoit heureufement changé.

Mais que doit-on faire quand on ne peut abfolument s'éloigner? Il faut abfolument retrancher toutes les converfations particulieres, tout le commerce fecret, toutes les démonftrations muettes d'amitié, en un mot tout ce qui peut porter univerfellement parlant quelque attrait de cette mauvaife paffion, ou pour le plus, fi c'eft une néceffité indifpenfable que de fe parler, ce ne doit être que pour une fois, & pour déclarer en peu de paroles & avec beaucoup de force, le divorce éternel que l'on veut faire.

Je crie fort haut à quiconque voudra l'entendre : taillez, coupez, tranchez ; ne vous amufez pas à découdre ces folles amitiés, ni à démêler leurs liens : il faut promptement y mettre le fer & le feu, & l'on ne doit point ménager un amour qui eft fi contraire à l'amour de Dieu.

Mais, direz-vous, les efclaves qui ont été affranchis ne portent-ils pas toujours fur eux des marques de leurs fers ? & quand j'aurai rompu mes chaînes, mon cœur n'en retiendra-t-il pas les impreffions ? Marques bien importunes d'un efclavage qu'on a trouvé trop doux ! Non, Philothée, fi vous déteftez tout votre péché autant qu'il le mérite, il ne vous en reftera qu'une extrême horreur, qui vous affranchiffant de toutes les mauvaifes inclinations paffées, ne laiffera tout au plus à votre cœur que les fentiments de la charité chrétienne, que l'on doit à fon prochain, quel qu'il foit. Mais fi votre pénitence n'eft pas affez forte pour arracher de votre cœur ces mauvaifes inclinations jufqu'à la racine, voici les regles que vous devez fuivre. Faites-vous, comme je vous l'ai enfeigné, une folitude intérieure en vous-même : retirez-vous-y, & par les plus vifs élancements de votre ame mille fois réitérés, renoncez à toutes vos inclinations, & à toutes les atteintes que votre cœur en fentira ; donnez plus de temps à la

lecture des faints livres; confeffez-vous plus
fouvent, communiez felon vos befoins, &
de l'avis de votre directeur; découvrez-lui,
ou à une perfonne fidelle & prudente, vos
peines, vos tentations, toutes vos difpofitions avec beaucoup d'humilité & de fincérité; & fi vous perfévérez fidélement en ces
exercices, ne doutez pas que Dieu ne vous
affranchiffe des reftes de vos paffions.

Ah! répartez-vous, ne fera-ce point une
ingratitude de rompre d'une maniere fi rude?
O la bienheureufe ingratitude que celle qui
vous rendra agréable à Dieu! Non, je vous
le dis de la part de Dieu, non, Philothée,
ce ne fera pas une ingratitude, mais un
grand bienfait. En rompant vos liens, vous
rompez ceux d'un autre; & quoique fon
bonheur lui foit caché, ce ne fera pas pour
long-temps : & bientôt chacun dira de fon
côté en action de grace, comme David:
*O Seigneur, vous avez rompu mes liens,
je vous offre un facrifice de louanges &
de reconnoiffance; & déformais j'invoque-
rai votre nom dans une douce & entiere
liberté.*

CHA-

CHAPITRE XXII.

Quelques autres avis fur les amitiés.

L'ON ne peut, fans une grande communication, ni faire une amitié, ni
l'entretenir : & parce que cette communication eft toujours ou devient bientôt une
grande ouverture des cœurs : toutes les inclinations que l'on a de fon fonds, paffent
infenfiblement de l'un à l'autre par une mutuelle impreffion d'un cœur fur l'autre, &
par un réciproque écoulement de fentiments & d'affections.

Cela arrive principalement quand l'amitié eft fondée fur une grande eftime; car
l'amitié ouvre le cœur, & l'eftime y laiffe
entrer tout ce qui fe préfente de bon ou
de mauvais. Les abeilles ne cherchent que
le miel fur les fleurs; mais fi elles font vé-
néneufes, elles en prennent auffi tout le
venin : image de l'amitié, qui reçoit infenfiblement le mal avec le bien. Il faut donc,
Philothée, bien pratiquer cette parole, que
le Fils de Dieu difoit fouvent, comme la
tradition nous l'apprend : *Soyez de bons
changeurs, & de bons monnoyeurs,* c'eft-
à-dire, ne recevez pas la mauvaife mon-
noie avec la bonne, ni le bon or avec le

M

faux or : féparez ce qui eft précieux de tout ce qui eft vil & méprifable. En effet, il n'y a prefque perfonne qui n'ait quelque imperfection ; & quelle raifon y a-t-il de recevoir les imperfections d'un ami avec fon amitié ? Il faut l'aimer quoiqu'il foit imparfait ; mais il ne faut prendre ni aimer fon imperfection , puifque l'amitié étant une communication du bien & non pas du mal, l'on doit diftinguer dans un ami fes bonnes qualités de fes imperfections, comme ceux qui travaillent fur le Tage, y féparent l'or du fable. Saint Grégoire de Nazianze rapporte que plufieurs amis de faint Bafile fe firent fes admirateurs, jufqu'à l'imiter dans fes défauts naturels & extérieurs : comme dans fa lenteur à parler, dans fon air rêveur & abftrait, dans fa maniere de marcher, & même en celle de porter la barbe; & nous voyons des maris, des femmes, des amis, prendre ainfi les imperfections les uns des autres , & les enfants celles de leurs peres & meres, par une certaine imitation imperceptible, que l'eftime ou la complaifance infpire & conduit. Or, chacun a bien affez de fes mauvaifes inclinations, fans fe charger de celles des autres; & non-feulement l'amitié n'exige rien de femblable; mais, au contraire, elle veut que nous nous aidions réciproquement à nous défaire de nos défauts. L'on doit affurément fupporter avec douceur les imperfections de son ami ; mais il ne faut pas l'y entretenir par flatterie, bien moins les laisser passer jusqu'à nous par complaisance.

Je ne parle que des imperfections ; car à l'égard des péchés, l'on ne doit pas même les supporter dans un ami ; c'est une amitié, ou foible, ou méchante que de le voir périr sans le secourir, & que de n'oser lui donner un avis un peu sensible pour le sauver. La véritable amitié ne peut subsister dans le péché ; parce qu'il la ruine entiérement, comme l'on dit que la Salamandre éteint le feu : si c'est un péché passager, l'amitié le chasse aussi-tôt par un sage conseil. Mais si c'est un péché habituel, il éteint l'amitié, qui ne peut subsister que sur la vraie vertu. Il faut donc encore beaucoup moins pécher par raison d'amitié, puisque notre ami devient notre ennemi, quand il nous porte au péché, & qu'il mérite de perdre notre amitié, quand il veut perdre notre ame. Bien plus, la marque assurée d'une fausse amitié, est son attachement à une personne vicieuse ; & quelque vice que ce soit, notre amitié est vicieuse. Car n'étant pas établie sur une vraie vertu, elle ne peut avoir d'autre fondement que le plaisir sensuel, ou quelqu'une de ces imperfections vaines & frivoles dont je vous ai parlé.

M ij

La société des marchands n'a que l'apparence de l'amitié : d'autant que ce n'est pas l'amour des personnes, mais l'amour du gain qui en fait le nœud. Enfin, voici deux maximes toutes divines, que j'appelle les deux colonnes de la vie chrétienne. L'une est du Sage : *Qui aura la crainte de Dieu, aura aussi une bonne amitié.* L'autre est de saint Jacques : *L'amitié de ce monde est ennemie de Dieu.*

CHAPITRE XXIII.

Des exercices de la mortification extérieure.

LES naturalistes nous assurent, que si on écrit quelque parole sur une amande bien entiere, & que l'ayant remise dans son noyau, on le jette en terre après l'avoir fermé soigneusement, tout le fruit de l'arbre qui en proviendra, portera la même parole. Pour moi, Philothée, je n'ai jamais pu approuver la méthode de ceux qui, pour réformer l'homme, commencent par l'extérieur, par les contenances, par les habits, par les cheveux.

Il me semble, au contraire, qu'on doit commencer par l'intérieur : *Convertissez-vous à moi*, dit Dieu, *de tout votre cœur :*

Mon fils, donnez-moi votre cœur. En effet, le cœur étant la source des actions, elles sont telles, qu'il est lui-même. Le divin époux invitant l'ame à une parfaite union, lui dit : *Mettez-moi comme un cachet sur votre cœur & sur votre bras.* Il a bien raison de le dire; car quiconque a Jésus-Christ en son cœur, l'a bientôt dans toutes ses actions intérieures, qui nous sont figurées par les bras. C'est pourquoi, Philothée, j'ai voulu avant toutes choses graver sur votre cœur ce mot saint & sacré, *vive Jésus :* assuré que je suis que le doux Jésus vivant en votre cœur, sera après cela en toutes vos actions extérieures, dans votre bouche, dans vos yeux, dans vos mains; que vous pourrez dire à l'imitation de saint Paul : *Je vis, mais non plus moi-même, c'est Jésus-Christ qui vit en moi.* Enfin qui a gagné le cœur de l'homme, a gagné tout l'homme. Mais ce cœur même par lequel nous devons commencer à réformer l'homme, demande qu'on l'instruise des manieres de régler tout l'extérieur; de sorte qu'on y reconnoisse le caractere de la sainte dévotion, & celui d'une sage discrétion. Je vais donc vous en donner ici des regles en peu de mots.

Si vous pouvez supporter le jeûne, vous ferez bien de jeûner un peu plus que l'église ne commande; car, outre que le jeûne éleve l'esprit à Dieu, il réprime la chair, facilite la vertu, & augmente nos mérites ; c'est un grand bien de se maintenir en la possession de gourmander la gourmandise même, & d'assujettir l'appétit sensuel & le corps à la loi de l'esprit, & quoiqu'on ne jeûne pas beaucoup, notre ennemi nous craint davantage quand il connoît que nous savons jeûner ; le mercredi, le vendredi & le samedi ont toujours été distingués par l'abstinence des anciens chrétiens : prenez donc quelque chose de leur pratique selon votre dévotion, & le sage conseil de votre directeur.

Je dirois volontiers ce que saint Jérôme dit à la pieuse dame Leta : *Les jeûnes longs immodérés me déplaisent fort ; sur-tout en ceux qui sont encore dans un âge tendre.* J'ai appris par expérience, que les petits ânons étant las du chemin, cherchent à s'en écarter : je veux dire par-là, que les jeunes gens à qui l'excès du jeûne a causé quelque infirmité, se laissent aller aisément à une vie délicate & molle. Les cerfs courent mal en deux temps, quand ils sont trop chargés de venaison, & quand ils sont trop maigres : & nous autres nous sommes exposés à de grandes tentations en deux états, à savoir quand le corps est trop nourri & quand il est trop abattu. Dans le premier état, il devient rebelle ; & dans l'autre il ne se croit plus capable de rien : de

forte que comme nous ne pouvons le porter, quand il a trop d'embonpoint, aussi ne
peut-il nous porter, quand il est trop affoi-
bli. L'usage excessif des jeûnes, des disci-
plines, des haires, & de toutes les austérités, rend inutiles aux emplois de la charité
les meilleures années de plusieurs personnes, ainsi qu'il arriva à saint Bernard, qui
se repentit bien de sa vie trop austere : &
l'on voit souvent que pour avoir trop maltraité sa chair dans les commencements, on
est contraint de la flatter à la fin. N'auroit-il
pas mieux valu en avoir un soin modéré,
égal, proportionné aux peines & aux travaux de son état ?

Le jeûne & le travail mettent & abat-
tent la chair : si donc votre travail est nécessaire, ou fort utile à la gloire de Dieu,
j'aime mieux que vous souffriez la peine du
travail que celle du jeûne, & c'est le sentiment de l'église, qui exempte même des
jeûnes commandés, les personnes occupées
de travaux utiles aux services de Dieu &
du prochain. S'il y a de la peine à jeûner,
il y en a aussi à servir les malades, à visiter
les prisonniers, à confesser, à prêcher, à as-
sister les affligés, à prier, à faire de semblables exercices. Cette derniere peine vaut
mieux que la premiere ; car outre qu'elle
matte également la chair, les fruits en sont
plus grands & plus souhaitables. Ainsi, gé-

M iv

néralement parlant, il vaut mieux conferver plus de forces corporelles qu'il ne faut,
que d'en ruiner plus qu'il ne faut : car on
peut toujours les affoiblir quand on veut,
mais on ne peut toujours les réparer quand
on veut.

Il me femble que nous devons refpecter
beaucoup cette parole de notre Sauveur à
fes difciples : *Mangez ce que l'on vous fer-*
vira. C'eft, comme je crois, une plus
grande vertu de manger fans choix ce que
l'on vous préfente, & felon l'ordre qu'on
vous le préfente, foit qu'il foit à votre goût
ou non, que de choifir toujours ce qu'il y a
de plus méchant fur la table : car quoique
cette pratique femble plus auftere, il y a
moins de la propre volonté dans l'autre;
puifqu'on ne renonce pas feulement à fon
goût, mais encore à fon choix. D'ailleurs,
ce n'eft pas une petite mortification, que
de tourner fon goût à toutes mains, & de
le tenir affujetti à toutes fortes de rencontres; outre que cette maniere de le mortifier ne paroît point, n'incommode perfonne, & convient tout-à-fait aux ufages de la
vie civile. Repouffer un plat pour en prendre un autre, regarder de près & tâter toutes les viandes, ne trouver jamais rien de
bien apprêté ni d'affez propre, & beaucoup
d'autres femblables; tout cela eft d'une ame
molle & trop attentive à fa bouche. J'ef-

time plus faint Bernard d'avoir bu de l'huile pour de l'eau ou pour du vin, que fi de deffein il avoit bu l'eau d'abfynthe, puifque c'étoit une marque qu'il ne faifoit pas d'attention à ce qu'il buvoit ; & c'eft dans cette indifférence fur le boire & fur le manger, que confifte la perfection de la parole du Sauveur : *Mangez ce que l'on vous fervira.* J'excepte néanmoins les viandes qui nuifent à la fanté, ou même aux fonctions de l'efprit, comme à l'égard de plufieurs perfonnes, les viandes chaudes & épicées, fumeufes & venteufes ; & je n'entends pas non plus parler des occafions où la nature a befoin de quelque foulagement extraordinaire pour fe foutenir dans les travaux utiles à la gloire de Dieu. En un mot, une fobriété modérée & toujours égale, eft préférable à une abftinence violente, & mêlée de certains intervalles d'un grand relâchement.

L'ufage modéré de la difcipline ranime vivement la ferveur de la dévotion. La haire matte extrêmement le corps ; mais extraordinairement l'ufage n'en convient pas, ni à l'état du mariage, ni aux complexions délicates, ni à aucun état chargé de quelques grandes peines : il eft vrai que l'on pourroit s'en fervir avec l'avis d'un confeffeur difcret, les jours qui font plus particuliérement deftinés à la pénitence. Le fommeil

M v

doit être réglé sur la nécessité que chacun en peut avoir selon sa complexion, pour s'occuper utilement durant le jour, & parce que la sainte écriture, l'exemple des Saints, & la raison avec l'expérience nous font connoître que les premieres heures du jour en font la meilleure partie, & la plus utile ; je pourrois dire même, parce que notre Seigneur est appellé le Soleil levant, & sa sainte mere l'aurore : je pense que c'est une pratique louable de régler si bien l'heure du coucher, que l'on puisse se lever de bon matin. Certainement, c'est le temps le plus doux à l'esprit, le plus libre, & le plus favorable aux exercices de piété, & au desir que l'on peut avoir de bien conserver sa santé. Les oiseaux ne nous excitent-ils pas de grand matin à quitter le sommeil, & à chanter les louanges de Dieu ?

Balaam monté sur son ânesse, alloit trouver le Roi Balaac ; & comme il n'avoit pas une intention bien droite, un ange l'attendit en chemin avec une épée pour le tuer. Cette pauvre bête qui vit l'ange, s'arrêta par trois fois, quelques efforts que fît le prophete à grands coups de bâton pour la faire avancer, jusqu'à ce qu'enfin s'étant abattue sous lui à la troisieme fois, elle lui parla par un miracle bien extraordinaire, pour lui faire ce reproche : Que vous ai-je fait ? & pourquoi me frappez-vous ainsi jusqu'à trois fois ? Enfuite le Seigneur ayant ouvert les yeux de Balaam, ce prophete apperçut l'ange qui lui dit : pourquoi as-tu battu ton âneffe ? fi elle ne fe fût détournée de devant moi, je t'euffe tué, & l'euffe épargnée. Alors Balaam dit à l'ange : j'ai péché, car je ne favois pas que vous vous oppofaffiez à mon voyage. Voyez-vous, Philothée, Balaam étoit la caufe de tout le mal, & il s'en prenoit à fon âneffe qui n'y avoit nulle part ; & c'eft de la forte que nous en ufons fouvent dans nos affaires. Une femme voit fon mari ou fon enfant malade, & elle court au jeûne, à la haire, à la difcipline, comme fit David dans une pareille occafion : hélas, chere amie ! vous faites comme Balaam qui battoit fon âneffe ; vous affligez votre corps, quoiqu'il ne foit pas la caufe de la colere de Dieu, qui a la main levée fur vous. Allez à la fource du mal, corrigez le cœur qui eft idolâtre de ce mari, & de cet enfant que vous avez laiffé le maître de fes mauvaifes inclinations ; & que votre orgueil n'a élevé que pour la vanité. Un homme commet fouvent un péché d'impureté ; & auffitôt fa confcience lui perce le cœur par des reproches intérieurs, qu'elle lui fait craindre comme des traits de la colere de Dieu ; fur cela, revenant à foi : ah ! chair rebelle, dit-il, corps déloyal, tu m'as trahi ?

& il décharge son indignation sur sa chair par l'usage immodéré des austérités. Oh, pauvre ame! si ta chair pouvoit parler comme l'ânesse de Balaam, elle te diroit : pourquoi me frappes-tu, misérable? c'est contre toi que Dieu s'arme de colere; c'est toi qui es la criminelle : pourquoi me conduis-tu à de mauvaises conversations? pourquoi appliques-tu mes yeux & mes sens à des objets déshonnêtes? pourquoi me troubles-tu par de sales imaginations? forme de bonnes pensées, & je n'aurai pas de mauvais sentiments; fréquente des personnes qui aient de la pudeur, & la passion ne s'allumera pas en moi. Hélas! tu me jettes dans le feu, & tu ne veux pas que je brûle; tu me remplis les yeux de fumée, & tu ne veux pas qu'ils s'enflamment. Or, Philothée, Dieu vous dit en ce temps-là : brisez vos cœurs de douleur, mortifiez-les, faites-leur porter la pénitence qu'ils méritent; c'est principalement contre eux que je suis irrité. Certes, pour guérir la démangeaison, il n'est pas si nécessaire de se baigner, que de purifier le sang; & à l'égard de nos vices, quoiqu'il soit bon de mortifier la chair, il est sur-tout nécessaire de purifier le cœur.

Mais la regle universelle que je vous donne, est de n'entreprendre jamais d'austérités corporelles, sans l'avis de votre directeur.

CHAPITRE XXIV.

Des conversations & de la solitude.

RECHERCHER les conversations, & les fuir, ce sont deux extrémités blâmables dans la dévotion, qui doit régler les devoirs de la vie civile : la fuite marque de la fierté, & le mépris du prochain ; & la recherche porte beaucoup d'oisiveté & d'inutilité. Il faut aimer le prochain comme soi-même. Pour montrer qu'on l'aime, il ne faut pas fuir sa compagnie ; & pour témoigner qu'on s'aime soi-même, il faut se plaire avec soi-même, on y est : or, on y est quand on est seul. *Pensez à vous-même,* dit saint Bernard, *& puis aux autres.* S'il n'y a donc rien qui vous oblige à faire des visites, ou à en recevoir chez vous, demeurez avec vous-même, & vous entretenez avec votre cœur : mais si quelque juste raison vous oblige à ces devoirs, allez au nom de Dieu, & voyez votre prochain de bon œil & de bon cœur.

L'on appelle mauvaise conversation, celle où il entre une mauvaise intention, ou bien une mauvaise liaison de personnes indiscretes, libres & dissolues : & il faut absolument s'en éloigner comme les abeilles s'éloignent d'un amas de frêlons & de taons : car si l'haleine & la salive de ceux qui ont été mordus d'un chien enragé, est fort dangereuse, principalement aux enfants & aux personnes d'une complexion délicate, le commerce de ces personnes vicieuses n'est pas moins à craindre, sur-tout pour ceux dont la vertu est encore tendre, foible & délicate.

Il y a des conversations qui sont inutiles à toute autre chose, qu'à soulager agréablement l'esprit fatigué des occupations sérieuses : & comme l'on ne doit pas s'en faire un amusement d'oisiveté, l'on peut aussi y donner le temps nécessaire à une honnête récréation.

Il est d'autres conversations qui ne sont que d'honnêteté, telles que celles des visites réciproques, & de certaines assemblées, où l'on se trouve pour faire honneur à son prochain : or, il ne faut ni s'acquitter de ces devoirs avec une crainte inquiete & superstitieuse de manquer aux plus petites choses, ni les mépriser, ou les négliger par incivilité ; mais vous devez y satisfaire avec un soin raisonnable, tâchant d'éviter également la rusticité & la légéreté.

Je n'ai donc plus qu'à vous parler des conversations utiles, & qui sont celles des personnes dévotes & vertueuses : ô Philothée, ce vous sera toujours un grand bien

d'en trouver de femblables. La vigne plan-
tée parmi les oliviers porte des raifins onc-
tueux, & qui ont le goût de l'olive : fa-
chez auffi qu'une ame qui fe trouve fouvent
avec des gens de bien, en prend infailible-
ment les bonnes qualités, & que leur converfation nous eft toujours un grand moyen
d'avancer dans la vie fpirituelle. Les bourdons feuls ne peuvent faire de miel, mais
ils aident les abeilles à le faire.

Ces manieres naturelles & fimples, mo-
deftes & douces font les plus eftimées dans
les converfations : & il y a des gens qui
n'y font, & qui n'y difent rien avec tant
d'artifice, que chacun en eft dégoûté, & je
ne m'en étonne pas. Celui qui ne voudroit
fe promener qu'en comptant fes pas, ni
parler qu'en chantant, fe rendroit un homme
fort fâcheux aux autres : ceux auffi qui ne
parlent, & qui n'agiffent que d'une maniere
toujours mefurée, & comme en cadence,
gâtent extrêmement une bonne converfation ; & ces gens-là portent par-tout je ne
fais quel efprit de préfomption. Une joie
douce & modérée doit être l'ame de la converfation : auffi louoit-on beaucoup faint
Antoine & faint Romuald, de ce que toutes leurs auftérités ne leur avoient fait rien
perdre d'un air de civilité & de gaieté qui
ornoit leurs perfonnes & leurs difcours. *Ré-*
jouiffez-vous avec ceux qui font en joie ; &

je vous le dis encore avec le faint Apôtre : *Réjouiſſez-vous toujours, mais en notre Seigneur ; & que votre modeſtie vous rende recommandable à tous les hommes.* Pour vous réjouïr en notre Seigneur, ce n'eſt pas aſſez que le ſujet de votre joie ſoit li- cite, il doit encore être honnête ; ainſi te- nez-vous bien aux regles de la modeſtie, ne vous permettez jamais ces mauvaiſes in- ſultes que l'on fait aux autres par maniere de divertiſſement, & qui ſont toujours ré- préhenſibles ; faire tomber l'un, piquer l'au- tre, noircir celui-ci, faire du mal à un fou, tout cela eſt d'une joie ſotte & maligne.

Mais outre la ſolitude intérieure dont je vous ai parlé, & que vous devez conſer- ver en vous au milieu des converſations, vous devez aimer la ſolitude extérieure ; non pas juſqu'à la chercher dans les déſerts, comme ſainte Marie l'Egyptienne, ſaint Paul, ſaint Antoine, ſaint Arſene, & tant d'autres ſolitaires ; mais pour avoir quelque temps que vous puiſſiez être à vous, ſoit en votre chambre ou dans votre jardin, ou ailleurs avec plus de liberté, & pour vous y occuper avec votre cœur de quelque bonne penſée ou de quelque douce lecture. C'eſt la pratique du grand évêque de Nazianze : *Je me promenois,* dit-il, *avec moi-même ſur les bords de la mer, environ l'heure que le ſoleil ſe couche, & j'y paſſois dou-*

cement le temps : car j'ai coutume de prendre ce petit divertissement pour soulager mon esprit des ennuis ordinaires de la vie. Saint Augustin rapporte que saint Ambroise en usoit de la sorte : *J'allois souvent*, dit-il, *chez lui*, & *étant entré dans sa chambre, dont on ne refusoit l'entrée à personne, je prenois plaisir à le voir attaché à la lecture d'un livre* : & *après avoir long-temps attendu en grand silence, je m'en retournois sans lui parler, pensant qu'il ne falloit pas lui ôter ce peu de temps qui lui restoit de ses grandes affaires pour en délasser son esprit.* Enfin, c'est l'exemple que le Fils de Dieu nous a donné : car ses apôtres lui ayant un jour raconté tout ce qu'ils avoient fait dans une mission, il leur dit : *Retirons-nous seuls dans la solitude ; venez vous y reposer un peu.*

CHAPITRE XXV.

De la bienséance des habits.

SAINT Paul veut que les femmes chrétiennes (& cela s'entend aussi des hommes,) s'habillent selon les regles de la bienséance, en retranchant de toutes leurs parures l'excès & l'immodestie : or, la bienséance des habits & des ornements, dépend de leur matiere, de leur forme & de leur propreté.

La propreté doit être univerſelle & perpétuelle, pour ne ſouffrir jamais ſur nous, ni taches, ni rien qui puiſſe choquer les yeux : & cette propreté extérieure eſt regardée comme un indice de la pureté de l'ame ; juſques-là même que Dieu exige dans les miniſtres de ſes autels pour les diſpoſitions du corps, une netteté & honnêteté parfaite.

A l'égard de la matiere & de la forme des habits, la bienſéance n'en peut être réglée que par rapport aux circonſtances du temps, de l'âge, des qualités, des compagnies & des occaſions. L'uſage eſt tout établi, que l'on ſe pare un peu mieux les jours de fêtes, à proportion de leur ſolemnité ; & que l'on ſe néglige beaucoup dans le temps de pénitence, comme en carême : les jours de noces & ceux de deuil, ont encore leur différence & leurs regles. Dans les cours des princes auprès de qui l'on eſt, l'on donne plus de dignité & plus de ſplendeur à ſon état : mais on l'oublie volontiers chez ſoi. Une femme peut, & c'eſt une folie de penſer autrement, ſe parer quand elle eſt avec ſon mari, & qu'elle ſait qu'il le deſire : mais ſi en ſon abſence elle prenoit le même ſoin, on demanderoit aux yeux de qui elle voudroit plaire. L'on permet encore plus d'ajuftements aux filles, parce qu'elles peuvent defirer de plaire ; pourvu que ce defir foit conduit par l'intention de ne gagner qu'un cœur en vue d'un faint mariage. L'on ne trouve pas non plus mauvais cet ufage dans les veuves, qui penfent à un nouvel engagement, pourvu qu'elles en retranchent tous les airs de la premiere jeuneffe : car ayant paffé par l'état du mariage, par la trifteffe en la viduité, on croit leur efprit plus mûr & plus modéré. Pour ce qui eft des véritables veuves, comme parle l'Apôtre, c'eft-à-dire, celles dont le cœur a les vertus de la viduité, nul ornement ne leur convient, finon celui qu'elles peuvent recevoir de l'humilité, de la modeftie & de la dévotion. Car fi elles veulent donner de l'amour aux hommes, elles ne font pas de ces véritables veuves ; & fi elles n'en veulent pas donner, pourquoi en prendre fur elles les attraits. On fe moque toujours des vieilles gens, quand ils veulent faire les jolies, ce qu'on ne pardonne qu'à la jeuneffe.

Soyez propre, Philothée, & qu'il n'y ait rien fur vous de déchiré & de mal arrangé : c'eft un mépris de ceux avec qui l'on converfe, que d'aller parmi eux avec des habits qui peuvent leur donner du dégoût ; mais gardez-vous bien des vanités & des afféteries, des curiofités & des modes badi-

nes. Tenez-vous-en aux regles de la simplicité & de la modeſtie, qui ſont ſans doute
le plus grand ornement de la beauté, & la
meilleure excuſe de la laideur. Saint Pierre
& ſaint Paul défendent principalement aux
jeunes femmes toutes les friſures extraordinaires des cheveux. Les hommes qui ſont
aſſez lâches pour s'amuſer à ce badinage de
ſenſualité & de vanité, ſont décriés par-
tout pour avoir plus l'eſprit de femme que
d'homme : & les femmes ſi vaines, ſont te-
nues pour foibles en chaſteté ; du moins ſi
elles en ont, elle ne paroît pas aſſurément
parmi toutes ces bagatelles de la volupté.
On dit qu'on n'y penſe pas de mal : Mais
je replique, comme j'ai fait ailleurs, que le
diable y penſe toujours : pour moi, je voudrois qu'un homme dévot, & une dévote,
ſelon mon idée, fuſſent toujours les mieux
habillés de la compagnie ; mais les moins
pompeux & les moins affectés, & qu'ils
fuſſent, comme il eſt dit dans les proverbes, ornés de grace, de bienſéance & de
dignité. Saint Louis décide tout en un ſeul
mot, quand il dit, que l'on ſe doit habiller
ſelon ſon état : de ſorte que les perſonnes
ſages & les gens de bien ne puiſſent dire
que l'on en fait trop, ni les jeunes gens que
l'on n'en fait pas aſſez ; & ſi les jeunes gens
ne veulent pas ſe contenter de la bienſéance,
il faut s'en tenir à l'avis des ſages.

CHAPITRE XXVI.

DU DISCOURS,

Et premiérement, comme il faut parler de Dieu.

LES médecins prennent une grande connoiſſance de la ſanté ou de la maladie d'une perſonne, par l'inſpection de ſa langue : & je puis dire que nos paroles ſont les vrais indices des bonnes ou des mauvaiſes diſpoſitions de notre ame : *Par vos paroles*, dit le Sauveur, *vous ſerez juſtifiés, & par vos paroles vous ſerez condamnés.* Nous portons ſouvent & ſoudainement la main ſur la douleur que nous ſentons, & la langue ſur l'amour que nous avons dans le cœur.

Si donc vous aimez bien Dieu, Philothée, vous parlerez ſouvent de Dieu dans vos entretiens familiers avec vos domeſtiques, vos amis, & vos voiſins : *Oui*, dit l'écriture, *la bouche du Juſte ſera remplie de ce que la ſageſſe lui aura fait méditer : & la juſtice ſe ſervira de ſa langue, pour prononcer ſes oracles.* Parlez donc ſouvent de Dieu, & vous éprouverez ce que l'on dit de ſaint François, qui en prononçant feulement le faint nom du Seigneur, fentoit fon ame toute pénétrée d'une fuavité fi abondante, que fa langue même & fa bouche en recevoient de très-douces impreffions.

Mais parlez de Dieu comme de Dieu, c'eft-à-dire, avec un vrai fentiment de refpect & de piété, & n'en parlez pas ni d'un air de fuffifance, ni d'un ton de prédicateur, mais en efprit de charité, de douceur, d'humilité : imitez en ce point l'Epoufe des cantiques, faifant couler du miel délicieux de la dévotion, & le goût des chofes divines dans les cœurs; & priez Dieu fecrétement qu'il lui plaife de répandre cette rofée fur l'ame des perfonnes qui vous écoutent. Sur-tout, ne leur parlez pas par maniere de correction; mais par maniere d'infpiration, & comme les anges, c'eft-à-dire, avec une douceur toute angélique : car il eft furprenant de voir combien l'attrait des bonnes & faintes paroles, que l'efprit de fuavité fait bien affaifonner, eft puiffant fur les cœurs.

Ne parlez donc jamais de Dieu, ni de la dévotion par maniere d'acquit & d'entretien, mais toujours avec attention & dévotion : & je vous le dis, pour vous précautionner contre une dangereufe vanité, à laquelle plufieurs perfonnes qui font profeffion de piété fe laiffent furprendre; c'eft de

dire à tous propos beaucoup de saintes &
ferventes paroles par forme de discours, &
sans aucune attention ; & après cela l'on
croit que l'on est tel que ces paroles le peuvent faire penser aux autres, & malheureu-
sement cela n'est pas.

CHAPITRE XXVII.

De l'honnêteté des paroles, & du respect
que l'on doit aux personnes.

SI quelqu'un ne peche point en paroles,
il est un homme parfait, nous dit saint
Jacques. Gardez-vous soigneusement qu'il
ne vous échappe aucune parole malhonnête : car quoiqu'elle ne partiroit pas d'une
mauvaise intention, cependant ceux qui l'en-
tendroient, la pourroient prendre d'une autre maniere. Une parole malhonnête tombant dans un cœur foible, s'étend comme
une goutte d'huile : & quelquefois elle occupe tellement ce cœur, qu'elle le remplit
de mille pensées & tentations fort sensuelles. C'est un poison du cœur que l'on y fait
couler par l'oreille ; & la langue, qui en est
l'instrument, est coupable de tout le mal
que le cœur en peut souffrir ; parce qu'encore qu'il s'y trouve peut-être d'assez bonnes dispositions, pour lui servir d'un con-

tre-poifon falutaire, il feroit toujours vrai
de dire, qu'il n'auroit pas tenu à vous, que
vous n'euffiez fait périr cette ame. Qu'on
ne dife pas, je n'y ai point fait d'attention:
d'autant que notre Seigneur qui connoît les
penfées, nous a dit, *que la bouche parle de
l'abondance du cœur* : & quand on y pen-
feroit pas de mal, le malin efprit y en penfe
beaucoup, & fe fert toujours fecrétement de
ces méchantes paroles pour en faire entrer le
fentiment dans le cœur de quelque perfonne.

- L'on dit que ceux qui ont mangé de la
racine qu'on appelle angélique, ont toujours l'haleine douce & agréable : & ceux
qui ont bien dans le cœur l'amour de la
chafteté, par laquelle on devient des anges
fur la terre, n'ont jamais que des paroles
chaftes, honnêtes & refpectueufes. Pour
ce qui eft de tout ce qui porte quelque in-
décence & malhonnêteté, l'Apôtre ne veut
pas même en fouffrir le nom dans nos entretiens, nous affurant que rien *ne corrompt
davantage les bonnes mœurs que les mauvais difcours*. Si l'on parle malhonnêtement
en mots couverts, & de ces manieres tour-
nées par une méchante fubtilité d'efprit, le
poifon que portent ces paroles, n'en fera
auffi que plus fubtil & plus pénétrant : car
elles font femblables aux dards, qui font
plus à craindre quand ils font d'une trempe
plus fine, & qu'ils ont la pointe plus ai-
guifée.

guisée. En vérité, celui qui pense mériter le nom & l'estime de galant homme par de telles paroles, ignore bien la fin de la conversation : & ne peut-on pas comparer les compagnies où elles sont bien reçues, à un amas de guêpes attachées à quelque pourriture, comme l'on doit comparer une société honnête en tous ses discours, à un essaim d'abeilles, qui travaillent à faire un miel exquis. Si donc un étourdi vous dit des paroles messéantes, témoignez qu'elles vous déplaisent, soit en vous détournant pour parler à quelqu'un, soit d'une autre maniere que votre prudence vous suggérera.

C'est une fort mauvaise qualité, que celle d'avoir l'esprit de moqueur : Dieu hait extrêmement ce vice, & l'a souvent, & fort sévérement puni autrefois. Rien n'est si contraire à la charité, & beaucoup plus à la dévotion, que le mépris du prochain ; or, la dérision porte essentiellement ce mépris : elle est donc un très-grand péché, & les docteurs ont raison de dire, que de toutes les manieres d'offenser le prochain par les paroles, celle-ci est la plus mauvaise, parce qu'elle porte toujours du mépris, au-lieu que l'estime peut subsister avec les autres. Mais à l'égard de ces jeux de paroles & d'esprit, qui se font entre d'honnêtes gens, avec une certaine gaieté, laquelle ne blesse ni la charité, ni la modestie, ils ap-

N

partiennent à la vertu que les Grecs nomment Eutrapélie, & que nous pouvons appeller l'art de converfer agréablement, & ils fervent à réjouir l'efprit en ces petites occafions, que les imperfections humaines des uns & des autres fourniffent au divertiffement. Mais l'on doit prendre garde de ne pas laiffer aller cette honnête gaieté d'humeur jufqu'à la moquerie : parce que la dérifion provoque à rire du prochain par mépris, au-lieu que la douce & fine raillerie ne provoque à rire que par l'enjouement & la gentilleffe de quelques paroles, que la liberté, la confiance & la familiarité de la converfation, font-dire avec franchife, & recevoir avec douceur & avec une fûreté entiere que perfonne ne s'en plaindra. Quand les religieux que faint Louis avoit à fa cour, vouloient entamer un difcours férieux & relevé après fon dîner, il leur difoit : *Ce n'eft pas ici le temps de raifonner, mais de fe divertir de quelques bons mots : ainfi que chacun dife librement & honnêtement ce qu'il voudra :* Et il vouloit en cela faire plaifir à fa Nobleffe, qui étoit autour de lui, pour recevoir des marques plus familieres de la bonté de fa majefté.

Mais, Philothée, paffons le temps qu'on doit donner à une douce récréation; de maniere que la dévotion nous affure toujours de la fainte éternité.

CHAPITRE XXVIII.

Des jugements téméraires.

NÉ jugez point, & vous ne serez point jugés, dit le Sauveur de nos ames; ne condamnez point, vous ne serez point condamnés. Non, dit le saint Apôtre, ne jugez pas avant le temps, jusqu'à ce que le Seigneur vienne révéler le secret des ténebres, & manifester les conseils des cœurs. O que les jugements téméraires sont désagréables à Dieu ! Les jugements des enfants des hommes sont téméraires, parce qu'ils ne sont pas juges les uns des autres, & qu'ils usurpent les droits & l'office de notre Seigneur : ils sont encore téméraires, parce que la principale malice du péché dépend de l'intention & du conseil du cœur; & c'est le secret des ténebres pour nous; ils sont enfin téméraires, parce que c'est assez à chacun d'avoir à se juger soi-même, sans entreprendre de juger son prochain. Il est également nécessaire pour n'être point jugé, de ne pas juger les autres, & de se juger soi-même, puisque le Sauveur nous défend l'un, & que l'Apôtre nous ordonne l'autre en ces termes: Si nous nous jugions nous-mêmes, nous ne serions point *jugés.* Mais, ô Dieu! nous faifons tout le contraire : car nous faifons ce qui nous eft défendu, en jugeant notre prochain à tout propos ; & à l'égard de ce qui nous eft or- donné, nous ne le faifons jamais, & c'eft de nous juger nous-mêmes.

Les jugements téméraires ayant divers principes, il faut y apporter des remedes différents. Il y a des cœurs naturellement aigres, amers & féveres, qui répandent leur aigreur & leur amertume indifféremment fur toutes chofes, *& qui changent le ju- gement & la juftice en abfynthe*, comme dit le prophete Amos, ne jugeant jamais du prochain qu'en toute rigueur & avec dureté. Ceux-là ont befoin d'un médecin fpirituel, qui foit bien habile ; d'autant que ce mal leur étant naturel, il eft difficile de le vaincre : & quoique cette amertume de cœur ne foit pas un péché, mais feulement une imperfection, elle eft toutefois une in- difpofition habituelle, fort déterminante au jugement téméraire & à la médifance. Quel- ques-uns jugent témérairement, non pas par rigueur d'efprit, mais par orgueil, vou- lant fe perfuader qu'à proportion qu'ils abaif- fent les autres, ils relevent leur propre mé- rite : efprits arrogants & préfomptueux, qui s'admirent fans ceffe, & qui s'élevent fi haut dans les idées de leur propre eftime, qu'ils regardent tout le refte comme quelque chofe

de bas & de petit : *Non*, difoit ce fot pha-
rifien, *je ne fuis pas femblable aux autres
hommes.* Il en eft d'autres, dont l'orgueil
n'eft pas fi déclaré, & qui confiderent le
mal de leur prochain avec complaifance,
& par rapport aux biens qu'ils penfent être
en eux, pour le goûter avec plus de douceur dans cette oppofition, & pour s'en
faire eftimer davantage : or, cette compla-
fance eft fi imperceptible, qu'il faut avoir
de bons yeux pour l'appercevoir; jufques-là
même, que ceux qui en nourriffent leur
cœur, ne la voient pas d'ordinaire, à moins
qu'on ne la leur découvre. Plufieurs cherchant à fe flatter & à fe juftifier contre les
reproches de leur confcience, jugent volontiers que les autres font atteints du même vice qu'eux, ou bien d'un auffi grand :
& en même temps ils fe perfuadent que le
nombre des criminels rend leur péché moins
blâmable. Plufieurs auffi fe font une occupation d'efprit, & un plaifir de philofopher
par de vaines conjectures, fur l'humeur,
fur l'inclination & fur les mœurs des autres : tellement que fi par malheur ils rencontrent bien quelquefois dans ces jugements, ils en deviennent fi faciles & fi har-
dis à juger, que l'on a bien de la peine à les
en détourner. Mais combien y en a-t-il qui
jugent par paffion, penfant toujours mal
de ce qu'ils haïffent & toujours bien de ce

qu'ils aiment? Oui, finon en un feul cas
fort étonnant, mais trop véritable; & c'eft
que l'excès de l'amour provoque fouvent à
juger mal de la perfonne qu'on aime : effet
monftrueux d'un amour impur, imparfait,
troublé & malade! Maudite jaloufie, qui,
comme l'on fait, condamne les perfonnes
de perfidie & d'adultere fur un fimple regard, fur la légéreté d'une parole, fur le
moindre fouris; enfin la crainte, l'ambition
& les autres foibleffes de l'efprit contribuent
beaucoup & fouvent à la production de ces
vains foupçons, & de tous ces jugements
téméraires.

Mais quels remedes à tant de maux? L'on
prétend que ceux qui ont bu du fuc d'une
herbe d'Ethiopie, que l'on appelle opiufa,
s'imaginent voir par-tout des ferpents, &
mille objets affreux; & pour les guérir, il
faut leur faire boire un peu de vin de pal-
mier. Quoi qu'il en foit, je dis que ceux
dont l'orgueil, ou l'envie, ou l'ambition,
ou la haine a corrompu le cœur, ne voient
plus rien qu'ils ne trouvent mauvais & blâmable : & j'ajoute, qu'il n'y a que l'efprit
de charité, dont la palme eft un fymbole,
qui puiffe les affranchir de cette perverfe
inclination à faire tant de jugements téméraires & iniques. La charité craint de rencontrer le mal, bien-loin qu'elle aille le
chercher; & quand elle le rencontre, elle

se détourne, & fait semblant de ne l'avoir
pas vu : bien plus, elle ferme les yeux pour
ne pas le voir, au premier bruit qu'elle en
entend : & puis, par une sainte simplicité
elle croit que ce n'étoit pas le mal, mais
seulement l'ombre ou quelque apparence du
mal. Que si malgré elle & comme par force
elle reconnoît que c'est le mal même, elle
en détourne aussi-tôt les yeux, & tâche d'oublier tout ce qu'il est. La charité est donc
le grand remede à tous maux, mais spé-
cialement à celui-ci. Toutes choses paroif-
sent jeunes aux yeux des Ictériques, & l'on
dit que pour les guérir, il faut leur faire
porter de l'éclaire sous la plante des pieds.
Certes, la malice du jugement téméraire,
est comme une jaunisse, qui fait paroître
toutes choses mauvaises aux yeux de ceux
qui en sont frappés. Or, qui en veut guérir ne doit pas appliquer le remede à l'esprit, mais aux affections du cœur, lesquelles peuvent être appellées figurément les
pieds de l'ame ; parce que c'est par elle
qu'elle se porte où elle veut. Si donc vous
avez de la douceur & de la charité dans le
cœur, tous vos jugements seront doux &
charitables : & en voici trois exemples ad-
mirables que je vous présente.

Isaac avoit dit que Rebecca étoit sa sœur,
mais Abimelech qui s'apperçut de quelques
démonstrations d'amitié entr'eux, fort ten-

N iv

dres & très-familieres, jugea que c'étoit fa
femme : un œil malin eût jugé que c'étoit
fa maîtreffe, ou que fi elle étoit fa fœur, il
étoit lui-même un inceftueux ; Abimelech
prit donc le parti charitable qu'il pouvoit
prendre fur un tel fait. Voilà comme l'on
doit juger favorablement du prochain autant que l'on peut : & fi une action avoit
cent afpects différents, il faudroit la regarder uniquement par le plus bel endroit.
Saint Jofeph ne pouvoit douter que la fainte
Vierge ne fût enceinte ; mais parce qu'il
connoiffoit fon éminente fainteté & fa vie
toute pure, toute angélique, il ne fe permit pas le plus léger foupçon contr'elle,
quelque violents que fuffent fes préjugés;
ainfi il prit la réfolution, en la quittant, d'en
laiffer tout le jugement à Dieu. L'Efprit divin nous fait remarquer dans l'évangile,
qu'il en ufa de la forte, parce qu'il étoit un
homme jufte. Or, l'homme jufte qui ne peut
abfolument excufer ni le fait, ni l'intention
d'une perfonne dont il connoît la probité,
n'en veut pas juger, & tâche même d'ôter
cela de fon efprit, & en laiffe le jugement
à Dieu. Mais le Sauveur crucifié, ne pouvant excufer entièrement le péché de ceux
qui l'avoient attaché à la croix, voulut au
moins en diminuer la malice par la raifon
de leur ignorance : de même, quand nous
ne pouvons excufer le péché de notre pro-

chain, tâchons de le rendre digne de compaffion, en rejettant fa faute fur le principe
le plus tolérable qu'elle puiffe avoir, comme
fur fon ignorance ou fur fa foibleffe.

Ne peut-on donc jamais juger de fon
prochain? Non, Philothée : car c'eft Dieu
même qui juge les criminels dans les jugements de la juftice humaine : il eft vrai que
ce font les magiftrats qui y paroiffent, &
qui y parlent : mais ils ne font que fes mi-
niftres & fes interpretes ; ils n'y doivent
rien prononcer, que ce qu'ils ont appris de
lui, & leurs arrêts doivent être fes propres
oracles. S'ils s'éloignent de cette regle pour
fuivre leurs paffions, alors ce font véritablement eux qui jugent, & qui, par conféquent, feront jugés : car il eft abfolument
défendu aux hommes, en qualité d'hommes,
de juger les autres. Voir ou connoître une
chofe, ce n'eft pas juger, puifque les jugements, ainfi que la fainte écriture s'en explique, préfuppofent toujours quelque forte
de raifon, grande ou petite, véritable ou
apparente, que l'on doit examiner prudemment : c'eft pourquoi elle dit que ceux
qui n'ont pas la foi font déja jugés, parce
qu'il n'y a nulle raifon de douter de la dam-
nation. Ce n'eft donc pas mal fait, direz-
vous, de douter de fon prochain ; non abfolument, puifqu'il n'eft pas défendu de
douter, mais de juger : il n'eft pourtant

N v

pas permis ni de douter ni de foupçon-
ner., finon précifément autant que les raifons que nous en avons nous y obligent ;
autrement les doutes & les foupçons feroient téméraires. Si quelque œil malin eût
vu Jacob, quand il baifa Rachel auprès du
puits en la faluant honnêtement felon l'u-
fage établi, ou qu'il eût vu Rebecca recevoir des bracelets & des pendants d'oreilles
de la main d'Eliézer, homme inconnu en
ce pays-là, il eût fans doute mal jugé de
ces deux jeunes perfonnes, qui étoient des
exemples de chafteté, mais fans raifon ni
fondement : car lorfqu'une action eft indifférente d'elle-même, c'eft un foupçon téméraire d'en tirer une mauvaife conféquence,
à moins que plufieurs circonftances ne forment enfemble une raifon bien convaincante.

Enfin ceux qui font attentifs à régler leur
confcience , ne font guere fujets à juger
témérairement : & bien-loin de perdre leurs
réflexions à démêler les actions & les intentions de leur prochain, dont la conduite
paroît obfcure & embarraffée, ils fe rap-
pellent à eux, & mettent toute leur application à réformer & perfectionner leur vie;
femblables aux abeilles qui dans les temps
obfcurs & nébuleux, fe retirent en leurs ru-
ches pour s'y occuper de leurs petits travaux ordinaires. Il n'y a qu'une ame inutile
qui s'amufe à examiner la vie des autres :

excepté cependant ceux qui y font obligés, foit dans une famille, foit dans un
état ; d'autant que l'infpection & la vigilance font une bonne partie de leurs devoirs.
Qu'ils s'en acquittent donc avec un vrai
amour : & après cela, qu'ils ménagent leurs
réflexions pour eux-mêmes.

CHAPITRE XXIX.

De la médifance.

L'INQUIÉTUDE, le mépris du prochain & l'orgueil, font inféparables
du jugement téméraire : & il produit encore beaucoup d'autres effets pernicieux,
entre lefquels la médifance qui eft la pefte
des converfations, tient le premier rang. O
que n'ai-je un des charbons du faint autel, pour purifier les levres des hommes
de toute leur iniquité, comme le féraphin
purifia celles du prophète Ifaïe, pour le
rendre digne de bien parler de Dieu ! certainement fi on avoit banni du monde la médifance, on y auroit exterminé une grande
partie des péchés.

Outre le péché que l'on commet en ôtant
injuftement au prochain fon honneur, l'on
eft obligé de lui en faire une réparation entiere & proportionnée à la nature, à la qua-

N vj

lité & aux circonstances de la médisance: car nul ne peut entrer dans le ciel avec le bien d'autrui, & l'honneur est le plus grand & le plus cher de tous les biens extérieurs. Nous avons trois vies différentes; la spirituelle, dont la grace de Dieu est l'origine; la corporelle, dont notre ame est le principe; & la civile, dont la bonne réputation est le fondement: le péché nous fait perdre la premiere, la mort nous ravit la seconde, & la médisance nous ôte la troisieme. La médisance est une espece de meurtre, & le médisant se rend coupable par un seul coup de langue d'un triple homicide spirituel; le premier & le second à l'égard de son ame, & de celle de la personne à qui il parle; & le troisieme à l'égard de la personne dont il détruit la réputation. C'est delà que saint Bernard dit que celui qui fait la médisance, & celui qui l'écoute, ont le diable sur eux, l'un sur sa langue, & l'autre dans son oreille: & David parlant des médisans, dit qu'*ils ont affilé leur langue comme le serpent*; c'est-à-dire, que comme la langue du serpent à deux pointes, selon la remarque d'Aristote; celle du médisant répand son venin d'un seul coup dans le cœur de celui dont il parle. Je vous conjure donc de ne médire jamais, Philothée, ni directement, ni indirectement: gardez-vous bien d'imposer de faux crimes au pro-

chain, ni de découvrir ceux qui font fecrets, ni d'augmenter ceux qui font connus,
ni de mal interpréter les bonnes œuvres, ni
de nier le bien que vous favez être en quelqu'un, ni de le diffimuler malicieufement,
ni de le diminuer par vos paroles ; car vous
offenferiez beaucoup Dieu en toutes ces
manieres ; fur-tout par celles qui portent
quelque menfonge, qui en toutes ces occafions comprend deux péchés, l'un de mentir, & l'autre de nuire au prochain.

Ceux qui préparent la médifance par des
manieres de préliminaires honorables, font
les plus malicieux & les plus dangereux. Je
protefte, dit-on, que j'aime Monfieur un
tel, & qu'au refte c'eft un galant homme ;
il le faut pourtant avouer ; il eut tort de
faire une telle perfidie ; c'eft une fort ver-
tueufe fille, mais enfin elle fut furprife. Ne
voyez-vous pas le mauvais artifice ? celui
qui veut tirer à l'arc, attire tant qu'il peut
la fleche à foi, mais ce n'eft que pour la
décocher avec plus de force : il femble auffi
que ces médifants retirent du difcours une
médifance qu'ils ont commencé d'avancer ;
mais ce n'eft que pour en darder le trait
avec plus de malice, & pour le faire pénétrer plus avant dans les cœurs.

Après tout, la médifance qui eft affaifon-
née d'une fine raillerie, eft la plus cruelle
de toutes ; & l'on en peut comparer la ma-

lignité avec celle de la ciguë, qui de foi n'étant qu'un poifon lent, & contre lequel on a beaucoup de préfervatifs, devient irrémédiable, fi elle eft mêlée avec le vin. Car c'eft ainfi qu'une médifance qui ne feroit qu'entrer par une oreille & fortir par l'autre, fait une violente impreffion fur l'efprit, quand on fait lui donner un tour fubtil & plaifant. C'eft ce que David veut nous faire entendre par ces paroles. *Ils ont le venin d'afpic fur les levres.* En effet, la piquûre de l'afpic eft prefque imperceptible, & elle excite feulement une démangeaifon agréable qui dilate le cœur & les entrailles, & y fait gliffer le venin fi intimement que l'on ne peut plus y remédier.

Ne dites pas un tel eft un ivrogne ou un voleur, pour l'avoir vu une fois s'enivrer ou faire un larcin; ce feroit une impofture, puifqu'un feul acte ne peut donner le nom à aucune chofe. Le foleil s'arrêta une fois en faveur de la victoire de Jofué; une autre fois, il s'obfcurcit en faveur de la victoire du Sauveur mourant fur la croix; nul ne dira pour cela qu'il foit immobile ou obfcur. Noé s'enivra une fois & Loth une fois auffi, ils ne furent pourtant pas des ivrognes, ni l'un ni l'autre non plus que faint Pierre ne fut pas un blafphémateur, un fanguinaire, pour avoir une fois bleffé un homme, & blafphémé dans une occafion. Le nom

de vicieux ou de vertueux, suppose une habitude contractée par beaucoup d'actes d'un
vice ou d'une vertu. Quoiqu'un homme ait
été vicieux depuis long-temps, l'on court
risque de mentir quand on le nomme vicieux : c'est ce qui arriva à Simon le lépreux, qui appelloit Magdeleine une pécheresse ; car alors elle étoit une très-sainte
pénitente ; & notre Seigneur la prit en sa
protection contre ses reproches. Ce pharisien, ce fou, qui regardoit le publicain
comme un très-grand pécheur, se trompoit
encore grossiérement, puisque le publicain
avoit été justifié à l'heure même. Hélas! puisque la bonté de Dieu est si grande, qu'un
seul moment suffit pour obtenir & pour recevoir sa grace, quelle assurance pouvons-
nous avoir qu'un homme qui étoit hier un
pécheur, le soit encore aujourd'hui ? Le
jour précédent ne doit pas juger le jour présent ; il n'y a que le dernier jour présent, il
n'y a que le dernier jour qui juge tous les
autres : nous ne pouvons donc jamais dire
qu'un homme soit méchant sans danger de
mentir ; & tout ce que nous pouvons dire,
s'il faut en parler, c'est qu'il fit une telle
action mauvaise, que sa vie fut méchante
en tel temps, actuellement il fait mal ; mais
on ne peut tirer nulle conséquence d'hier à
aujourd'hui, ni d'aujourd'hui au jour d'hier,
& moins encore du jour présent au lende-

main. Il faut accorder toute cette délicatesse de conscience, avec la prudence qui est nécessaire pour se garantir d'une autre extrémité, où se jettent ceux qui, pour éviter la médisance, donnent des louanges au vice. Si donc une personne est sujette à médire, ne dites pas, en l'excusant, qu'elle est libre, franche & sincere. Si une autre paroît manifestement vaine, n'allez pas dire qu'elle a le cœur noble & les manieres propres. N'appellez pas les privautés dangereuses, des simplicités & des naïvetés d'une ame innocente : ne donnez pas à la désobéissance le nom de zele, ni à l'arrogance celui de générosité, ni à la volupté celui d'amitié. Non, Philothée, il ne faut pas, en fuyant la médisance, favoriser les autres vices, ni les flatter, ni les entretenir ; mais l'on doit dire rondement & franchement qu'un vice est un vice, & blâmer ce qui est blâmable ; ce sera indubitablement glorifier Dieu, pourvu qu'on observe les conditions suivantes.

Premiérement, l'on ne doit blâmer les vices du prochain que par la raison de l'utilité, ou de celui qui en parle, ou de ceux à qui on parle. L'on raconte devant les jeunes personnes les familiarités indiscretes & dangereuses de tels & telles, la dissolution d'un tel ou d'une telle en paroles, ou en beaucoup de manieres contraires à la pudicité : Hé bien, si je ne blâme pas avec li-

berté cette conduite, & que je la veuille
excuſer, ces ames tendres qui écoutent cela, prendront occaſion de s'en permettre
autant. Il eſt donc de leur utilité que je
blâme ſur le champ ce que l'on en dit : à
moins que je ne remette ce bon office à un
temps plus convenable, & à une occaſion
où la réputation de ces perſonnes en ſouf-
faira moins.

Il faut en ſecond lieu que j'aie quelque
obligation de parler; comme ſi j'étois des
premiers de la compagnie, & que mon
ſilence dût paſſer pour une approbation :
que ſi je ſuis des moins conſidérables, je
ne dois pas entreprendre de rien cenſurer;
mais je dois avoir une grande juſteſſe en
mes paroles, pour ne dire que ce qu'il faut.
Par exemple, s'il s'agit de quelque familiarité entre deux jeunes perſonnes : ô Dieu,
Philothée ! je dois tenir la balance bien juſte,
& rien n'y mettre qui diminue ou exagere le
fait. Si donc il n'y a dans la choſe qu'une
foible apparence, ou qu'une ſimple imprudence, je ne dirai rien de plus; s'il n'y a
ni imprudence, ni apparence, & que l'on
n'y voie rien, ſinon quelque prétexte de
médiſance qu'un eſprit malicieux a pu en
tirer, ou je n'en dirai rien du tout, ou je
dirai cela même. La ſainte écriture compare ſouvent la langue à un raſoir, & avec
raiſon : car je dois être ſur mes gardes quand

je juge mon prochain, comme l'eſt un habile chirurgien, qui fait une inciſion entre
les nerfs & les tendons.

Enfin, quand on blâme le vice, il faut
épargner la perſonne le plus qu'on peut.
Il eſt vrai que l'on peut parler librement
des pécheurs reconnus publiquement pour
tels, & diffamés : mais ce doit être avec eſprit de charité & de compaſſion, & non
pas avec arrogance ou préſomption, ni par
aucune joie que l'on en ait : car ce dernier ſentiment n'eſt le propre que d'un cœur
bas & lâche. Entre tous ceux-là j'excepte
les ennemis déclarés de Dieu & de ſon
égliſe, puiſqu'il faut les décrier autant que
l'on peut comme les chefs des hérétiques
& des ſchiſmatiques, & de tous les partis :
c'eſt une charité que de crier au loup, quand
il eſt entre les brebis, quelque part qu'il ſoit.

Chacun ſe donne la liberté de cenſurer
les princes, & de médire des nations entieres, ſelon la diverſité des inclinations dont
on eſt prévenu : Philothée, ne faites pas
cette faute, parce qu'outre l'offenſe de
Dieu, elle vous pourroit ſuſciter mille ſortes de querelles. Quand vous entendez mal
parler du prochain, tâchez de rendre dou-
teux ce que l'on en dit, ſi vous pouvez le
faire juſtement, du moins excuſez ſon intention : ſi cela ne ſe peut encore, témoignez qu'il vous fait compaſſion. Ecartez le

difcours, penfant pour vous-même, & faifant penfer à la compagnie, que ceux qui ne tombent pas en faute, en font uniquement obligés à la grace de Dieu. Rappellez le médifant à lui-même par quelque douce maniere, & dites librement ce que vous connoiffez de bon dans la perfonne que l'on offenfe.

***

CHAPITRE XXX.

Quelques autres avis touchant le difcours.

QUE votre langage foit fincere, doux, naturel & fidele. Gardez-vous des duplicités, des artifices & de toutes fortes de diffimulations. Car quoiqu'il ne foit pas bon de dire toujours ce qui eft vrai, cependant il n'eft jamais permis de bleffer la vérité. Accoutumez-vous à ne jamais mentir, ni de propos délibéré, ni par excufe, ni autrement, vous fouvenant que Dieu eft le Dieu de vérité. Si donc quelque menfonge vous échappe par mégarde, & que vous puiffiez réparer votre faute fur le champ par quelque explication, ou d'une autre maniere, n'y manquez pas. Une excufe véritable a bien plus de grace & de force pour fe juftifier, qu'un menfonge étudié.

Quoique l'on puiffe quelquefois difcré-

tement & prudemment déguiser & couvrir
la vérité par quelque artifice de paroles :
l'on ne peut pourtant pratiquer cela, que
dans les choses importantes ; quand la gloire
& le service de Dieu le demandent manifestement : hors delà les artifices sont dangereux ; d'autant que, comme dit l'écriture
sacrée, le Saint-Esprit n'habite point en un
esprit dissimulé & double. Il n'y eut jamais
de finesse meilleure & plus souhaitable que
la simplicité : la prudence mondaine avec
tous ses artifices, est le caractere des enfants du siecle ; mais les enfants de Dieu
marchent sans détours, & ont le cœur sans
aucuns replis : *Qui marche simplement*,
dit le Sage, *marche avec confiance*. Le
mensonge, la duplicité, la dissimulation,
seront toujours les traits naturels d'un esprit
bas & foible.

Saint Augustin avoit dit au quatrieme livre de ses confessions, que son ame & celle
de son ami, n'étoient qu'une seule ame ;
que la vie lui étoit en horreur depuis la mort
de son ami, parce qu'il ne vouloit pas vivre d'une demi-vie, ni à moitié, & que pour
cela même il craignoit cependant de mourir, de peur que son ami ne mourût tout entier. Ces paroles lui semblerent après trop
affectées & artificieuses ; & il les blâma dans
le livre de ses rétractations, où il les appelle
une grande ineptie. Voyez-vous, Philothée,

la délicateſſe de cette ſainte & belle ame
ſur l'affection des paroles. Certainement c'eſt
un grand ornement de la vie chrétienne,
que la fidélité, la ſincérité & la naïveté du
langage. *Je l'ai dit & je le ferai,* proteſtoit le ſaint roi David; *j'obſerverai mes
voies, de peur que ma langue ne me rendè
coupable de quelque péché. Hé, Seigneur!
mettez une garde à ma bouche; & pour
que rien de blâmable n'en ſorte, attachez
la circonſpection à mes levres.*

C'eſt un avis du roi ſaint Louis, de ne
contredire perſonne, ſinon en cas de péché, ou de quelque dommage, afin d'éviter toutes les conteſtations; mais quand il
eſt néceſſaire de contredire les autres, &
d'oppoſer ſon opinion à la leur, ce doit
être avec tant de douceur & de ménage-
ment, que l'on ne paroiſſe pas vouloir faire
de violence à leur eſprit; auſſi-bien ne gagne-
t-on rien en prenant les choſes avec chaleur.

La regle de parler peu, ſi recommandée
par les anciens ſages, ne ſe prend pas en
ce ſens; que l'on diſe peu de paroles, mais
qu'on n'en diſe pas beaucoup d'inutiles. Car
en ce point-là, l'on n'a pas égard à la quantité, mais à la qualité: & il faut, ce me
ſemble, éviter deux extrémités. La premiere
eſt de prendre ces airs fiers & auſteres d'un
ſilence affecté, dans les converſations où
l'on ſe trouve, parce que ces manieres mar-

quent de la défiance ou du mépris : la seconde est de se laisser aller à un flux de paroles qui ne laisse à personne le temps & la commodité de parler, parce que c'est le caractere d'un esprit éventé & léger.

Saint Louis ne trouvoit pas bon qu'on parlât dans une compagnie en secret, & comme on disoit de son temps, en conseil, particuliérement à table, de peur de faire penser aux autres que l'on parlât mal d'eux : oui, disoit-il, si étant à table, en bonne compagnie, l'on a quelque chose de bon & de réjouissant à dire, on doit le faire tout haut ; & s'il s'agit d'une affaire sérieuse & importante, l'on n'en doit parler à personne.

CHAPITRE XXXI.

DES DIVERTISSEMENTS,

Et premiérement de ceux qui sont honnêtes & permis.

LA nécessité d'un divertissement honnête, pour donner quelque relâche à l'esprit, & pour soulager le corps, est universellement reconnue. Le bienheureux Cassien rapporte qu'un chasseur ayant trouvé saint Jean l'évangéliste qui se jouoit d'une perdrix qu'il tenoit sur son poing, lui de-

manda pourquoi un homme de fon caractere perdoit le temps à cet amufement : &
le Saint l'ayant interrogé pourquoi il ne tenoit pas toujours fon arc bandé, le chaffeur
lui répondit que s'il l'étoit toujours, il perdroit fa force. Sur cela le faint Apôtre lui
repliqua : ne vous étonnez donc pas que je
donne maintenant quelque relâche à mon
efprit, car ce n'eft que pour le rendre plus
capable de la contemplation. N'en doutons
pas, c'eft un vice que cette févérité d'un
efprit fauvage qui ne veut prendre pour foi
aucun divertiffement, ni en permettre aucun à perfonne.

Prendre l'air en fe promenant, fe réjouir
dans une douce & agréable converfation,
jouer du luth ou d'un autre inftrument,
chanter en mufique, aller à la chaffe, ce
font des divertiffements fi honnêtes, que pour
en bien ufer, il n'eft befoin que de la prudence commune, qui regle toutes chofes
felon l'ordre, felon le temps, le lieu, &
toutes les mefures néceffaires.

Les jeux où le gain eft comme le prix
ou la récompenfe des induftries & des habiletés du corps ou de l'efprit; comme les
jeux de la paume, du balon & du mail,
les courfes de bague, le jeu des échecs &
des tables, ce font des divertiffements de
foi-même bons & permis; & il faut feulement éviter l'excès du temps, & du prix

de ce que l'on y joue. Si l'on donne trop de temps au jeu, ce n'eſt plus un divertiſſement, mais une occupation; de ſorte que bien-loin de ſoulager l'eſprit & le corps, l'on en ſort avec un eſprit échauffé & fatigué, comme il arrive à ceux qui ont joué cinq ou ſix heures aux échecs; ou bien avec un grand épuiſement de forces & une grande laſſitude, comme il arrive à ceux qui ont joué trop long-temps à la paume. Si le prix du jeu, c'eſt-à-dire, ce que l'on joue eſt trop fort, les inclinations honnêtes des joueurs ſe déreglent & deviennent des paſſions : & d'ailleurs il eſt injuſte de propoſer un tel gain pour le prix de ces induſtries du jeu, qui ſont au fond de peu d'importance & bien inutiles.

Sur-tout, prenez garde, Philothée, que vous ne vous affectionniez à tout cela : car quelque honnête que ſoit un divertiſſement, c'eſt un vice que de s'y porter avec inclination. Je ne dis pas qu'il ne faille prendre plaiſir au jeu, quand l'on joue; car autrement l'on ne ſe divertiroit point; mais je dis qu'il ne faut pas y mettre ſon affection juſqu'à le deſirer, s'en empreſſer, & s'en faire un amuſement.

CHA-

CHAPITRE XXXII.

Des jeux qui sont défendus.

LES jeux de dés & de cartes, & autres semblables, où le gain dépend principalement du hasard, ne sont pas seulement des divertissements dangereux, comme les danses, mais ils sont absolument, & de leur nature, mauvais & blâmables : c'est pourquoi ils sont défendus par les loix civiles & ecclésiastiques. Mais quel grand mal y a-t-il, direz-vous ? Je vous réponds que le gain n'étant pas réglé dans ces jeux par la raison, mais par le sort qui tombe bien souvent à celui dont l'industrie ne mérite rien, ce déréglement est contraire à la raison. Mais, repliquez-vous, nous en sommes ainsi convenus : Je vous réponds aussi que cela est bon pour justifier que celui qui gagne ne fait point de tort aux autres. Cependant il ne s'ensuit pas que la convention ne soit déraisonnable & le jeu aussi, parce que le gain, qui doit être le prix de l'industrie, devient le prix du sort, lequel ne dépendant nullement de nous, ne mérite rien.

De plus, le jeu n'est fait que pour nous divertir : & néanmoins ces jeux de hasard

O

ne font point de véritables divertissements, mais des occupations violentes. Car n'est-ce pas une violente occupation que d'y avoir toujours l'esprit bandé avec une contention forcée, & agité par des inquiétudes & des vivacités continuelles ? Y a-t-il aucune application d'esprit plus mélancolique, plus sombre & plus chagrine que celle des joueurs, qui se dépitent & s'emportent si l'on dit un mot, si l'on rit tant soit peu, si l'on touffe seulement ?

Enfin, ces jeux ne portent point de joie, si l'on ne gagne ; & cette joie n'est-elle pas injuste, puisqu'elle suppose la perte & le déplaisir du prochain : en vérité un tel plaisir est indigne d'un honnête homme, & voilà les trois raisons pour lesquelles l'on a défendu ces mauvais jeux. Saint Louis étant sur mer, & sachant que le comte d'Anjou, son frere, jouoit avec messire Gautier de Nemours, il se leva tout malade qu'il étoit, s'en alla avec bien de la peine dans leur chambre, prit les tables, les dés, & une partie de l'argent, & jetta tout dans la mer, en leur témoignant fortement son indignation. La jeune Sara parlant à Dieu de son innocence, dans la belle priere qu'elle lui fit, lui repréfenta qu'elle n'avoit jamais eu de société avec les joueurs & les joueufes.

CHAPITRE XXXIII.

DES BALS,

Et autres divertissements permis, mais dangereux.

LES danses & les bals font des chofes indifférentes de leur nature ; mais leur ufage, tel qu'il eft maintenant établi, eft fi déterminé au mal par toutes fes circonftances, qu'il porte de grands dangers pour l'ame. On les fait durant la nuit & dans les ténèbres, qui ne peuvent être fuffifamment éclairées par les illuminations ; & il eft aifé, à la faveur de l'obfcurité, de faire glisser beaucoup de chofes dangereufes dans un divertiffement qui eft fufceptible du mal. L'on y fait de grandes veillées qui font perdre le matin du jour fuivant, & par conféquent tout le fervice de Dieu : en un mot, c'eft toujours une folie que de faire la nuit du jour, & le jour de la nuit, & de laiffer les œuvres de piété pour de folâtres plaifirs. L'on porte au bal de la vanité à l'envi, & par émulation les uns des autres : & la vanité eft une fi grande difpofition à toutes les mauvaifes affections, & aux amours dangereux & blâmables, que c'eft la fuite ordinaire de ces affemblées.

Je vous parle donc des bals, Philothée, comme les médecins parlent des champignons : les meilleurs, difent-ils, ne valent rien ; & je vous dis que les meilleurs bals ne fon guere bons. S'il faut manger des champignons, prenez garde qu'ils foient bien apprêtés, & mangez-en fort peu de temps; car pour bien apprêtés qu'il foient, leur malignité devient un vrai poifon dans la quantité : fi par quelque occafion dont vous ne puiffiez abfolument vous dégager, il faut aller au bal, prenez garde que la danfe y foit bien réglée en toutes fes circonftances, pour la bonne intention, pour la modeftie, pour la dignité & la bienféance, & danfez le moins que vous pourrez, de peur que votre cœur ne s'y affectionne.

Les champignons étant fpongieux & poreux attirent aifément, felon la remarque de Pline, toute l'infection qui eft autour d'eux, & le venin des ferpents qui peuvent s'y trouver. De même toutes affemblées ténébreufes attirent ordinairement les vices & les péchés qui regnent en cette vie, les jaloufies, les bouffonneries, les querelles, les folles amours. Et parce que leur appareil, leur tumulte & la liberté qui y dominent, échauffent l'imagination, agitent les fens, & ouvrent le cœur au plaifir : fi le ferpent vient fouffler aux oreilles une parole fenfuelle ou quelque cajolerie; fi l'on eft furpris du regard de quelque bafilic, les cœurs font tout difpofés à en recevoir le venin.

O Philothée, ces ridicules divertiffemens font ordinairement dangereux. Ils diffipent l'efprit de dévotion ; ils affoibliffent les forces de la volonté ; ils refroidiffent la fainte charité, & ils réveillent en l'ame mille fortes de mauvaifes difpofitions : c'eft pourquoi l'on ne doit jamais fe les permettre, dans la néceffité même, qu'avec de grandes précautions.

Mais l'on dit fur-tout qu'après avoir mangé des champignons, il faut boire du vin le plus exquis : & je vous dis qu'après ces affemblées, il faut avoir recours à quelques confidérations faintes & fort vives, qui préviennent les dangereufes impreffions que le vain plaifir pourroit faire fur l'efprit ; & voici celles que je vous confeille.

1. En même-temps que vous étiez au bal, plufieurs ames brûloient dans l'enfer pour des péchés commis à la danfe, ou par une mauvaife fuite de la danfe.

2. Plufieurs religieufes & perfonnes de piété, étoient à la même heure devant Dieu, chantoient fes louanges & contemploient fa divine bonté : que leur temps a été bien plus heureufement employé que le vôtre !

3. Tandis que vous danfiez, plufieurs perfonnes font mortes dans une grande an-

goiffe; mille milliers d'hommes & de femmes ont fouffert les douleurs des maladies les plus violentes en leurs maifons & dans les hôpitaux : hélas! ils n'ont eu nul repos, & vous n'avez eu nulle compaffion d'eux. Ne penfez vous point qu'un jour vous gémirez comme eux, tandis que les autres danferont?

4. Notre Seigneur, la fainte Vierge, les Anges & les Saints, vous voyoient au bal : ah! que vous leur avez déplu en cet état, avec un cœur occupé d'un amufement fi badin & fi ridicule.

5. Hélas! tandis que vous étiez là, le temps s'eft paffé, la mort s'eft approchée; confidérez qu'elle vous appelle à ce paffage affreux du temps à l'éternité, & l'éternité des biens ou des peines.

Voilà les confidérations que je vous fuggere; mais Dieu vous en fera naître d'autres plus fortes, fi vous avez fa crainte.

CHAPITRE XXXIV.

Quand on peut jouer ou danfer.

Pour jouer & danfer licitement, ce doit être par récréation, & non point par inclination ; pour peu de temps, & non pas jufqu'à fe fatiguer ; rarement, &

non point par maniere d'occupation. Mais
en quelle occasion peut-on jouer ou danser?
Les justes occasions de la danse ou d'un jeu
indifférent sont plus fréquentes : celles des
jeux défendus, & qui sont bien plus blâmables & plus dangereuses, sont plus rares.
En un mot, dansez & jouez, en observant
les conditions que je vous ai marquées, lorsque la prudence & la discrétion vous con-
seilleront cette honnête complaisance pour
la compagnie où vous vous trouverez : car
la complaisance qui est comme un exercice
de la charité, rend bonnes les choses qui
sont indifférentes, & permet celles qui sont
dangereuses : elle rectifie même celles qui
sont mauvaises, par rapport à quelque regle : & c'est pourquoi les jeux de hasard,
qui sans cela seroient blâmables, ne le sont
pas, si une juste complaisance pour le prochain nous y engage quelquefois. J'ai été
consolé d'avoir lu en la vie de saint Charles
Borromée qu'il usoit de cette condescendance avec les Suisses, en de certaines choses, dans lesquelles il étoit d'ailleurs fort
severe ; & d'avoir appris que le bienheureux Ignace de Loyola ayant été invité à
jouer, accepta l'invitation. Sainte Elisabeth
de Hongrie jouoit & se trouvoit aux assemblées de divertissement, sans y perdre de sa
dévotion : les rochers qui sont autour du
lac de Riéti, croissent à proportion qu'ils

font battus de vagues; ainfi la piété étoit fi
enracinée dans l'ame de cette Sainte, qu'elle
prenoit de nouveaux accroiffements au milieu des pompes & des vanités auxquelles
fon état l'expofoit. Les grands feux s'enflamment au vent; mais les petits s'y éteig-
gnent, fi on les couvre bien.

CHAPITRE XXXV.

*De la fidélité que l'on doit à Dieu dans
les petites chofes auffi-bien que dans les
plus grandes.*

L'ÉPOUX facré dit dans le cantique des
cantiques, que fon époufe lui a ravi
le cœur par un de fes yeux, & par un de
fes cheveux. Comment doit-on entendre
cela? Il eft certain que l'œil eft la partie
du corps la plus admirable, foit pour fa
conformation, foit pour fon activité; mais
qu'y a-t-il de plus vil & de plus méprifable qu'un cheveu? Philothée, Dieu a voulu
nous apprendre que nos plus petites actions
& les plus baffes ne lui font pas moins
agréables que les plus éclatantes; & pour
lui plaire, il faut également le fervir dans
les unes & dans les autres, puifque nous y
pouvons également mériter fon amour.

Je le veux bien, Philothée, préparez-vous

à souffrir de grandes croix pour notre Seigneur ; portez votre amour jusqu'au martyre : offrez-lui tout ce qui vous est le plus cher, s'il veut le prendre, pere & mere, frere ou sœur, mari ou femme, enfants ou amis, vos yeux mêmes & votre vie : vous le devez, car il faut être dans cette difpofition d'efprit & de cœur. Mais tandis que la divine Providence ne vous met pas à des épreuves fi fortes & fi fenfibles, tandis qu'elle ne demande pas vos yeux, donnez-lui pour le moins vos cheveux. Je veux dire qu'il faut fupporter avec douceur ces petites incommodités, ces pertes légeres, & ces menus chagrins que chaque jour vous fait naître : d'autant que ces petits occafions étant bien ménagées avec un vrai amour de Dieu, vous gagnerent entiérement fon cœur. Oui, ces petites charités que vous faites tous les jours, ce mal de tête ou de dents, cette fluxion, cette mauvaife humeur d'un mari ou d'une femme, cette petite marque de mépris, cette perte de quelque petit meuble, cette petite incommodité de fe coucher de bonne heure & de fe lever matin, pour prier ou pour communier, cette petite honte que l'on a de faire quelque action de piété en public ; en un mot, toutes ces petites actions ou fouffrances étant animées de l'amour de Dieu, plaifent beaucoup à fa divine bonté, qui nous a promis

O v

le royaume des cieux pour un feul verre d'eau, c'eſt-à-dire, infiniment plus que toute la mer n'eſt à l'égard d'une goutte d'eau : & parce que ces occaſions reviennent à tout moment, voyez quels fonds de richeſſes ſpirituelles nous pouvons amaſſer, ſi nous ſavons bien en profiter.

Quand j'ai vu dans la vie de ſainte Catherine de Sienne tant de raviſſements & d'élévations d'eſprit en Dieu, tant de paroles d'une ſublime ſageſſe, & même des prédications entieres, je n'ai point douté qu'avec cet œil de contemplation elle n'eût ravi le cœur de ſon céleſte époux ; mais j'ai été également conſolé quand je l'ai vue appliquée, par le commandement de ſon pere, à tous les plus bas offices de la maiſon & de la cuiſine avec un courage plein d'amour pour Dieu : & je n'eſtime pas moins la méditation toute ſimple qu'elle faiſoit parmi ces occupations viles & abjectes, que les extaſes & les raviſſements qui lui furent ſi ordinaires, & qui ne furent peut-être que la récompenſe de ſon humilité & de ſon abjection. Le fond de ſa méditation étoit de penſer qu'en apprêtant à manger pour ſon pere, elle travailloit pour notre Seigneur, comme ſainte Marthe ; que ſa mere tenoit la place de Notre-Dame, & ſes freres celle des apôtres : de ſorte qu'elle excitoit vivement ſa ferveur à ſervir ainſi en eſprit toute

la cour célefte, & que la conviction de faire
en tout cela la volonté de Dieu, pénétroit
fon ame d'une merveilleufe fuavité. Je vous
ai apporté cet exemple, Philothée, pour
vous faire comprendre l'importance qu'il y
a de faire nos actions, quelque petites &
baffes qu'elles puiffent être, en vue du fervice de Dieu.

Pour cela je vous confeille, autant que
je puis, d'imiter la femme forte, que Salomon a tant louée de ce que, toute occupée
qu'elle étoit fouvent de plufieurs actions
grandes & éclatantes, elle ne laiffoit pas de
filer fa quenouille. Faites de même, appli-
quez-vous beaucoup à la priere & à la méditation, à l'ufage des facrements, à inftruire
& à confoler les autres, à infpirer l'amour
de Dieu au prochain, à faire tout ce que
votre vocation renferme d'œuvres les plus
importantes & les plus excellentes. Mais
n'oubliez pas le fufeau & la quenouille,
c'eft-à-dire, pratiquez ces petites & humbles vertus qui naiffent comme des fleurs au
pied de la croix; le fervice des pauvres,
les vifites des malades, les petits foins d'une
famille, & les bonnes œuvres qui y font
attachées, l'utile diligence à vous défendre
de l'oifiveté dans votre maifon; & mêlez
parmi tout cela quelque confidération femblable à celles de fainte Catherine de Sienne.

Les grandes occafions de fervir Dieu fe

préfentent rarement, mais les petites font ordinaires. *Or qui fera fidele en peu de chofes*, **aura l'avantage**, dit le Sauveur, *que je me fervirai de lui en beaucoup d'autres très-importantes*. Faites tout au nom de Dieu, & tout fera bien fait. Soit que vous mangiez, foit que vous buviez, foit que vous dormiez, foit que vous vous divertiffiez, foit que vous vous occupiez de quelque exercice abject, vous profiterez beaucoup devant Dieu, fi ménageant bien vos intentions, vous faites tout, parce que Dieu veut que vous le faffiez.

CHAPITRE XXXVI.

Qu'il faut avoir l'efprit jufte & raifonnable.

Nous ne fommes hommes que par la raifon; & il eft pourtant rare de trouver des hommes véritablement raifonnables. Car l'amour-propre déregle ordinairement notre raifon, & nous conduit infenfiblement à mille fortes d'injuftices, qui, pour petites qu'elles foient, ne laiffent pas d'être fort dangereufes. Elles font femblables à ces petits renardeaux dont il eft parlé dans les cantiques. On ne s'en défie pas, parce qu'ils font petits, & ils ne laiffent pas de faire un grand dégât dans les vignes, à caufe de leur multitude. Penfez-y, & jugez fi les articles que je m'en vais vous marquer ne font pas de véritables injuftices.

Nous accufons notre prochain pour de petites fautes, & nous nous excufons de nos fautes les plus groffieres. Nous voulons vendre fort cher & acheter à bon marché. Nous voulons qu'on faffe juftice des autres, & que l'on nous faffe grace. Nous voulons que l'on prenne en bonne part nos paroles, & nous fommes délicats jufqu'à l'excès fur tout ce que l'on nous dit. Nous voudrions que notre voifin nous vendît fon bien ; & n'eft-il pas plus jufte qu'il le garde, s'il le veut ainfi ? Nous lui favons mauvais gré de ce qu'il ne veut pas nous accommoder ; & n'a-t-il pas plus de raifon d'être fâché de ce que nous voulons l'incommoder ?

Si nous affectionnons un exercice, nous méprifons tout le refte, & nous contrôlons ce qui n'eft pas de notre goût. Si quelqu'un de nos inférieurs n'a pas bon air, ou que nous l'ayions une fois entrepris, nous prenons mal tout ce qu'il fait, & nous le chagrinons particuliérement. Si, au contraire, l'extérieur d'un autre nous plaît, il ne fait rien de mal que nous n'excufions. Il y a des enfants fages & vertueux, que leurs peres & leurs meres ne peuvent prefque voir à caufe de quelque défaut naturel : & il y

en a de vicieux qu'un certain air de bonne
grace leur rend aimables. Par-tout nous
préférons les riches aux pauvres, quoiqu'ils
ne foient pas de meilleure condition, ni fi
vertueux : & nous préférons même ceux
qui fe diftinguent par la vaine apparence de
leurs habits. Nous exigeons nos droits avec
une dure exactitude : & nous voulons que
les autres ne le faffent qu'avec de grands mé-
nagements. Nous tenons notre rang avec
une régularité importune : & nous voulons
que les autres foient humbles & condefcen-
dants. Nous nous plaignons aifément de tout
le monde : & nous ne voulons pas qu'aucun
fe plaigne de nous. Nous eftimons toujours
beaucoup ce que nous faifons pour le prochain : & nous comptons pour rien tout ce
qu'il fait en notre confidération. En un
mot, nous avons deux cœurs, comme les
perdrix de Paphlagonie ; car nous avons un
cœur doux, charitable & complaifant pour
tout ce qui nous regarde, & un cœur dur,
févere & rigoureux pour le prochain. Nous
avons deux poids ; l'un pour pefer nos commodités à notre profit, & l'autre pour pefer celles de notre prochain à perte pour
lui. Or, comme dit l'écriture : *Ceux qui*
ont les levres trompeufes, parlent felon un
cœur & felon un cœur ; c'eft-à-dire, qu'ils
ont deux cœurs. *Et avoir deux poids, l'un*
fort pour recevoir, & l'autre foible pour

livrer ce que l'on doit, c'est, dit-elle encore, *une chose admirable devant Dieu.*

Philothée, foyez équitable & jufte en toute votre conduite. Mettez-vous toujours en la place du prochain, & le mettez en la vôtre, & vous jugerez équitablement. Prenez la place du vendeur en achetant, & de l'acheteur en vendant, & votre commerce fera de bonne foi.

Toutes ces injuftices que je vous ai marquées en particulier font petites, & ne nous obligent pas à reftitution, parce qu'on fuppofe que nous nous y tenons feulement dans les termes de la rigueur, en ce qui nous eft favorable; mais nous ne laiffons pas d'être obligés à nous en corriger, parce que ce font de grands défauts de raifon & de charité, & des manieres de tricheries contre l'équité naturelle. D'ailleurs on ne perd jamais rien à vivre généreufement, noblement, civilement & avec un cœur équitable, raifonnable, &, comme l'on dit, loyal. Souvenez-vous donc, Philothée, de fonder fouvent votre cœur, afin de connoître s'il eft tel pour le prochain que vous voudriez que le fien fût pour vous. Voilà le point de la vraie & droite raifon. Les confidents de Trajan lui ayant dit qu'il n'étoit pas de la majefté impériale de fe laiffer fi facilement aborder, il leur répondit : Quoi donc, ne dois-je pas être pour mes fujets un empereur tel que je fouhaiterois en trouver un, ſi j'étois un homme particulier?

CHAPITRE XXXVII.

Des deſirs.

CHACUN ſait qu'il ne faut deſirer rien de vicieux ; car le deſir du mal fait un méchant cœur. Mais je vous dis plus, Philothée, qu'il ne faut rien deſirer qui ſoit dangereux à l'ame, comme ſont les bals, les jeux & les autres divertiſſements, les honneurs & les charges, les viſions & les extaſes, d'autant que tout cela porte bien de la vanité, & eſt ſujet à beaucoup de dangers & d'illuſions. Ne deſirez pas non plus les choſes fort éloignées pour le temps, comme font pluſieurs qui diſſipent & fatiguent leur cœur inutilement, & le tiennent toujours expoſé à de grandes inquiétudes. Si un jeune homme deſire ardemment d'être pourvu d'une charge avant que le temps en ſoit venu, de quoi, je vous prie, lui ſert ce deſir? Si une femme mariée deſire d'être religieuſe, à quel propos? Si je deſire d'acheter le bien de mon prochain, avant qu'il ſoit prêt de le vendre, n'eſt-ce pas perdre le temps? Si, étant malade, je deſire de prêcher, ou de dire la ſainte meſſe, ou

de vifiter les malades & de faire les exercices de ceux qui font en fanté, ces defirs
ne font-ils pas vains, puifque rien de tout
cela n'eft en mon pouvoir? Cependant ces
defirs inutiles occupent la place des autres
que je dois avoir, & dont Dieu demande
l'effet, comme d'être bien patient, bien
mortifié, obéiffant & doux en mes fouffrances. Mais ordinairement nos defirs reffemblent à ceux des femmes enceintes qui veulent des cerifes fraîches en automne, & des
raifins frais au printemps.

Je n'approuve nullement qu'une perfonne
s'amufe à defirer un autre genre de vie que
celui qui convient à fes devoirs, ni des
exercices incompatibles avec fon état. Car
ces defirs inutiles diffipent le cœur, ne lui
laiffent plus de force pour les exercices néceffaires. Si je defirois la folitude des Chartreux, je perdrois mon temps, & ce defir
tient la place de celui que je dois avoir de
me bien appliquer à mes obligations actuel-
les. Je ne voudrois pas même que l'on defirât d'avoir un meilleur efprit, ni un meilleur jugement, parce que ces defirs font
frivoles, & tiennent la place de celui que
chacun doit avoir pour cultiver le fien tel
qu'il eft; ni enfin que l'on defirât les autres
moyens de fervir Dieu que l'on n'a pas, au-
lieu d'employer fidélement ceux que l'on
a entre les mains. Or tout cela s'entend des

defirs qui amufent le cœur; car les fouhaits fimples & paffagers ne peuvent nuire beaucoup, pourvu qu'ils ne foient pas fréquents.

A l'égard des croix, ne les defirez qu'à proportion que vous faurez bien porter celles que vous avez. C'eft un abus de defirer le martyre, & de n'avoir pas le courage de fupporter une petite injure. L'ennemi nous fait prendre le change, en nous donnant de grands defirs pour des chofes éloignées, & qui, pour petites qu'elles foient, nous feroient un grand fonds de vertus & de mérites. Nous combattons les monftres d'Afrique en imagination, & nous nous laiffons tuer par les petits ferpents, qui font en notre chemin, pour n'y pas faire l'attention néceffaire.

Ne defirez pas non plus les tentations, ce feroit une témérité : mais préparez votre cœur à les bien foutenir quand elles fe préfenteront.

La variété des viandes & la quantité tout enfemble chargent toujours l'eftomac & le ruinent même, s'il eft foible ; de même la multitude des defirs pour les chofes fpirituelles embarraffe toujours le cœur, & elle le corrompt entiérement, s'ils regardent le monde. Quand notre ame a été bien purifiée de fes mauvaifes inclinations, elle fent une grande avidité des chofes fpirituelles, & elle defire mille fortes d'exercice de piété, de mortification, de pénitence, d'humilité, de charité & d'oraifon : c'eft un bon figne, Philothée, que cette faim fpirituelle. Mais dans la convalefcence d'une maladie, il faut examiner fi l'on peut digérer tout ce que l'appétit demande. Réglez donc le difcernement & le choix de vos defirs, par l'avis de votre Pere fpirituel, & faites bien valoir ceux qu'il approuvera, & après cela Dieu vous en fera naître d'autres, quand il fera néceffaire pour votre avancement. Je ne dis pas qu'il faille perdre aucune forte de bons defirs; mais je dis qu'il faut y mettre de l'ordre, & laiffer mûrir dans le cœur ceux qui ne font pas encore de faifon, en s'appliquant à mettre en pratique ceux qui font en maturité. Or cela fe doit entendre même des defirs qui regardent le monde : car l'on ne peut autrement fe délivrer de l'empreffement & de l'inquiétude.

CHAPITRE XXXVIII.

Avertiffement pour les perfonnes mariées.

LE mariage eft un grand facrement, je dis en Jefus-Chrift & en fon églife; il eft honorable pour tous, en tous, en tout; c'eft-à-dire, en toutes chofes : pour tous, car les vierges mêmes le doivent honorer avec humilité : en tous, car il est également saint entre les pauvres & entre les riches : en tout, car tout y est saint, son origine, sa forme, sa matiere, sa fin & ses utilités ; c'est l'état par lequel le Seigneur peuple la terre de fideles adorateurs, pour en remplir le nombre de ses élus dans le ciel : si bien que la conservation de son honnêteté & de sa sainteté est absolument nécessaire pour le bien de chaque état, qui en tire toute sa prospérité.

Plût à Dieu que son Fils bien-aimé fût appellé à toutes les noces, comme il le fut à celles de Cana. Le vin spirituel des consolations & des bénédictions spirituelles n'y manqueroit jamais ; au-lieu qu'il y manque ordinairement, parce que l'on fait présider à ces alliances Mammon, le Dieu des richesses, avec Adonis & Vénus. Qui veut rendre un mariage heureux, doit y entrer par la sainteté du sacrement. Mais tout au contraire, la vanité, la folle joie du monde, l'intempérance & la licence des paroles en font l'ouverture ; faut-il donc s'étonner qu'il soit encore si déréglé dans les suites ?

Sur toutes choses, j'exhorte les personnes mariées à l'amour mutuel que le Saint-Esprit leur recommande tant dans l'écriture. Ce n'est rien de leur dire, aimez-vous l'un l'autre d'un amour naturel, car cet amour se trouve ailleurs que dans la société humaine; ni de leur dire encore, aimez-vous d'un amour humain & raifonnable, car les païens l'ont eu; mais je leur dis, après le grand Apôtre : *Maris, aimez vos femmes, comme Jefus-Chrift aime fon Eglife; & vous, femmes, aimez vos maris comme l'Eglife aime fon Sauveur.* Ce fut Dieu qui préfenta Eve à Adam, & qui la lui donna pour femme : c'eft auffi la main de Dieu qui a préparé les facrés liens de votre mariage, & qui vous a donné les uns aux autres : pourquoi donc ne vous chérirez-vous pas d'un amour tout faint & furnaturel ?

Le premier effet de cet amour eft l'union indiffoluble des cœurs après qu'elle a été fanctifiée par l'application des mérites du fang de Jefus-Chrift dans le facrement. C'eft pourquoi elle eft fi forte, que l'ame du mari ou de la femme fe doit plutôt féparer de fon corps, que le mari & la femme fe féparent l'un de l'autre : & cette union eft moins celle des corps que des cœurs.

Le fecond effet de cet amour eft la fidélité inviolable, que l'on fe doit réciproquement. Les cachets étoient anciennement gravés fur les anneaux que l'on portoit au doigt; la fainte écriture même nous marque cet ufage : voici donc le myftere d'une des cérémonies du mariage : l'églife bénit par la main du prêtre un anneau qu'il donne premiérement à l'homme, comme le fceau du

ſacrement, qui ferme ſon cœur à tout autre amour qu'à celui de ſon épouſe, tandis
qu'elle vivra : après cela, l'homme remet
cet anneau en la main de ſon épouſe, pour
lui apprendre auſſi, que tandis qu'il vivra,
elle doit tenir ſon cœur fermé à tout amour
étranger.

Le troiſieme fruit du mariage eſt la génération légitime des enfants, & leur bonne
éducation; & c'eſt le grand honneur de cet
état, que Dieu s'en ſerve pour multiplier
les ames, en qui il prétend ſe glorifier éternellement.

Hommes, conſervez donc un amour tendre, ſincere & conſtant pour vos femmes :
car c'eſt pour cela que la premiere de toutes fut tirée du côté le plus proche du cœur
d'Adam. Bien-loin donc que les foibleſſes
& les infirmités, ſoit du corps, ſoit de l'eſprit, vous en doivent donner du mépris,
cela même vous oblige à en avoir une compaſſion tendre & amoureuſe; puiſque Dieu
les a créées telles qu'elles ſont, afin que la
néceſſité dépende de votre protection, les
tienne dans un plus grand reſpect, & que
vous en ſoyez les chefs & les ſupérieurs,
quoiqu'il en ait fait vos compagnes. Et
vous, femmes, aimez vos maris d'un amour
auſſi reſpectueux que tendre & ſincere; car
le Seigneur leur a donné ce caractere de
force prédominante, pour obliger la femme

à vivre dans la dépendance de l'homme, comme étant un os de fes os, & une chair de fa chair. La premiere de votre fexe fut tirée de deffous les bras de l'homme, afin que toutes fuffent qu'elles doivent fe tenir fous la main & fous la conduite de leurs maris. Mais l'écriture-fainte qui vous recommande fi fort cette fujétion, vous l'adoucit extrêmement, puifque voulant que vous vous y accommodiez avec amour, elle ordonne à vos maris de ne l'exiger qu'avec beaucoup d'amour & de fuavité. *Maris,* dit faint Pierre, *conduifez vos femmes avec une refpectueufe difcrétion, les confidérant comme des vafes fragiles, & vous fouvenant qu'elles doivent partager avec vous l'héritage de la grace & de la vie.*

Mais tandis que je vous exhorte les uns & les autres à bien cultiver cet amour mutuel, prenez garde qu'il ne devienne jaloux. Parce qu'on voit fouvent que, comme le ver fe met dans le fruit le plus exquis, la jaloufie fe forme auffi de l'amour le plus ardent; & puis l'ayant dépravé, elle en fait naître infenfiblement les défiances, les querelles, les diffentions & les divorces. Il eft certain que l'amitié, fondée fur l'eftime d'une vraie vertu, n'eft point fufceptible de jaloufie : c'eft pourquoi la jaloufie eft une marque indubitable d'un amour imparfait, groffier, fenfuel, & qui a découvert dans le cœur auquel il s'est attaché, une vertu foible, inconstante & sujette à donner des soupçons. C'est donc une sotte vanité de l'amitié, de vouloir la faire estimer par jalousie : car si la jalousie est une marque de la véhémence de l'amitié, elle n'en est pas une de la pureté, ni de la perfection de l'amitié, puisque la perfection de l'amitié présuppose une vertu sûre dans la personne qu'on aime, & que la jalousie en présuppose l'incertitude.

Hommes, si vous attendez de vos femmes une grande fidélité, donnez-leur-en vous-mêmes un grand exemple.

Avec quel front, dit saint Grégoire de Nazianze, *voulez-vous que vos femmes soient sujettes aux loix de la pudicité, si vous vous laissez aller à la licence de la volupté? pourquoi leur demandez-vous ce qu'elles ne trouvent pas en vous? Voulez-vous qu'elles soient chastes? commencez par rendre bien pure la société que vous avez contractée avec elles :* & *que chacun,* comme dit saint Paul, *sache posséder son vase en esprit de sanctification. Si, au contraire, vos mauvaises manieres corrompent en elles l'honnêteté des mœurs; ne vous étonnez pas qu'après cela votre bonneur souffre de leur infidélité. Mais vous; femmes, en qui l'honneur est inséparable de la pudeur, soyez extrêmement jalouses de votre*
gloire

gloire : ne permettez jamais qu'aucune liberté mal réglée en terniſſe l'éclat.

Craignez toutes choſes autour de vous, pour petites qu'elles ſoient ; ne ſouffrez jamais aucune cajolerie, ni ſotte flatterie ; quiconque veut louer les avantages naturels que le ciel vous a donnés, doit vous être ſuſpeᷤt. Car l'on dit communément, que celui qui loue avec chaleur une marchandiſe qu'il ne peut pas acheter, eſt ordinairement fort tenté de la dérober. Mais ſi l'on veut joindre à vos louanges le mépris de votre mari, l'on vous offenſe infiniment : parce qu'il eſt évident que non-ſeulement l'on veut vous perdre, mais que l'on vous tient déja pour demi perdue ; & véritablement le marché eſt à demi fait avec le ſecond marchand, quand on eſt dégoûté du premier. Lorſque j'ai fait réflexion qu'on donna à la chaſte Rebecca de riches pendants d'oreilles, de la part d'Iſaac ſon époux, comme les premiers gages de ſon amour, j'ai penſé que cet ornement, dont l'uſage eſt de tous temps établi parmi les femmes, étoit plus myſtérieux qu'on ne croit, & que n'a cru Pline, qui n'en marque pas d'autre raiſon, que le plaiſir d'un certain bruit qui ſe fait à leurs oreilles, & qui flatte agréablement leur vanité. Pour moi je crois, ſelon cette obſervation de l'écriture, que c'eſt pour marquer le premier droit de l'époux fur le cœur de fon époufe, qui doit fermer l'oreille à toute autre voix qu'à la fienne. Car enfin, il faut toujours fe fouvenir que c'eft par l'oreille qu'on empoifonne le cœur.

L'amour & la fidélité produifent enfemble une douce & familiere confiance, qui fe manifefte par des démonftrations tendres & amoureufes, mais chaftes & finceres. C'eft ainfi que les Saints & les Saintes en ont ufé dans leurs mariages. C'eft ce que l'écriture a remarqué dans la conduite d'Ifaac & de Rebecca, & par où Abimelech reconnut ce qu'ils étoient l'un à l'autre. C'eft ce qui fit prefque blâmer le grand faint Louis, qui, tout dur qu'il étoit à fa propre chair, avoit une tendre amitié pour la reine fon époufe, à qui il en donnoit fouvent des marques extrêmement démonftratives. Mais on auroit dû plutôt le louer de ce qu'il favoit fi bien, quand il vouloit, fe défaire de fon efprit guerrier, pour s'accommoder à ces menus devoirs fi néceffaires à la confervation de l'amour conjugal. Car, quoique ces petites démonftrations d'amitié ne lient pas les cœurs, elles les approchent, & fervent à faire l'agrément d'une douce fociété.

Sainte Monique étant groffe de faint Auguftin, le confacra par plufieurs oblations à la religion chrétienne, & à la gloire de

Dieu, comme il le témoignoit lui-même, en disant *qu'il avoit déja goûté dès le ventre de sa mere, le sel sacré & divin.* C'est une grande instruction pour les femmes chrétiennes, qui doivent offrir à la divine Majesté leurs enfants avant qu'ils soient nés, parce que Dieu, qui accepte ce qu'un cœur humble lui présente, donne ordinairement sa bénédiction en ce temps-là, à la foi & à l'amour des meres; témoin Samuel, saint Thomas d'Aquin, saint André de Fiésole & plusieurs autres. La mere de saint Bernard, digne mere d'un tel fils, prenoit ses enfants entre ses bras aussi-tôt qu'ils étoient nés, les offroit à Jesus-Christ, & commençoit à les aimer avec respect, comme un dépôt sacré que Dieu lui avoit confié; & cette piété lui réussit si bien, qu'ils furent tous sept très-saints. Mais dès que la raison commence à se développer dans les enfants, c'est alors que les peres & les meres doivent avoir un grand soin d'imprimer la crainte de Dieu en leur cœur. La bonne Reine Blanche eut une vive attention à s'acquitter de ce devoir envers saint Louis son fils, lui disant fort souvent : *J'aimerois mieux, mon cher enfant, vous voir mourir devant mes yeux, que de vous voir commettre un seul péché mortel :* maxime qui fit une telle impression sur l'ame du petit prince, que, comme il l'a témoigné lui-même, il ne paſſa jamais un jour de ſa vie, ſans en rappeller le ſouvenir, & ſans la faire ſervir à ſe précautionner contre les occaſions du péché. Nous appellons en notre langue, les familles, des maiſons; & les Hébreux, pour ſignifier la génération & l'éducation des enfants, ſe ſervoient de cette expreſſion ſi commune dans l'écriture, *bâtir une maiſon*, *faire ſa maiſon*. Et c'eſt en ce ſens qu'il eſt dit que Dieu édifia des maiſons aux ſages - femmes d'Egypte. Apprenons donc que ce n'eſt pas faire une bonne maiſon, que d'y faire entrer les biens du monde; mais qu'il faut y élever les enfants dans la crainte de Dieu & dans la pratique de la vertu; & parce qu'ils ſont la couronne du pere & de la mere, on n'y doit épargner ni ſoin ni peine : ainſi ſainte Monique combattit avec tant de ferveur & de conſtance les mauvaiſes inclinations de ſon fils, que l'ayant ſuivi par mer & par terre, elle obtint de Dieu ſa converſion; & il fut plus heureuſement l'enfant de ſes larmes que de ſon ſang.

Saint Paul, dans les regles qu'il donne de l'économie chrétienne, laiſſe en partage aux femmes le ſoin de la maiſon. Et véritablement l'on a raiſon de croire que leur piété eſt plus utile au bon ordre d'une famille, que celle de leurs maris, qui ſont trop occupés des affaires du dehors, pour pouvoir régler leur domestique. C'est aussi pour cette raison, que Salomon en ses proverbes, attribue l'ordre & le bonheur de la famille, à la prudence & aux soins de la femme forte, dont il nous fait le caractere.

L'écriture nous apprend qu'Isaac pria le Seigneur pour Rebecca sa femme qui étoit stérile; & le texte hébreu marque que l'un & l'autre prioit chacun de son côté; & leur priere fut exaucée. Voilà justement la plus excellente & la plus utile union qui puisse être entre un mari & une femme, que celle de la dévotion, à laquelle ils se doivent porter l'un & l'autre, avec une sainte émulation. Car un homme sans la dévotion est naturellement fâcheux, violent, dur & incommode, & semblable à ces fruits, qui ayant un suc trop âpre, comme le coing, ne sont guere bons qu'en confiture. Et une femme sans la dévotion est extrêmement foible, fragile & sujette à perdre ce qu'elle a de vertu; semblable à ces fruits tendres & délicats, comme la cerise, qui ne conservent jamais leur bonté qu'étant confits. *L'homme infidele*, dit saint Paul, *est sanctifié par la femme fidelle, & la femme infidelle est sanctifiée par l'homme fidele;* parce que l'amour conjugal porte un grand attrait à suivre la vertu où elle paroît. Mais quelle bénédiction répandra donc le ciel sur un mari & une femme tous deux fideles, qui favent fe fanctifier l'un l'autre par une véritable crainte de Dieu?

Au refte, il faut qu'ils fachent fi bien fe fupporter l'un l'autre dans leurs imperfections, que du moins ils ne fe fâchent jamais tous deux en même temps, de peur de donner lieu à de mauvaifes conteftations & à la diffention. Parce que comme les abeilles ne s'arrêtent pas dans les lieux où l'on entend la voix retentir par les échos; le Saint-Efprit n'habite point en une maifon de tumulte, de bruit & de querelles.

Nous favons de faint Grégoire de Nazianze, que de fon temps les chrétiens faifoient tous les ans une fête du jour de leur mariage : & j'approuverois fort cet ufage parmi nous, pourvu que l'on voulût en bannir toute la joie mondaine & fenfuelle; de forte qu'on fanctifiât ce jour par la confeffion & la communion; par l'application à demander au Seigneur la continuation de fes bénédictions, par le renouvellement des intentions & des defirs de fe fauver, & par une nouvelle proteftation d'amitié & de fidélité; car ainfi on prendroit de nouvelles forces en Jefus-Chrift, pour remplir tous les devoirs de fon état, & en foutenir patiemment les peines.

CHAPITRE XXXIX.

De l'honnêteté du lit nuptial.

L'APÔTRE appelle le lit nuptial, immaculé, c'est-à-dire, exempt de toute forte d'impureté. Et c'est peut-être pour cette raison que Dieu voulut instituer le premier mariage dans le paradis terrestre, où il n'y avoit encore eu aucun déréglement de la cupidité.

Or, pour vous expliquer la perfection que l'Apôtre exige des personnes mariées sur cet article, je me sers d'une comparaison assez naturelle ; & c'est celle de la nourriture & de la tempérance. 1. La nourriture est nécessaire à la conservation de la vie ; & pour cela l'usage en est bon, saint & commandé. 2. Cependant manger, non pas précisément pour cette fin, mais pour s'acquitter des devoirs auxquels la société humaine nous oblige les uns envers les autres, c'est une chose juste & honnête. 3. Si l'on mange par la raison de ces devoirs, il faut que ce soit avec une douce liberté, & en marquant qu'on y prend plaisir. 4. Manger simplement pour contenter son appétit, c'est une chose supportable, mais nullement louable : car le simple plaisir de l'appétit

ſenſuel ne peut rendre une action honnête :
& c'eſt bien aſſez ſi elle eſt ſupportable.
Manger au-delà de ſon appétit, & par excès, cela eſt plus ou moins blâmable à proportion de l'excès : & cet excès ne conſiſte
pas ſeulement en la qualité, mais auſſi en
la maniere. 5. C'eſt une marque d'une ame
baſſe, groſſiere & toute animale, de faire
tant de réflexions & de s'épancher en paroles ſur les viandes, avant le repas & encore plus après ; comme font pluſieurs ſortes de gens, qui ont toujours l'eſprit dans
les plats, qui préviennent ſans ceſſe, ou
rappellént le plaiſir de la bonne chere ; &
qui en un mot, font, comme dit ſaint Paul,
un Dieu de leur ventre : au-lieu que les
honnêtes gens ne penſent à la table qu'en
s'y mettant, & ſe lavent les mains & la
bouche après le repas, pour n'avoir plus ni
le goût, ni l'odeur des viandes.

Voilà les regles qui ſont communes à la
tempérance & à l'honnêteté du lit conjugal.

1. L'uſage des droits du ſacrement étant
néceſſaire à la propagation de la ſociété humaine, il eſt indubitablement honnête, louable & ſpécialement ſaint dans le chriſtia-
niſme.

2. Cet uſage eſt appellé par l'Apôtre un
devoir réciproque ; un devoir ſi grand, que
bien qu'on ne puiſſe pas l'exiger, l'on eſt
indiſpenſablement obligé de le rendre, de

maniere que l'on n'y puisse manquer sans le libre consentement de l'autre, non pas même pour les exercices de la dévotion : beaucoup moins pour des prétentions capricieuses de vertu, pour des aigreurs & pour des mépris.

3. L'on doit considérer que ce n'est pas assez de s'acquitter de ce devoir d'une maniere chagrine, & avec une patience indifférente : ce doit être avec toute la fidélité & la correspondance entiere que demande cet amour, comme s'il étoit accompagné de l'espérance d'avoir des enfants, encore que pour la raison de quelque conjecture, on ne l'eût pas.

4. Ici, comme par-tout ailleurs, le simple contentement de l'appétit sensuel, ne peut rendre une chose honnête & louable par lui-même : c'est beaucoup, si l'on dit qu'elle soit tolérable.

5. Tout juste que soit l'usage des droits du mariage, tout nécessaire qu'on le sache dans la société humaine, tout saint qu'on le croie dans le christianisme, il porte des dangers de salut que l'on doit y éviter très-soigneusement, pour ne se rendre coupable, ni d'aucun péché véniel, comme il arrive dans les simples excès de cet état, ni d'aucun péché mortel, comme il arrive quand l'ordre naturel & nécessaire pour la procréation des enfants est perverti. Or,

dans cette fuppofition, felon que l'on s'écarte plus ou moins de cet ordre, les péchés font plus ou moins exécrables, mais toujours mortels. Car la propagation de la fociété humaine étant la premiere & la principale fin du mariage, jamais on ne peut licitement fe départir de l'ordre qu'elle vous demande. Cependant, quoique cette fin ne puiffe pas avoir fon effet par la raifon de quelque empêchement, comme la ftérilité ou la groffeffe : le commerce dé l'amour conjugal ne laiffe pas de pouvoir être jufte & faint, fi l'on fuit les regles que demande la procréation des enfants ; aucun accident ne pouvant jamais préjudicier à la loi que la fin principale du mariage a impofée.

Certes, l'infame & exécrable action d'Onan, contre les loix du mariage, étoit déteftable devant Dieu, ainfi que l'écriture fainte nous l'apprend. Et quoique quelques hérétiques de notre temps, cent fois plus blâmables que les Cyniques dont parle faint Jérôme, fur l'épître aux Ephéfiens, aient voulu dire que c'étoit l'intention perverfe de ce méchant homme qui déplaifoit à Dieu : l'écriture en parle autrement, & affure en particulier que fon action même étoit déteftable & abominable devant Dieu.

6. L'honnêteté naturelle & chrétienne, demande qu'on ne laiffe pas engager fon efprit dans tout ce commerce fenfuel, &

qu'on tâche même de l'en purifier promptement, pour qu'il conferve toute la liberté néceffaire aux obligations plus honnêtes & plus nobles de cette vocation. En vérité, l'on feroit furpris des exemples de l'honnêteté naturelle, que le Seigneur a donnés aux hommes, en de certains animaux, qui ferviront un jour à confondre la brutale groffiéreté de plufieurs perfonnes.

Cet avis comprend la parfaite pratique de l'excellence de la doctrine que faint Paul enfeigne aux Corinthiens en ces termes : *Le temps eft court ; que ceux donc qui ont des femmes, vivent comme s'ils n'en avoient pas.* Car, felon la penfée de faint Grégoire, vivre dans le mariage comme fi l'on n'y étoit pas, c'eft accorder tout ce que cet état a de naturel, avec tout le fpirituel du chriftianifme. *Que ceux qui fe fervent du monde,* ajoute faint Paul, *s'en fervent comme s'ils ne s'en fervoient pas.* C'eft donc à tous de fe fervir du monde, chacun felon fa vocation ; mais avec un fi grand détachement du monde, que l'on puiffe conferver pour le fervice de Dieu, autant de liberté & de ferveur, que fi l'on ne fe fervoit pas du monde. En effet, c'eft le grand mal de l'homme, dit faint Auguftin, que de vouloir jouir des chofes dont il doit feulement fe fervir ; & de vouloir feulement fe fervir de celles dont il doit jouir avec plaifir : cela s'en-

tend de tout ce qui a rapport aux fens &
à l'efprit. Ainfi quand l'on pervertit cet ordre, & que l'on change l'ufage en jouiffan-
ce, l'ame, toute fpirituelle qu'elle eft, devient toute animale.

Je crois avoir dit tout ce que je voulois
dire, & avoir fait entendre, fans le dire,
ce que je ne voulois pas dire.

CHAPITRE XL.

Inftructions pour les veuves.

SAINT Paul inftruifant tous les prélats en
la perfonne de fon cher Timothée, lui
dit : *Honorez les veuves qui font des vraies
veuves.* Or, cette qualité de vraie veuve
demande les conditions fuivantes.

La premiere eft la viduité du cœur, laquelle comprend une ferme réfolution de
vivre en cet état. Car les femmes qui ne
font veuves qu'en attendant un nouvel engagement, ont le cœur tout entier dans le
mariage. Que fi la vraie veuve vouloit fe
confacrer à Dieu par un vœu de chafteté,
elle ajouteroit un grand ornement à la viduité, & mettroit en fûreté fa fainte réfolution : d'autant que la néceffité de garder
fon vœu pour ne pas perdre le ciel, éloi-
gneroit de fon efprit & de fon cœur les plus

ſimples vues & les plus légeres inclinations
par un ſecond mariage; ſi bien que ce vœu
ſeroit comme une forte barriere entre ſon
ame & ce qui pourroit s'oppoſer à ſa réſolution. Auſſi ſaint Auguſtin le conſeille fortement aux veuves chrétiennes; & le ſavant
Origene dit la même choſe aux femmes mariées, dans la ſuppoſition que la mort de
leurs maris leur rende leur premiere liberté; afin, dit-il, que parmi tout ce que leur
état a de ſenſuel, elles aient, comme par
anticipation, le mérite d'une chaſte viduité.

L'excellence du vœu eſt grande; car outre qu'il rend les œuvres ſur leſquelles il
s'étend plus agréables à Dieu, & qu'il inſpire du courage & de la force pour les pratiquer, il donne tout enſemble à Dieu nos
œuvres qui ſont les fruits de notre bonne
volonté & notre volonté même d'où procedent nos œuvres, comme les fruits naiſſent de l'arbre.

La ſimple chaſteté ſoumet le corps à l'eſprit de Dieu, ſans ôter à une perſonne la
liberté d'en diſpoſer pour les engagements
du mariage; mais le vœu de chaſteté ſa-
crifie à Dieu le corps & la liberté d'en jamais diſpoſer: de ſorte que l'on entre dans
le ſaint & heureux eſclavage de l'amour de
Dieu, dont le ſervice vaut mieux que la
plus belle couronne du monde. Comme
donc j'approuve infiniment la penſée de ces

deux grands hommes; je souhaiterois aussi que les personnes qui voudroient aspirer à cette perfection, ne l'entreprissent pas sans consulter les regles de la prudence chrétienne, qui sont de bien fonder leur cœur, d'examiner leurs forces, de demander l'inspiration céleste, & de prendre conseil d'un vertueux & sage directeur. C'est la maniere de faire tout avec plus de profit & de sûreté.

Secondement, cette renonciation aux secondes noces, doit être pure & simple, c'est-à-dire, conduite uniquement par le desir de s'unir à Dieu d'une maniere plus pure; car si l'on y fait entrer le desir de laisser des enfants riches, ou quelque autre prétention du monde, la veuve en aura peut-être de la louange aux yeux des hommes, mais non pas aux yeux de Dieu, devant qui rien ne peut avoir un vrai mérite que ce qui est fait pour lui.

Il faut en troisieme lieu, que la vraie veuve se prive de tous les plaisirs du siecle : *Car celle qui vit dans les délices*, dit saint Paul, *est morte, toute vivante qu'elle est.* En effet, vouloir demeurer veuve & se plaire à être muguettée, caressée & cajolée, se trouver aux bals & aux festins; retenir en sa personne & en ses habits beaucoup d'usages pleins de vanité & de sensualité, c'est être une veuve morte aux yeux de Dieu, quelque vivante que l'on soit aux yeux du monde. Qu'importe-t-il que l'amour profane fasse servir à ses desseins, ou ce que le luxe a de plus riche & plus riant en habits & en parures, ou l'artificieuse modestie de deuil, dont la triste couleur donne encore de nouveaux agréments à la beauté naturelle? Extérieurs d'autant plus dangereux, que l'on a su dans le mariage l'art de toutes les manieres de plaire aux hommes. Une telle veuve n'est qu'une idole de la viduité.

Le temps d'émonder & de décharger les arbres est venu, la voix de la tourterelle s'est fait entendre. Ces paroles des cantiques nous apprennent que le retranchement de toutes les superfluités vaines & sensuelles du monde, est nécessaire à toutes sortes de personnes, pour vivre chrétiennement; mais beaucoup plus nécessaire à une veuve, occupée comme une chaste tourterelle de ses gémissements sur la mort de son mari. Aussi quand Noëmi revint de Moab à Bethléem, elle dit aux autres femmes qui la saluoient: *Ne m'appellez point, je vous prie, Noëmi; car ce nom marque une belle & agréable personne : mais appellez-moi Mara; car le Seigneur a rempli mon ame d'amertume depuis que j'ai perdu mon époux.* C'est de cette sorte qu'une veuve chrétienne, bien-loin de se faire honneur de sa beauté, ni de tous ses agréments, se contente d'être ce que Dieu veut qu'elle foit, c'eft-à-dire, humble & abjecte à fes yeux.

Les lampes dont l'huile eft aromatique, jettent une plus douce odeur, quand on éteint la lumiere : & les veuves dont l'amour a été pur & fincere dans le mariage, répandent par-tout une excellente odeur de vertu & de fainteté, quand elles ont perdu leur lumiere, qui eft leur mari. Aimer un mari durant fa vie, c'eft une vertu commune ; mais l'aimer après fa mort, jufqu'à lui conferver fon premier amour, c'eft la vertu des vraies veuves. Efpérer en Dieu, tandis que l'on eft foutenu de la puiffance d'un mari, cela n'eft pas rare ; mais efpérer en Dieu, quand on a perdu cet appui, c'eft une grande louange. C'eft pourquoi la viduité fait mieux connoître les vertus que l'on a eues dans le mariage.

La veuve qui eft néceffaire à des enfants, foit pour leur établiffement, foit principalement pour leur falut, ne doit jamais les abandonner. Car l'apôtre faint Paul nous dit qu'elles font obligées de leur donner ce qu'elles ont reçu de leurs peres & de leurs meres ; & que fi quelqu'une n'a pas foin des fiens, fur-tout de ceux de fa famille, elle eft plus méchante qu'une infidelle. Mais fi fes enfants n'ont pas befoin de fa conduite, elle doit uniquement appliquer fes penfées & fes foins à fe perfectionner dans l'amour de Dieu. A moins qu'une nécessité absolument indispensable n'oblige sa conscience d'entrer dans beaucoup d'embarras, tels que sont les procès. Je lui conseille de s'en abstenir entiérement, & de prendre en ses affaires la conduite la plus tranquille, quoiqu'elle paroisse la moins utile. En vérité, il faut que le fruit de ses soins si fatigants soit bien grand, pour le mettre en comparaison avec les avantages d'un saint repos : outre qu'ils dissipent le cœur, & que la complaisance pour ceux dont la protection paroît nécessaire, fait prendre souvent des manieres extérieures qui sont fort désagréables à Dieu, & qui ouvrent la porte du cœur aux ennemis de la chasteté.

L'oraison doit être l'exercice continuel de la veuve, puisque ne devant plus aimer que Dieu, elle ne doit presque plus parler qu'à lui ; & comme le fer qu'un diamant empêche de s'attacher à l'aimant, s'élance vers cet aimant, aussi-tôt que le diamant en est éloigné ; ainsi le cœur d'une veuve que l'amour d'un mari empêchoit de suivre tous les attraits du divin amour, doit après sa mort courir ardemment dans ses voies, à l'odeur des parfums célestes, & dire, à l'imitation de l'épouse sacrée : ô Seigneur ! maintenant que je suis toute à moi, recevez-moi pour être toute à vous ; *attirez-*

moi après vous, & je courrai à l'odeur de vos parfums.

Les vertus qui font les plus propres, font une parfaite modeftie, & un renoncement déclaré aux vains honneurs du monde, à fes affemblées & à toutes fes vanités : la charité à fervir les pauvres & les malades, & à confoler les affligés : le zele à engager les filles à une vie chrétienne, & à faire de fa conduite un modele de perfection pour les jeunes femmes. La néceffité & la fimplicité font les deux ornements de leurs habits : l'humilité & la charité, les deux ornements de leurs actions : l'honnêteté & la douceur, les deux ornements de leurs difcours : la modeftie & la pudeur, les deux ornements de leurs yeux : & pour le principe de tout cela, Jefus-Chrift crucifié doit être l'unique amour de leur cœur. En un mot, la veuve doit être entre les femmes & les filles ce qu'eft la violette entre les fleurs. Cette fleur a une douce odeur, elle fe cache fous de larges feuilles, la couleur n'en eft point éclatante, & elle ne vient guere bien que dans des lieux frais & écartés : fymbole de la douce dévotion, de l'humilité, de l'abjection, de la mortification, & de la chafteté folitaire & tranquille d'une vraie veuve, *qui fera heureufe*, comme dit faint Paul, *fi elle perfévere dans fon état.*

J'avois beaucoup d'autres chofes à lui

dire; mais je lui aurai dit tout, en lui conseillant de lire attentivement les belles lettres de saint Jérôme à Furia, à Salvia, & aux autres dames qui eurent le bonheur d'être ses filles spirituelles : car je n'y puis rien ajouter, sinon cet avertissement, que jamais elle ne doit blâmer celles qui passent à de secondes noces, & même aux troisiemes & aux quatriemes. Dieu en dispose ainsi en de certains cas pour sa plus grande gloire. Et il faut toujours avoir devant les yeux cette doctrine des anciens, que ni la viduité, ni la virginité n'ont point de rang au ciel que celui que l'humilité leur donne.

CHAPITRE XLI.

Instruction sur la virginité.

AMES toutes pures, je n'ai que deux choses à vous dire; car vous trouverez le reste ailleurs. Si vous attendez l'établissement d'un mariage, conservez avec un grand soin votre premier amour pour la personne que le ciel vous destine : car c'est une très-grande tromperie que de lui présenter un cœur déja possédé, usé & gâté par l'amour, au-lieu d'un cœur entier & sincere. Mais si votre bonheur vous appelle aux chastes & virginales noces de l'Agneau immaculé, confervez avec une grande délicatefse de confcience tout votre amour à ce divin époux qui, étant la pureté même, n'aime rien davantage que la pureté, & à qui les prémices de tout font dues; mais principalement celles de l'amour. Les lettres de faint Jérôme vous fourniront tous les autres avis qui font néceffaires : & puifque votre état vous oblige à l'obéiffance, choififfez un directeur felon la conduite duquel vous puiffiez plus faintement & plus fûrement vous confacrer à la Divinité.

QUATRIEME PARTIE.

Les avis nécessaires contre les tentations les plus ordinaires.

CHAPITRE PREMIER.

Qu'il ne faut point s'arrêter aux discours des enfants du siecle.

AUSSI-TÔT que le monde s'appercevra de votre dévotion, la flatterie & la médisance ne manqueront pas de vous faire de la peine. Les libertins feront passer votre changement pour un artifice d'hypocrisie; & ils diront qu'un chagrin que vous avez reçu du monde vous a fait, à son refus, recourir à Dieu. A l'égard de vos amis, ils s'empresseront de vous faire bien des remontrances, qu'ils croiront charitables & prudentes, sur la mélancolie de la dévotion, sur la perte de votre crédit dans le monde, sur la conservation de votre santé, sur l'incommodité que vous causerez aux autres, sur vos affaires qui en pourroient souffrir, sur la nécessité de vivre dans le monde, comme l'on y vit, & fur tous les moyens qu'on a de faire fon falut fans tant de myfteres.

Philothée, tout cela n'eft qu'un fot & vain babil du fiecle : & au fond ces gens-là n'ont aucun foin véritable ni de vos affaires, ni de votre fanté. *Si vous étiez du monde*, dit le Sauveur, *le monde aimeroit ce qui lui appartient : mais parce que vous n'êtes pas du monde, il vous hait.* L'on voit des hommes & des femmes paffer les nuits entieres au jeu; y a-t-il une attention plus fombre & plus chagrine que celle-là? Cependant leurs amis ne leur en difent rien : & pour une heure de méditation, ou pour fe lever un peu plus matin qu'à l'ordinaire, afin de fe préparer à la communion, chacun court au médecin pour nous faire guérir de l'humeur hypocondriaque & de la jauniffe. On paffera trente nuits à danfer, nul ne s'en plaint : & pour la feule nuit de Noël chacun touffe & fe plaint de la tête le jour fuivant. Qui ne voit que le monde eft un juge inique; favorable à fes enfants, mais dur & févere aux enfants de Dieu.

Nous ne faurions être bien avec le monde qu'en nous perdant avec lui : & il n'eft pas poffible de contenter fa bizarrerie. *Jean eft venu*, dit le Sauveur, *ne mangeant ni ne buvant, & vous dites qu'il eft poffédé du diable. Le fils de l'homme est venu en mangeant & en buvant, & vous dites qu'il est un Samaritain.* Il est vrai, Philothée, si vous vous relâchez par condescendance pour le monde à jouer & à danser, il s'en scandalisera. Si vous ne le faites pas, il vous accusera d'hypocrisie, ou de mélancolie. Si vous vous parez, il l'interprétera mal. Si vous vous négligez, ce sera pour lui une bassesse de cœur. Il appellera votre gaieté une dissolution, & votre mortification une humeur sombre : & comme il vous regarde toujours de mauvais œil, jamais vous ne pourrez lui plaire. Il fait passer nos imperfections pour des péchés, nos péchés véniels pour des mortels, & nos péchés d'infirmité pour des péchés de malice. Dans les mêmes choses où la charité, comme dit saint Paul, est bénigne, le monde est malin ; la charité ne pense mal de personne, & le monde en pense toujours de toutes sortes de gens ; quand il ne peut condamner nos actions, il accuse nos intentions. Enfin soit que les moutons aient des cornes, ou qu'ils n'en aient pas ; soit qu'ils soient blancs, ou qu'ils soient noirs, le loup ne laissera pas de les manger s'il peut. Quoi que nous fassions aussi, le monde nous fera toujours la guerre ; si nous sommes long-temps aux pieds d'un confesseur, il demandera ce que nous pouvons tant dire ; si nous y sommes peu, il dira que nous ne difons pas tout. Il étudiera tous nos mouvements ; & pour une parole tant foit peu échauffée, il proteftera que nous fommes infupportables. Il prendra pour une avarice le foin de nos affaires, & il fera paffer notre douceur pour une niaiferie. Mais à l'égard des enfants du fiecle, leur colere eft une générofité, leur avarice une fage économie, & leurs manieres trop libres font une honnête converfation.

Laiffons cet aveugle monde, Philothée, qu'il crie tant qu'il voudra comme un chathuant, pour inquiéter les oifeaux du jour. Soyons fermes en nos deffeins, invariables en nos réfolutions ; & la perféverance fera voir fi le parti de la dévotion que nous avons pris, a été férieux & fincere. Les cometes & les planetes paroiffent prefque également lumineufes ; mais les cometes, qui ne font que des feux paffagers, difparoiffent en peu de temps ; au-lieu que la lumiere des planetes eft perpétuelle. De même l'hypocrifie & la vraie vertu fe reffemblent fort, & on les connoît à ce que celle-là n'a point de conftance & fe diffipe comme la fumée ; au-lieu que celle-ci eft ferme & conftante. Au refte, il eft bon, pour affurer les commencements de notre dévotion, d'en fouffrir du mépris & quelques injuftes reproches : car on fe précautionne ainfi contre la vanité & contre l'orgueil, qui font
quel-

quelquefois périr les premiers fruits de la
piété : malheur figuré par le commandement
que Pharaon fit aux sages-femmes d'Egypte
de tuer les enfants mâles d'Israël le jour
même de leur naissance. Enfin nous sommes
crucifiés au monde, & le monde nous doit
être crucifié. Il nous prend pour des fous,
regardons-le comme un insensé.

CHAPITRE II.

Qu'il faut s'armer de courage.

QUELQUE belle & douce que soit la
lumiere, elle nous éblouit quand nous
avons été long-temps dans l'obscu-
rité : & quelque doux & honnêtes que
soient les habitants d'un pays où l'on est
étranger, on ne laisse pas d'en être d'abord
embarrassé. Il se pourra donc faire, Philothée, que ce grand divorce des folles vanités du monde, & ce changement de vie donneront quelque atteinte à votre cœur, &
qu'il se trouvera frappé d'un triste abattement. Mais ayez un peu de patience, je
vous en prie, tout cela ne sera rien avec le
temps, & n'est d'abord qu'un peu d'éton-
nement que cause la nouveauté ; attendez,
les consolations viendront bientôt : vous
regretterez peut-être la gloire de l'appro-

Q

bation que les fous & les moqueurs don-
noient à vos vanités : mais, ô Dieu ! voudriez-vous bien perdre la gloire dont le
Dieu de vérité vous couronnera éternellement ? Les vrais plaisirs des années passées
viendront encore flatter votre cœur pour
le rengager dans leur commerce : mais voudriez-vous renoncer aux délices de l'éternité
pour des légéretés si trompeuses ? Croyez-
moi, si vous persévérez, vous verrez bientôt votre persévérance récompensée de consolations si délicieuses, que vous avouerez
que le monde n'a que du fiel, en comparaison de ce miel céleste, & qu'un seul
jour de dévotion vaut mieux que mille années de la vie mondaine.

Mais vous considérez la hauteur de la
montagne où se trouve la perfection chrétienne : & comment, dites-vous, y pourrai-je monter ? Courage, Philothée, les
nymphes des abeilles (c'est ainsi qu'on appelle leurs petits moucherons, qui ne commencent qu'à prendre leur forme) n'ont
pas encore d'ailes pour s'en aller cueillir le
miel sur les fleurs des montagnes & des
collines : mais se nourrissant peu-à-peu du
miel que leurs meres leur ont préparé, les
ailes leur viennent, & elles se fortifient si
bien, qu'enfin elles prennent l'essor, & volent jusqu'aux lieux les plus élevés. Il est
vrai, nous devons nous considérer comme

de petits moucherons dans les voies de la dévotion, dont nous ne pouvons pas, comme nous voudrions, avoir tout-d'un-coup la perfection : mais commençons toujours à nous y former par nos desirs & par nos bonnes résolutions ; espérons qu'un jour nous aurons assez de force pour y parvenir : vivons en attendant de l'esprit si doux de tant d'instructions que les Saints & Saintes nous ont laissées, & prions Dieu comme le Prophete Royal, qu'il nous donne des ailes de colombe, afin que nous puissions non-seulement nous élever à la perfection de la vie présente, mais encore jusqu'au repos de la bienheureuse éternité.

CHAPITRE III.

De la nature des tentations, & de la différence qu'il y a entre les sentir & y consentir.

IMAGINEZ-VOUS, Philothée, une jeune princesse extrêmement aimée de son époux, & dont quelque jeune libertin prétend corrompre la fidélité par un infame confident qu'il lui envoie pour traiter avec elle d'un si détestable dessein. Premiérement, ce confident propose à la princesse l'intention de son maître ; secondement elle agrée ou défagrée la propofition ; & en troifieme lieu elle y confent ou la rejette. C'eft de la forte que fatan, le monde & la chair, voyant une ame attachée au Fils de Dieu comme fon époufe, lui font des tentations, dans lefquelles, 1. le péché lui eft propofé ; 2. il lui plaît ou lui déplaît ; 3. elle y confent ou le rejette. Voilà les degrés qui conduifent à l'iniquité, la tentation, la délectation & le confentement : & quoique ces trois chofes ne fe diftinguent pas fi évidemment en toutes fortes de péchés, on les connoît pourtant fenfiblement dans les grands péchés.

Quand une tentation dureroit toute notre vie, elle ne peut nous rendre défagréables à la divine Majefté, pourvu qu'elle ne nous plaife pas, & que nous n'y confentions point : parce que dans la tentation nous n'agiffons pas, mais nous fouffrons ; puifque nous n'y prenons point de plaifir, elle ne peut en aucune maniere nous rendre coupables. Saint Paul fouffrit long-temps des tentations de la chair, & tant s'en faut qu'elles le rendiffent défagréable à Dieu, qu'au contraire Dieu en étoit glorifié. La bienheureufe Angele de Foligni en fut de même fi cruellement tourmentée, qu'elle fait pitié quand elle les raconte. Celles de faint François & de faint Benoît ne furent pas moins fâcheufes, lorfque l'un fe jette dans

les épines, & l'autre dans la neige pour
les combattre : & cependant, bien-loin d'en
perdre rien de la grace de Dieu, ils l'augmentent de beaucoup en eux.

Il faut donc avoir un grand courage,
Philothée, dans les tentations, & ne se
croire jamais vaincu, tandis qu'elles déplaisent, observant bien la différence qu'il y a
entre les sentir & y consentir. Car on les
peut sentir, quoiqu'elles déplaisent ; mais
on ne peut y consentir sans qu'elles plaisent, puisque le plaisir est ordinairement
un degré au consentement. Que les ennemis de notre salut nous présentent donc autant d'amorces & d'appas qu'ils pourront ;
qu'ils se tiennent toujours à la porte de notre
cœur pour y entrer ; qu'ils nous fassent tant
de propositions qu'ils voudront : tandis que
nous serons dans la disposition de ne pas
nous plaire à tout cela, il est impossible
que nous offensions Dieu, non plus que
l'époux de la princesse dont je vous ai parlé
ne pût lui savoir mauvais gré d'une telle
proposition qu'on lui auroit faite, si elle
n'y avoit pris aucune sorte de plaisir. Il y
a néanmoins cette différence entre l'ame &
cette princesse ; que la princesse peut chasser, si elle veut, un tel entremetteur, & ne
le plus entendre : mais il n'est pas toujours
au pouvoir de l'ame de ne point sentir la
tentation, quoiqu'elle puisse toujours n'y

pas confentir. C'eft pour cela que, quoique la tentation dure long-temps, elle ne peut nous nuire pendant qu'elle nous déplaît.

A l'égard de la délectation qui peut fuivre la tentation, il eft à remarquer que nous avons comme deux parties en notre ame, l'une inférieure, & l'autre fupérieure, & que l'inférieure ne fuit pas toujours la fupérieure, & même qu'elle agit féparément d'elle : & delà il arrive fouvent que la partie inférieure fe plaît à la tentation, fans le confentement de la partie fupérieure, & même contre fon gré. C'eft juftement le combat que faint Paul décrit, quand il dit que la chair convoite contre fon efprit, & qu'il y a en lui une loi des membres, & une loi de l'efprit, & femblables chofes.

Avez-vous jamais vu, Philothée, un grand brafier de feu couvert de cendres? Quand on vient dix ou douze heures après y chercher du feu, on a de la peine à y en trouver quelque peu de refte : il y étoit néanmoins, puifqu'on l'y trouve, & il peut fervir à rallumer tous les autres charbons éteints. Voilà comme la charité, qui eft votre vie fpirituelle, fubfifte en vous contre les plus grandes tentations. Car la tentation jettant la délectation dans la partie inférieure de l'ame, charge & couvre, pour ainfi dire, cette pauvre ame de tant de fâcheufes difpofitions, qu'elles y réduifent l'amour de

Dieu à bien peu de chofe. Il ne paroît nulle part, finon au fond du cœur, encore femble-t-il qu'il n'y foit pas, & on a bien de la peine à l'y trouver. Il y eſt cependant très-réellement, puiſqu'encore que tout ſoit troublé dans l'ame & dans le corps, on a toujours la réſolution de ne point conſentir au péché, ni à la tentation ; que la délectation qui plaît à l'homme extérieur, déplaît à l'intérieur, & que quoiqu'elle ſoit, pour ainſi parler, tout autour de la volonté, elle n'eſt pas en elle. Or c'eſt ce qui doit faire juger que cette délectation eſt involontaire, & qu'étant telle en effet, elle ne peut être un péché.

CHAPITRE IV.

Deux exemples remarquables ſur ce ſujet.

IL vous importe ſi fort, Philothée, de bien entendre ceci, que je ne ferai nulle difficulté de m'y étendre davantage. Le jeune homme dont parle ſaint Jérôme, couché ſur un lit d'une matiere fort molle, & attaché avec des cordons de ſoie, étoit provoqué par tout ce que l'on peut penſer de l'impudence d'une femme dont on ſe ſervoit pour ébranler ſa conſtance : & qu'eſt-ce que ſes ſens & ſon imagination n'en devoient pas

souffrir ? Cependant au milieu d'un si terrible orage de tentations sensuelles, il témoigne que son cœur n'est point vaincu, &
que sa volonté n'y consent en aucune maniere : car son ame voyant tout révolté contre elle, & n'ayant rien à son commandement de tout son corps que la seule langue, il se la coupa avec les dents, & la
cracha au visage de cette vilaine, qui lui
étoit plus cruelle que les bourreaux les plus
furieux. De sorte que le tyran qui avoit
désespéré de vaincre cette belle ame par
les douleurs, pensa inutilement la pouvoir
vaincre par les plaisirs.

Le récit des tentations intérieures & extérieures, que Dieu permit au malin esprit
de faire à sainte Catherine de Sienne sur la
pudeur, est tout-à-fait surprenant, & l'on
ne peut rien imaginer de plus horrible que
ce qu'elle souffrit dans ce combat spirituel,
soit des suggestions de l'ennemi, à l'égard
de l'imagination & du cœur; soit pour les
yeux, à l'égard des représentations les plus
infames que les démons lui faisoient sous
des figures humaines; soit encore pour les
paroles les plus abominables. Or, quoique
tout cet extérieur détestable ne lui frappât
que les sens, son cœur toutefois en étoit si
pénétré, qu'elle confesse elle-même qu'il
en étoit tout rempli, & qu'il ne lui restoit
rien en elle-même qui ne fût violemment

agité de cette tempête que la seule partie raisonnable de sa volonté. Cette épreuve dura long-temps, jusqu'à ce qu'enfin notre Seigneur lui ayant un jour apparu, elle lui dit : Où étiez-vous, mon aimable Seigneur, quand mon cœur étoit plein de tant de ténebres & d'ordures? Sur quoi il lui répondit : J'étois, ma fille, dans ton cœur même. Et comment, repliqua-t-elle, habitez-vous en un tel cœur? Alors notre Seigneur lui demanda si ces dispositions fâcheuses avoient produit en elle quelque sentiment de plaisir ou de tristesse, de l'amertume ou quelque délectation? Et la Sainte lui ayant répondu, tristesse & amertume, le Seigneur lui dit : Qui répandoit cette amertume & cette tristesse en ton cœur, sinon moi, qui demeurois caché au fond de ton ame? Sache, ma fille, que si je n'y eusse pas été présent, ces dispositions qui assiégeoient ta volonté sans pouvoir la vaincre, y eussent été reçues avec plaisir, & d'un plein consentement de ton franc arbitre, & eussent causé la mort à ton ame : mais parce que j'y étois présent, je te donnois cette ferme résistance avec laquelle tu refusois ton cœur à la tentation. Et comme il ne pouvoit pas résister autant qu'il le vouloit, il en ressentoit un plus grand déplaisir, & plus forte haine de la tentation & de soi-même. Ainsi ces peines ont été un grand accroissement de vertu

Q v

& de force pour toi, & un grand fonds de mérites.

Voyez-vous, Philothée, comme ce feu étoit couvert de cendres, & que la tentation avec la délectation étoient entrées en ce cœur, & avoient obſédé la volonté, qui ſeule, ſoutenue de la grace du Sauveur, réſiſtoit par des amertumes, des déplaiſirs & des déteſtations de tout péché, auquel elle refuſoit perpétuellement ſon conſentement. O Dieu! quelle déſolation à une ame qui aime Dieu de ne ſavoir ſeulement pas s'il eſt en elle ou non : & ſi l'amour divin, pour lequel elle combat, eſt entiérement éteint en elle ou non : mais c'eſt la grande perfection de l'amour céleſte que de faire ſouffrir, & contre l'amant par l'amour, ſans ſavoir s'il a l'amour pour lequel & par lequel il combat.

CHAPITRE V.

Conſolation de l'ame qui eſt dans la tentation.

PHILOTHÉE, jamais Dieu ne permet ces tentations ſi violentes qu'à l'égard des ames qu'il veut élever à la plus grande perfection de ſon amour; mais ce n'eſt pas pour elles une ſûreté, qu'après avoir paſſé

par ces épreuves, elles doivent y parvenir.
Car il eſt arrivé bien des fois que pluſieurs
ne correſpondant pas dans la ſuite avec fidélité à la grace qui les leur avoit fait ſoutenir conſtamment, ont malheureuſement ſuc-
combé à des tentations fort légeres. Je vous
le dis, afin que ſi vous vous trouvez jamais
dans des épreuves ſi affligeantes, vous vous
conſoliez du deſſein que Dieu a de vous
élever devant ſes yeux, & que pourtant toujours humble en ſa préſence, vous ne vous
teniez jamais en ſûreté contre les petites
tentations, après avoir ſurmonté les plus
grandes, qu'autant que vous avez une continuelle fidélité à ſa grace. Quelque tentation donc qu'il vous arrive, & quelque délectation qu'il vous en revienne, ne vous
en troublez point, durant que votre volonté refuſera ſon conſentement à l'une &
à l'autre ; parce qu'enfin Dieu n'en eſt point
offenſé. Quand un homme tombe en dé-
faillance, ne donne aucune marque de vie,
on lui met la main ſur le cœur ; & pour
peu qu'on lui ſente de mouvement, on
juge qu'il n'eſt point mort, & que l'on
peut avec quelque liqueur forte & ſubtile,
lui faire revenir ſes forces : jugeons ainſi
de l'état de l'ame dans la violence des tentations, qui ſemblent quelquefois épuiſer
toutes ſes forces. Conſidérons ſi le cœur &
la volonté ont encore quelque mouvement

Q vj

de la vie fpirituelle ; c'eft-à-dire, fi la volonté refufe fon confentement, en rejettant
la tentation & la déleϭation. Car tandis
que ce mouvement refte en notre volonté,
nous fommes fûrs que la vie de la charité
n'y eft pas éteinte, & que Jefus-Chrift eft
préfent en notre ame, quoiqu'il foit caché.
De forte que par l'ufage continuel de l'o-
raifon & des facrements, & par la confiance
en Dieu, nous pouvons reprendre toutes
nos forces, & vivre toujours en Dieu d'une
douce & parfaite vie.

CHAPITRE VI.

Comment la tentation & la déleϭation peuvent être des péchés.

LA princeffe dont je vous ai parlé ne
peut être blâmée de la recherche qui
lui eft faite, puifque nous avons fuppofé
que c'eft abfolument contre fes intentions.
Mais elle feroit coupable fi elle fe l'étoit
attirée par quelques manieres qui euffent
pu en faire venir la penfée ; & voilà comme
la tentation eft quelquefois un péché, par
la raifon qu'on fe l'eft attirée. Par exemple, un homme fait que le jeu excite aifément fa colere, que la colere le fait blaf-
phémer, & que le jeu conféquemment eft
une vraie tentation pour lui. Je dis que cet

homme peché toutes les fois qu'il joue, & que les tentations qui lui arrivent au jeu le rendent coupable. Un autre fait qu'une certaine converfation lui eft une occafion de quelque chûte; s'il s'y engage volontairement, il eft indubitablement coupable de la tentation qu'il y trouve.

Quand on peut éviter la délectation qui fuit la tentation, c'eft toujours un péché que de la recevoir, mais plus ou moins confidérable, à proportion que le plaifir que l'on y prend, & que le confentement que l'on y donne, eft grand ou petit, d'une longue ou courte durée. Si cette princeffe dont nous avons parlé, écoute non-feulement la propofition déshonnête qui lui eft faite, mais y prend plaifir, & en occupe fon cœur avec joie, elle eft fort blâmable. Car quoiqu'elle ne veuille pas l'exécution, elle confent néanmoins à l'application de fon cœur fur cet objet déshonnête, par le plaifir qu'elle y prend. Or la feule application volontaire du cœur à la déshonnêteté eft mauvaife, comme celle même des fens. De forte que la déshonnêteté confifte tellement en cette application volontaire du cœur, que fans elle l'application des fens ne peut être un péché.

Lors donc qu'une tentation s'élevera en vous, confidérez fi vous vous l'êtes attirée volontairement, parce que c'eft un péché que de se mettre en danger de pécher. Et cela suppose que vous avez pu raisonnablement éviter l'occasion, & que vous avez prévu ou dû prévoir la tentation qui devoit vous en venir ; mais si vous n'avez donné nul sujet à la tentation, elle ne peut aucunement vous être imputée à péché.

Quand on a pu éviter la délectation qui suit la tentation, & qu'on ne l'a pas évitée, il y a toujours quelque sorte de péché, à proportion qu'on s'y est peu ou beaucoup arrêté, & selon la cause du plaisir qu'on y a pris. Une femme qui n'ayant donné aucun sujet à la cajolerie, y prend pourtant plaisir, ne laisse pas d'être blâmable, si le plaisir qu'elle y prend n'a point d'autre cause que la cajolerie même. Car si celui qui veut lui inspirer de l'amour jouoit en perfection du luth, & qu'elle prît plaisir, non pas à sa mauvaise recherche, mais à l'harmonie & à la douceur du luth, il n'y auroit point de péché pour elle, quoiqu'elle ne dût pas prendre long-temps ce plaisir, de peur de passer à celui d'être recherchée. De même encore, si on me proposoit un stratagême fort artificieux de me venger de mon ennemi, & que je ne donne aucun consentement à la vengeance, & n'y prenne aucun plaisir, mais seulement à la subtilité de cet artifice, sans doute je ne peche point. Mais il n'est pas expédient que je m'arrête beaucoup à ce plaifir, de peur qu'il ne me porte peu-à-peu à celui de la vengeance même.

On eft quelquefois furpris des impreffions de la délectation, qui fuit immédiatement la tentation, avant qu'on s'en foit bien apperçu. Et cela ne peut être qu'un péché véniel affez léger, lequel cependant devient plus grand, fi, après que l'on a reconnu le mal diftinctement, on demeure, par négligence, quelque temps à prendre fon parti fur l'acceptation ou le refus de cette délectation; & le péché fera encore plus grand, fi, l'ayant reconnue, on s'y arrête quelque temps par une vraie négligence, & fans aucune forte de volonté de la rejetter. Mais lorfque volontairement, & de propos délibéré, nous fommes réfolus de nous plaire en telles délectations, ce propos même délibéré eft un grand péché, fi l'objet auquel on fe plaît eft notablement mauvais. C'eft un grand vice à une femme de vouloir entretenir de mauvaifes amours, quoiqu'elle ne veuille jamais s'y abandonner.

CHAPITRE VII.

Les remedes aux grandes tentations.

DÈS que vous appercevrez une tentation, imitez les petits enfants, qui, à la vue d'un loup ou d'un ours, fe jettent entre les bras de leur pere & de leur mere, ou du moins les appellent à leur secours. Recourez ainsi à Dieu, & implorez le secours de sa miséricorde ; c'est le remede que notre Seigneur nous donne en ces paroles : *Priez, afin que vous n'entriez point en tentation.*

Si elle continue, ou si elle devient plus forte, embrassez la sainte croix en esprit, comme si vous voyiez Jesus-Chrift devant vous : proteftez-lui que vous ne confentirez point à la tentation ; demandez-lui qu'il vous défende de l'ennemi ; & perfévérez en cette proteftation & en cette priere, tandis que le combat durera.

Mais parmi ces proteftations, ne confidérez point la tentation, & regardez uniquement Jesus-Chrift : d'autant que fi vous y arrêtez votre efprit, elle pourroit ébranler votre cœur, principalement quand elle eft forte ; donnez donc un détour à votre efprit, par quelque occupation bonne & louable, qui puiffe auffi, par l'attachement que votre cœur y prendra, éteindre le fentiment de la tentation.

Le grand remede contre toutes les tentations, grandes ou petites, c'est d'ouvrir fon cœur à fon directeur, en lui faifant connoître les fuggeftions de l'ennemi, & les impreffions qu'elles font : car obfervez que le filence eft toujours la premiere condition que l'ennemi impofe à celui qu'il veut féduire, en la maniere qu'un libertin qui entreprend une femme ou une fille, promet d'abord de tenir leur commerce fort fecret, ou à fon mari, ou à fon pere. Conduite du démon toute oppofée à celle de Dieu, qui nous oblige abfolument de faire examiner les infpirations par nos fupérieurs, & par nos directeurs. Que fi après cela la tentation s'opiniâtre à nous perfécuter & à nous fatiguer, nous n'avons rien à faire qu'à lui refufer avec une généreufe opiniâtreté le confentement de notre cœur : une perfonne ne peut être mariée pendant qu'elle dit non, & une ame n'eft jamais vaincue par la tentation, tandis qu'elle fait la même réponfe.

Ne difputez jamais avec votre ennemi, & ne lui répondez à toutes chofes que par ces paroles, avec lefquelles le Sauveur le confondit : *Retire-toi, fatan, il eft écrit : Tu adoreras le Seigneur ton Dieu, & tu ne ferviras que lui.* L'honnête femme quitte tout court un malhonnête homme fans le regarder & fans lui répondre ; & elle tourne fon cœur vers fon époux, renouvellant en elle-même les fentiments de la fidélité qu'elle lui a promife : & l'ame dévote, attaquée par fon ennemi, ne doit pas s'amufer à lui répondre, ni à difputer avec la tentation ; il lui fuffit de fe tourner fimplement vers Jefus-Chrift fon époux, & de lui protefter qu'elle veut être toujours & uniquement à lui avec une parfaite fidélité.

CHAPITRE VIII.

Qu'il faut résister aux petites tentations.

QUOIQU'IL faille combattre les grandes tentations avec un courage invincible, & que la victoire nous en soit extrêmement utile, il y a peut-être plus d'utilité à combattre les petites, dont la victoire peut égaler par leur grand nombre tout l'avantage de ceux qui ont soutenu heureusement de grandes tentations. Les loups & les ours sont assurément plus à craindre que les mouches. Les mouches sont pourtant plus importunes, & exercent davantage notre patience. Il est aisé de s'abstenir d'un meurtre ; mais il est difficile de réprimer les petites coleres, dont les occasions se présentent à tous moments. Il est facile à un homme ou à une femme de ne pas commettre d'adultere ; mais il n'est pas également facile de conserver la pureté des yeux, de ne rien dire ou de ne rien entendre avec plaisir de tout ce qu'on appelle cajolerie, de ne pas donner ou de ne pas recevoir de l'amour, ni des menues faveurs d'amitié. Ce n'est pas une chose difficile

que de ne point donner viſiblement & extérieurement un rival à un mari, ou une ri-
vale à une femme; mais il eſt aſſez difficile
de ne lui en point donner au fond du cœur.
Il eſt bien aiſé de ne point dérober le bien
d'autrui; mais mal-aiſé de ne le pas muguet-
ter & convoiter. Bien aiſé de ne point porter de faux témoignage en jugement; mal-
aiſé de ne point mentir en converſation.
Bien aiſé de ne point s'enivrer; mais mal-
aiſé d'être ſobre. Bien aiſé de ne point dé-
ſirer la mort d'autrui; mais mal-aiſé de ne
point deſirer ſon incommodité. Bien aiſé
de ne le point diffamer; mais mal-aiſé de
ne le point mépriſer. Enfin ces petites tentations de colere, de ſoupçons, de jalou-
ſie, d'envie, d'amitiés folles & vaines, de
duplicités, de vanités, d'afféterie, d'artifice, de penſées ſenſuelles, tout cela, dis-je,
fait même l'exercice continuel de ceux qui
ſont les plus dévots, & les plus déterminés
à bien vivre. C'eſt pourquoi, Philothée,
en attendant que nous combattions généreuſement les grandes tentations, ſi elles
nous viennent, il faut nous préparer avec
ſoin à tous ces petits combats, perſuadés
que les victoires que nous y remporterons
ſur nos ennemis, ajouteront autant de pierres précieuſes à la couronne que Dieu nous
prépare en ſon paradis.

CHAPITRE IX.

Les remedes aux petites tentations.

LA meilleure maniere de réſiſter à ces tentations, dont nous ne pouvons pas non plus nous exempter, que de l'importunité des mouches & des moucherons, c'eſt de ne s'en point tourmenter; parce que rien de cela ne peut nous nuire, quoique nous puiſſions recevoir de l'ennui, pourvu que l'on ſoit déterminé bien ſolidement au ſervice de Dieu.

Mépriſez donc ces foibles attaques de l'ennemi, & ne daignez pas y penſer davantage qu'à des mouches que vous laiſſez voler & bourdonner autour de vous. Mais quand votre cœur en ſentira quelque ſorte d'atteinte, contentez-vous de les détourner ſimplement, en occupant votre cœur, ſoit intérieurement, ſoit extérieurement, de quelque choſe de bon, & principalement de l'amour de Dieu. Si vous me croyez, vous ne combattrez ces tentations qu'indirectement, & non pas d'une maniere directe, comme eſt celle de leur oppoſer les vertus qui leur ſont contraires; parce que ce ſeroit trop vous arrêter à diſputer contre l'ennemi, & à lui répondre. Que ſi ayant

eu le loifir de reconnoître la qualité de la
tentation, vous lui oppofez quelque acte
de vertu directement contraire, ajoutez-y
un fimple retour de votre cœur vers Jefus-
Chrift crucifié, & lui baifez les pieds en
efprit avec beaucoup d'amour. C'eft le
meilleur moyen de vaincre l'ennemi dans
les petites tentations & dans les grandes.
Car l'amour de Dieu contenant en foi toutes les perfections de toutes les vertus, &
en un degré d'une plus grande excellence,
il eft un remede plus fouverain contre tous
les vices: & votre efprit s'accoutumant dans
les tentations à recourir à ce principe général, il ne fera point obligé d'examiner la
qualité des tentations, & il fe calmera d'une
maniere fimple, mais terrible au malin efprit, qui fe retire de nous quand il voit que
fes fuggeftions nous font recourir à l'exercice de l'amour de Dieu.

Voilà ce que nous avons à faire contre
ces menues & fréquentes tentations, au-lieu
de les examiner & de les combattre en détail; car autrement on fe donneroit bien
de la peine, & on ne feroit rien.

CHAPITRE X.

*La maniere de fortifier son cœur contre
les tentations.*

CONSIDÉREZ de temps en temps quelles passions dominent le plus en votre
ame; & les ayant reconnues, faites-vous
une conduite de vie qui leur soit toute contraire en pensées, en paroles & en œuvres.
Par exemple, si c'est la vanité, pensez souvent combien la vie humaine porte de miseres; combien à l'heure de la mort votre
conscience souffrira des vanités du monde;
combien elles sont indignes d'un cœur généreux, ne devant être regardées que comme
des amusemens d'enfans. Parlez souvent
contre la vanité; & quoiqu'il vous semble
que ce soit à contre-cœur, ne laissez pas
d'en parler avec mépris : parce qu'à force
de parler contre quelque chose, nous nous
excitons à la haïr, toute aimable qu'elle
nous soit au commencement; ainsi vous vous
engagerez même, par une raison d'honneur,
à prendre le parti contraire à la vanité.
Faites des œuvres d'abjection & d'humilité
le plus que vous pourrez, quoiqu'il vous
semble que ce soit à regret. Par-là vous
vous formerez à l'humilité, & vous affoi-

blirez toujours votre vanité ; de forte que quand la tentation viendra, votre inclination ne lui fera plus fi favorable, & vous trouverez en vous plus de force pour la combattre.

Si votre cœur eft enclin à l'avarice, repréfentez-vous fouvent la folie de cette paffion, laquelle nous rend fi efclaves de ce qui n'eft fait que pour nous fervir ; & penfez qu'à la mort il faudra tout laiffer, & peut-être entre les mains de tel qui diffipera tout, & fe damnera encore pour fa diffipation. Parlez fortement contre l'avarice, & louez le mepris du monde. Faites-vous fouvent violence pour faire des aumônes, & pour laiffer quelquefois échapper les occafions d'amaffer du bien.

Si vous fentez du penchant à vouloir donner ou recevoir de l'amour, penfez fouvent combien cet amufement eft dangereux pour vous & pour les autres ; combien c'eft une chofe indigne de profaner la plus noble inclination de votre ame ; combien une telle conduite peut vous faire blâmer d'une grande légéreté d'efprit. Parlez fouvent en faveur de la pureté & de la fimplicité du cœur. Faites le plus que vous pourrez des actions conformes à cette vertu ; évitez toutes les afféteries & toutes les occafions de cajoleries.

En temps de paix, c'eft-à-dire que l'ennemi ne fera point de tentation à votre mauvaife inclination, faites beaucoup d'actions de la vertu contraire, & cherchez-en les occafions, fi elles ne fe préfentent pas; car vous fortifierez ainfi votre cœur contre la tentation future.

CHAPITRE XL

De l'inquiétude.

L'INQUIÉTUDE n'eft pas une fimple tentation, mais une mauvaife fource de plufieurs tentations, & il eft néceffaire que je vous en parle.

La trifteffe n'eft autre chofe que la douleur que notre efprit reffent du mal que nous fouffrons malgré nous, foit qu'il foit extérieur; comme la pauvreté, la maladie, le mépris; foit qu'il foit intérieur, comme l'ignorance, la féchereffe du cœur, la répugnance au bien, la tentation. Lors donc que l'ame fent quelque mal, elle a du déplaifir de l'avoir, & voilà la trifteffe. Le defir d'être affranchi du mal, & d'avoir les moyens de s'en délivrer, fuit incontinent la trifteffe, jufques-là nous avons raifon, car naturellement chacun defire le bien & fuit le mal.

Si l'ame cherche les moyens d'être délivrée de fon mal, pour l'amour de Dieu,
elle

elle les cherchera avec patience & douceur,
humblement & tranquillement, attendant
beaucoup plus sa délivrance de l'aimable
providence de Dieu, que de son industrie,
de ses soins & de ses peines. Si son amour-
propre lui fait chercher son soulagement,
ce sera avec beaucoup d'empressement & de
chaleur, comme si ce bien dépendoit plus
d'elle que de Dieu; je ne dis pas qu'elle pense
cela; mais je dis comme si elle le pensoit.

Que si elle ne trouve pas aussi-tôt ce
qu'elle desire, elle entre dans de grandes
inquiétudes & impatiences. Et parce que
ces inquiétudes, bien-loin de la soulager de
son mal, l'augmentent beaucoup, si elle est
saisie d'une tristesse si démesurée, que perdant tout ensemble le courage & la force,
elle croit son mal sans remede. Vous voyez
donc que la tristesse, toute juste qu'elle est
au commencement, produit l'inquiétude;
& l'inquiétude augmente si fort la tristesse,
qu'elle devient extrêmement dangereuse.

L'inquiétude est le plus grand mal de
l'ame, si on en excepte le péché. Car comme les séditions & les troubles domestiques
d'un état le désolent entiérement, & l'empêchent de résister au-dehors de ses ennemis; de même notre cœur étant inquiet &
troublé, n'a plus la force ni de conserver
les vertus qu'il avoit acquises, ni de résister
aux tentations de l'ennemi, qui fait alors

R

tous ſes efforts pour pêcher, comme l'on dit, en eau trouble. L'inquiétude provient d'un deſir déréglé d'être délivré du mal que l'on ſent, ou d'acquérir un bien que l'on eſpere; & toutefois il n'y a rien qui augmente plus le mal, & qui éloigne plus le bien, que l'inquiétude & l'empreſſement: ainſi qu'il arrive à ces oiſeaux, qui s'agitant turbulemment dans les filets où ils ont été pris, s'y embarraſſent de plus en plus. Quand donc votre cœur ſera preſſé du deſir d'être délivré de quelque mal, ou de parvenir à quelque bien, calmez-vous avant toutes choſes, tranquillisez votre eſprit & votre cœur, & puis ſuivez le mouvement de votre deſir, pour prendre doucement & avec ordre les moyens convenables à ce que vous ſouhaitez. Et quand je dis doucement, je n'entends pas négligemment, mais ſans empreſſement & ſans inquiétude; autrement, bien-loin de réuſſir, vous gâterez tout, & ne ferez rien que vous embarraſſer davantage.

Mon ame, Seigneur, eſt toujours entre vos mains, diſoit David, *& je n'ai point oublié votre loi.* Philothée, examinez plus d'une fois le jour, mais au moins le ſoir & le matin, ſi vous avez, comme lui, votre ame entre vos mains, ou ſi quelque paſſion ou quelque inquiétude ne vous l'a point ravie. Conſidérez ſi vous avez votre cœur à votre commandement, ou bien s'il ne s'eſt pas échappé de vos mains pour s'engager à quelque déréglement d'amour, de haine, d'envie, d'avarice, de crainte, de tristesse, de joie ; & s'il s'est égaré, cherchez-le promptement, & le ramenez doucement en la présence de Dieu, remettant toutes vos affections & tous vos desirs sous l'obéissance & la conduite de sa divine volonté. Comme ceux qui craignent de perdre quelque chose qui leur est précieuse, la tiennent bien serrée en leur main : ainsi, à l'imitation de ce grand roi, nous devons toujours dire : *O mon Dieu! mon ame est en danger de se perdre, c'est pourquoi je la porte toujours en mes mains, & cela m'empêche d'oublier votre sainte loi.* Ne permettez jamais à vos desirs de vous inquiéter, tels petits & peu considérables qu'ils soient. Car après les petits, les grands trouveroient votre cœur plus disposé au trouble & au déréglement. Quand vous sentirez donc quelque inquiétude, recommandez-vous à Dieu, & déterminez-vous à ne rien faire de tout ce que votre desir demande, avant que l'inquiétude soit entiérement calmée, si ce n'est que la chose ne souffrît pas de délai : mais alors faites un doux effort pour réprimer ou pour modérer le mouvement de votre desir ; & puis faites ce que vous croyez que la raison demande de vous, & non pas de votre desir.

Si vous pouvez découvrir votre inquiétude à votre directeur, ou du moins à un
confident & dévot ami, vous trouverez auffi-
tôt le calme : parce que cette ouverture d'un
cœur agité & échauffé le foulage auffi prompt-
tement que l'ouverture de la veine foulage
un malade de la violence de fa fievre ; &
c'eft pour le cœur le meilleur de tous les
remedes. Qui, dit le roi faint Louis à fon
fils, quand vous aurez quelque chofe fur
le cœur, faites-en auffi-tôt confidence à votre confeffeur, ou à quelque bonne perfonne ; car la confolation que vous en re-
cevrez, vous aidera à porter doucement votre peine.

CHAPITRE XII.

De la trifteffe.

*L*A *trifteffe qui eft felon Dieu*, dit faint
Paul, *opere la pénitence pour le falut,
& la trifteffe du monde opere la mort.* La
trifteffe peut donc être bonne & mauvaife,
felon les divers effets qu'elle opere en nous :
mais elle y en opere plus de méchants que
de bons ; car il n'y en a que deux qui foient
bons, à favoir, la miféricorde & la pénitence ; & il y en a fix fort méchants, à favoir, l'angoiffe, l'indignation, la jaloufie,

l'envie, l'impatience & la mort; ce qui a fait dire au Sage, *que la tristesse fait périr beaucoup de personnes, & ne porte aucune utilité.*

L'ennemi s'en sert pour tenter les bons, jusques dans leurs bonnes œuvres, comme il tâche de porter les méchants à se réjouir du mal qu'ils font. Et comme il ne peut procurer le mal qu'en le faisant trouver agréable, il ne peut aussi détourner du bien qu'en le faisant paroître incommode. L'on peut dire même que tout livré qu'il est pour toute l'éternité à la tristesse la plus désespérée, il voudroit que tous les hommes fussent tristes comme lui.

La mauvaise tristesse trouble l'ame, l'inquiete, inspire des craintes déréglées, dégoûte de l'oraison, accable l'esprit d'un assoupissement mortel, l'empêche de profiter des bons conseils, de juger sainement des choses, de prendre aucune résolution, ou d'avoir le courage & la force de rien exécuter. En un mot, elle fait sur les ames les mêmes impressions qu'un froid excessif fait sur les corps qui deviennent comme perclus & incapables de tout mouvement.

Si jamais, Philothée, votre cœur est atteint de cette mauvaise tristesse, servez-vous bien de ces regles: *Quelqu'un de vous est-il triste,* dit saint Jacques, *qu'il prie.* En effet, la priere est un souverain remede, puisqu'elle éleve l'esprit à Dieu, qui est notre joie & notre consolation. Mais employez dans votre priere ces paroles & ces affections qui inspirent la confiance en Dieu & son amour : ô Dieu de miséricorde! ô Dieu infiniment bon! mon Sauveur débonnaire! ô le Dieu de mon cœur, ma joie, mon espérance! ô le cher époux de mon ame! ô le bien-aimé de mon cœur!

Combattez vivement ce que vous pouvez sentir d'inclination à la tristesse; & quoiqu'il vous semble que ce soit froidement & lâchement, ne laissez pas de le faire. Car l'ennemi qui prétend nous donner de l'indifférence & de la langueur pour les bonnes œuvres, cessera de nous affliger, d'autant plus qu'étant faites avec quelque répugnance, elles en valent mieux.

Soulagez-vous par le chant de quelques cantiques spirituels : ils ont souvent servi à rompre le cours des opérations du malin esprit; témoin Saül, que David, par les doux accords de sa harpe, délivra plus d'une fois du démon qui le possédoit, ou qui l'obsédoit.

Il est bon de s'occuper extérieurement, & de diversifier ses occupations, soit pour dérober l'ame aux objets qui l'attristent, soit pour purifier & échauffer le sang & les esprits, parce que la tristesse est une passion d'une complexion froide & seche.

Faites de certaines actions de ferveur, quoique ce soit sans aucun goût, prenant entre vos bras votre crucifix, le serrant sur votre poitrine, baisant les pieds & les mains du Sauveur, levant les yeux & les mains au ciel, élançant votre voix en Dieu par des paroles d'amour & de confiance, comme celles-ci : *Mon bien-aimé est à moi, & je suis à lui. Mon bien-aimé est un bouquet de myrrhe sur mon cœur. Mes yeux s'épuisent à force de regarder d'où me viendra le secours qui m'est nécessaire, & de vous dire, Seigneur, quand me consolerez-vous?* O Jesus! soyez-moi Jesus; vive Jesus, & mon ame vivra. *Qui me séparera de l'amour de mon Dieu?*

L'usage modéré de la discipline est bon contre la tristesse, parce que cette peine extérieure impetre ordinairement la consolation extérieure, & que l'ame sentant quelque douleur du dehors, est moins attentive à celle du dedans : mais la fréquente communion est excellente; car ce pain céleste fortifie le cœur & réjouit l'esprit.

Découvrez à votre directeur, avec une humble sincérité, votre tristesse, & tout ce qui vous en revient de ressentiment & de mauvaises suggestions, & cherchez, le plus que vous pourrez, les personnes spirituelles. Enfin résignez-vous à la volonté de Dieu, vous préparant à souffrir patiemment

cette ennuyeuſe triſteſſe, comme une juſte
punition de vos vaines joies; & ne doutez
pas que Dieu, après avoir éprouvé votre
cœur, ne vienne à ſon ſecours.

CHAPITRE XIII.

Des conſolations ſpirituelles & ſenſibles, & de l'uſage qu'il en faut faire.

DIEU ne fait ſubſiſter ce grand monde
que par de perpétuelles viciſſitudes
des jours & des nuits, des ſaiſons qui ſe ſûc-
cedent les unes aux autres, & des différents
temps, ſoit de pluie ou de ſéchereſſe, ſoit
d'un air doux & ſerein, ou des vents & des
orages, qui font que preſque jamais les jours
ne ſe reſſemblent parfaitement. Admirable
variété qui donne une grande beauté à tout
cet univers! Il en eſt de même de l'homme
que les anciens ont appellé un abrégé du
monde. Jamais il n'eſt en un même état;
& ſa vie s'écoule ſur la terre comme les
eaux d'un fleuve, dans une perpétuelle variété de mouvements, qui l'élevent par de
grandes eſpérances, & puis qui l'abaiſſent
par la crainte, qui le pouſſent tantôt à droit
par la conſolation, & tantôt à gauche par
l'affliction, de ſorte que jamais une ſeule de
ſes journées, ni même une de ſes heures,
n'eſt entiérement ſemblable à l'autre.

C'est donc à nous de conserver parmi une si grande inégalité d'événements & d'accidents, une continuelle & inaltérable égalité de cœur. Et de quelque maniere que les choses tournent & varient autour de nous, demeurons immobiles, & toujours constamment fixés à ce point unique de notre bonheur, qui est de ne regarder que Dieu, d'aller à lui, & de ne rien prendre que lui-même. Que le navire prenne telle route que l'on voudra, qu'il cingle à l'orient ou à l'occident, au midi ou au septentrion, avec quelque vent que ce soit, jamais l'aiguille marine, qui doit régler sa route, ne regardera que l'étoile du pôle.

Que tout se renverse autour de nous & en nous-mêmes; c'est-à-dire, que notre ame soit triste ou en joie; dans l'amertume ou dans la consolation; en paix ou en trouble; dans les ténebres ou dans la lumiere; dans la tentation ou dans le repos; dans le goût de la dévotion ou dans le dégoût; dans l'état de la sécheresse ou dans celui d'une tendre dévotion; qu'elle soit comme une terre ou brûlée par le soleil ou rafraîchie par la rosée : ah! il faut toujours que notre cœur, notre esprit & notre volonté, tendent invariablement & continuellement à l'amour de Dieu, son créateur, son sauveur, son unique & son souverain bien. *Soit que nous vivions, soit que nous mourions*, dit l'A-

R v

pôtre, *nous sommes à Dieu; & qui nous séparera de son amour?* Non, jamais rien ne nous en séparera, ni la tribulation, ni l'angoisse, ni la mort, ni la vie, ni la douleur présente, ni la crainte des accidents futurs, ni les artifices du malin esprit, ni l'élévation des consolations, ni l'humiliation des afflictions, ni la tendresse de la dévotion, ni la sécheresse du cœur; rien de tout cela ne nous doit jamais séparer de la sainte charité, qui est fondée en Jesus-Christ.

Cette résolution si absolue de ne jamais abandonner Dieu ni son doux amour, sert de contre-poids à nos ames pour leur donner une sainte égalité parmi la variété de tant d'accidents qui sont attachés à notre vie. Car, comme les abeilles surprises du vent, prennent de petites pierres pour se pouvoir balancer en l'air, & résister plus facilement à son agitation; ainsi notre ame s'étant consacrée à Dieu, par une vive résolution de l'aimer, subsiste toujours la même, parmi les vicissitudes des consolations & des afflictions, soit spirituelles ou temporelles, soit intérieures ou extérieures.

Mais, outre cette instruction générale, nous avons besoin de quelques regles particulieres. 1. Je dis donc que la dévotion ne consiste pas en cette suavité, ni consolation sensible & douce tendresse du cœur, qui excitent les larmes & les soupirs, &

qui nous font de nos exercices spirituels une opération agréable. Non, Philothée, la dévotion & ses douceurs ne font pas une même chose. Parce qu'il y a beaucoup d'ames qui, les ayant, ne laissent pas d'être fort vicieuses, & qui, par conséquent, n'ont aucun vrai amour de Dieu, & beaucoup moins aucune vraie dévotion. Saül, poursuivant le pauvre David jusques dans les déserts pour le faire périr, entra seul dans une caverne, où David, qui y étoit caché avec ses gens, eût pu facilement s'en défaire. Mais il ne voulut pas seulement lui en donner la peur; il se contenta, après l'avoir laissé sortir tranquillement, de l'appeller pour lui faire connoître ce qu'il auroit pu faire, & pour lui donner encore cette preuve de son innocence. Hé bien, que ne fit pas Saül pour marquer à David que son cœur étoit attendri? Il l'appella son enfant, il pleura tendrement, il le loua de sa débonnaireté; il pria Dieu pour lui; il publia tout haut qu'il regneroit après sa mort, & lui recommanda sa famille. Pouvoit-il faire paroître une plus grande douceur & tendresse de cœur? Cependant son cœur n'étoit pas changé; & il ne laissa pas de continuer à persécuter cruellement David. Il se trouve aussi des personnes qui, considérant la bonté de Dieu & la passion du Sauveur, sentent de certains attendrissements de cœur

qui leur font jetter beaucoup de foupirs &
verfer bien des larmes parmi des prieres &
des actions de graces fort fenfibles; fi bien
qu'on diroit qu'elles ont l'ame pénétrée
d'une grande dévotion. Mais quand on en
vient à l'épreuve, l'on voit que comme les
pluies d'un été bien chaud, lefquelles font
paffageres, tombent à groffes gouttes fur la
terre, ne la pénetrent point, & ne fervent
qu'à produire des champignons; l'on voit,
dis-je, que ces larmes fi tendres, tombant
fur un cœur vicieux, & ne le pénétrant
point, lui font tout-à-fait inutiles; car ces
gens-là n'en relâcheroient point un feul liard
de tout le bien qu'ils poffedent injuftement,
ne renonceroient pas à la moindre de leurs
mauvaifes inclinations, & ne fouffriroient
pas la moindre incommodité pour le fervice de Jefus-Chrift, fur qui ils ont pleuré:
& tous ces bons mouvements de leur cœur
n'ont été que de faux fentiments de dévotion, femblables aux champignons qui ne
font qu'une fauffe production de la terre.
Or, ce qui eft plus déplorable, c'eft qu'une
ame trompée par les artifices de l'ennemi,
s'amufe de ces menues confolations, & en
demeure fi fatisfaite, qu'elle n'afpire plus à
la vraie & folide dévotion, qui confifte en
une volonté conftante, prompte & active
de faire ce que-l'on fait qui plaît à Dieu.

Un enfant pleurera tendrement, s'il voit

donner un coup de lancette à sa mere pour la saigner ; mais si en même temps sa mere lui demande une bagatelle qu'il tient en sa main, il ne la lui donnera pas. Telles sont la plupart de nos tendres dévotions, lorsque voyant le cœur de Jesus-Christ crucifié, percé d'un coup de lance, nous versons beaucoup de larmes. Hélas, Philothée ! c'est bien fait de pleurer sur la mort & la passion douloureuse de notre Pere & de notre Rédempteur ; mais pourquoi donc ne lui donnons-nous pas notre cœur & notre amour, que ce cher Sauveur nous demande ? Que ne lui sacrifions-nous ces inclinations, ces satisfactions, ces complaisances qu'il nous veut arracher du cœur, & dont nous aimons mieux faire nos délices que de sa sainte grace ? Ah ! ce sont-là des amitiés d'enfants tendres, il est vrai ; mais foibles, mais fantasques, mais sans effet, & qui ne procedent que d'une complexion molle, & susceptible des mouvements qu'on veut lui faire prendre, ou quelquefois des impressions artificieuses de l'ennemi sur notre imagination.

2. Ces affections tendres & douces sont cependant quelquefois utiles : car elles donnent à l'ame le goût de la piété ; confortent l'esprit, & ajoutent à la promptitude de la dévotion une sainte gaieté, qui rend nos actions plus belles & plus agréables, même à l'extérieur : c'est ce goût que l'on

a des chofes divines fur lequel David s'é-
crioit : *O Seigneur ! que vos paroles ont*
de douceur pour moi ! Elles font plus dou-
ces à mon cœur que le miel à la bouche.
Certes la plus petite confolation que nous
recevons de la dévotion vaut mieux en tout
fens que les plaifirs du monde les plus exquis : c'eft ce lait qui nous repréfente les
faveurs du divin époux, & que l'écriture
préfere au plus excellent vin ; qui en a goûté
une fois ne trouve plus que du fiel & de
l'abfynthe en toutes les confolations humaines. Oui, comme ceux qui ont un peu de
l'herbe fcitique en la bouche, en reçoivent
une fi grande douceur, qu'ils n'ont ni faim
ni foif : de même ceux à qui Dieu a donné
la manne des confolations céleftes & intérieures, ne peuvent plus ni defirer ni recevoir celles de la terre, du moins pour y
prendre goût & en occuper leurs cœurs.
Ce font de petits avant-goûts de fuavités
immortelles que Dieu donne aux ames qui
le cherchent, comme une mere qui attire
fon enfant avec les douceurs ; ou comme
un médecin fortifie le cœur d'une perfonne
foible par des eaux cordiales : & ce font
auffi quelquefois des arrhes de la récompenfe éternelle de leur amour. On dit qu'A-
lexandre le Grand étant fur mer jugea qu'il
n'étoit pas éloigné de l'Arabie heureufe,
par la douce odeur dont l'air étoit pénétré ;

ce qui lui servit beaucoup à encourager toute sa flotte : & voilà comme les suavités de la grace, parmi tous les orages de cette vie mortelle, nous font pressentir les délices ineffables de la céleste patrie à laquelle nous aspirons.

3. Mais, direz-vous, puisqu'il y a des consolations sensibles qui sont bonnes & viennent de Dieu, & qu'il y en a d'autres inutiles, dangereuses, & même pernicieuses, qui viennent ou de notre complexion, ou de notre ennemi, comment en pourrois-je faire le discernement?

C'est un principe général, Philothée, que nous pouvons connoître nos passions par leurs effets, comme on connoît les arbres par leurs fruits : le cœur qui a de bonnes inclinations, est bon ; & les inclinations sont bonnes, si elles produisent de bonnes œuvres. Concluez de ce principe que si les consolations nous rendent plus humbles, plus patiens, plus charitables, plus sensibles aux peines du prochain, plus traitables, plus fervens à mortifier nos passions, plus attachés à nos exercices, plus disposés à l'obéissance, plus simples en notre conduite; concluez, dis-je, Philothée, qu'indubitablement elles viennent de Dieu : mais si ces douces tendresses n'ont de la douceur que pour nous, & qu'elles nous rendent curieux, aigres, pointilleux, impatiens, opiniâtres, fiers, présomptueux, durs au prochain, & que pensant être déja de petits saints nous ne voulions plus souffrir de direction, ni de correction ; concluez, dis-je, qu'indubitablement ce sont des consolations fausses & pernicieuses : un bon arbre ne produit que de bons fruits.

4. Quand nous aurions ces douces consolations, il faut premiérement nous humilier beaucoup devant Dieu : gardons-nous bien de dire pour ces douceurs, ô que je suis bon ! Non, Philothée, ce ne sont pas des biens qui nous rendent meilleurs ; car, comme je l'ai dit, la dévotion ne consiste pas en cela : mais disons : *O que Dieu est bon à ceux qui esperent en lui, à l'ame qui le cherche !* Qui a du sucre en sa bouche, ne peut pas dire que sa bouche soit douce ; quoiqu'aussi cette consolation si douce soit fort bonne , & que Dieu qui vous la donne soit très-bon, il ne s'ensuit pas que celui qui la reçoit, soit bon. 2. Reconnoissons que nous sommes encore de petits enfants, qui avons besoin de lait, comme dit saint Pierre, parce que foibles & délicats que nous sommes, nous ne pouvons pas porter une nourriture plus solide, & qu'il nous faut quelque douceur pour nous attirer à l'amour de Dieu. 3. Après cette humiliation de nous-mêmes, estimons beaucoup ses graces, non pas pour ce qu'elles

font en elles-mêmes, mais parce que c'eſt la main de Dieu qui les opere en notre cœur : car ſi un enfant avoit de la raiſon, il eſtimeroit beaucoup plus les careſſes de ſa mere qui lui met les douceurs en la bouche, que ces douceurs mêmes : ainſi, Philothée, c'eſt beaucoup d'avoir ces douces conſolations ; mais c'eſt beaucoup plus que Dieu veuille appliquer ſa main infiniment amoureuſe ſur notre cœur, ſur notre eſprit, ſur toute notre ame, pour les y opérer. 4. Après les avoir reçues avec humilité & avec eſtime, faiſons-les ſervir aux intentions de celui qui nous les donne : c'eſt juſtement pour nous communiquer la ſuavité d'eſprit envers le prochain, & nous inſpirer un plus doux amour pour lui-même ; nous devons donc avoir ce jour-là plus d'attention à obſerver ſes commandemens, faire ſes volontés, & à ſuivre ſes deſirs. 5. Il faut outre cela renoncer de temps en temps à ces douces & tendres diſpoſitions, détachant notre cœur du plaiſir qui lui en revient, & proteſtant qu'encore, que nous les acceptions avec humilité, & que nous les aimions comme des dons de Dieu, & des attraits de ſon amour, nous ne cherchons pourtant ni la conſolation, mais le conſolateur ; ni la douceur, mais le doux eſprit de Dieu ; ni la tendreſſe ſenſible, mais celui qui fait les délices du ciel & de la terre ; que nous ne

cherchons, en un mot, que Dieu seul &
son saint amour, prêts de nous tenir à ce
saint amour de Dieu, quoiqu'il ne dût jamais nous en revenir aucune consolation durant toute notre vie, indifférents à dire également sur le Calvaire ou sur le Tabor : *O
Seigneur ! il m'est bon d'être avec vous,
quelque part où vous soyez, soit sur la
croix, soit en votre gloire.*

6. Enfin je vous avertis que si ces consolations, ces sensibilités & ces larmes de joie
étoient si abondantes, ou qu'il vous arrivât
quelque chose extraordinaire en cet état,
vous en conf ériez fidélement avec votre directeur, pour apprendre la maniere de vous
en servir & de vous y modérer : car il est
écrit : *Si vous trouvez du miel, n'en mangez que ce qui vous suffit.*

CHAPITRE XIV.

Des sécheresses & stérilités spirituelles.

CE temps si beau & si agréable ne durera pas toujours, Philothée : vous
perdrez quelquefois si fort le goût & le sentiment de la dévotion, que votre ame vous
paroîtra comme une terre déserte & stérile,
où vous ne verrez plus ni chemin, ni sen-
tier pour aller à Dieu, & où les eaux salu-

taires de la grace ne couleront plus pour arrofer dans le temps de la fécherefle, qui la réduira toute en friche & la défolera entiérement. Hélas! que l'ame en cet état eft digne de compaffion, fur-tout quand ce mal eft véhément! Car alors, comme David, elle fe nourrit de larmes jour & nuit, tandis que l'ennemi lui dit par dérifion, pour la jetter dans le défefpoir : Ah, miférable! où eft ton Dieu? quel chemin prendras-tu pour le trouver? Qui te pourra jamais rendre la joie de fa fainte grace?

Que ferez-vous donc en ce temps-là, Philothée? Allez à la fource du mal; fouvent ces ftérilités & ces fécherefles tirent leur origine de notre propre fonds.

1. Comme une mere ôte le fucre à fon enfant qui eft fujet aux vers : ainfi Dieu nous prive des confolations de fa grace, lorfqu'une vaine & préfomptueufe complaifance, qui eft le ver du cœur, commence à s'y former. *Il m'eft avantageux, ô mon Dieu! que vous ayez humilié mon ame*, difoit le Prophete Royal : *car avant que vous l'euffiez humiliée, je vous avois offenfé.*

2. Quand nous négligeons de faire un bon & prompt ufage des fuavités & des délices de l'amour de Dieu, il les retire. Et notre négligence eft punie comme celle des Ifraélites pareffeux, qui n'ayant pas ramaffé

la manne de bon matin, la trouvoient toute
fondue après le foleil levé.

3. L'époufe des cantiques couchée mol-
lement en fon lit, ne voulut pas s'incommoder pour aller ouvrir la porte à fon époux,
& elle perdit la douceur de fa préfence, &
voilà ce qui nous arrive : plongés que nous
fommes dans beaucoup de fatisfactions fenfuelles & paffageres, nous ne voulons pas
nous en priver, pour aller à nos exercices
fpirituels ; Jefus-Chrift qui demande l'entrée
de notre cœur par fon infpiration, nous appelle. C'eft pourquoi il fe retire & nous
laiffe croupir dans notre affoupiffement : &
puis quand nous voulons le chercher ; nous
avons bien de la peine à le trouver ; peine
qui eft une jufte punition de l'infidele mépris que nous avons fait de fon amour pour
fuivre l'attrait de celui du monde. Ah, pauvre ame ! vous avez fait provifion de farine
d'Egypte, vous n'aurez point la manne du
ciel. Les abeilles haïffent toutes les odeurs
artificielles : & les fuavités du Saint-Efprit
font incompatibles avec les délices artificieufes du monde.

4. La duplicité & les fineffes dont on
ufe dans les confeffions & dans les communications fpirituelles qu'on a avec fon
directeur, attirent les féchereffes & les ftérilités, puifqu'il eft jufte qu'ayant menti au
Saint-Efprit, on foit privé de fes confola-

tions. Vous ne voulez pas aller à votre pere céleste avec la simplicité & la sincérité d'un enfant : vous n'aurez pas les douceurs qu'un pere donne à son enfant.

5. Votre cœur s'est rempli & rassasié des plaisirs du monde ; faut-il vous étonner que vous ayiez du dégoût des délices spirituelles ? Et l'ancien proverbe ne dit-il pas que les colombes qui sont pleinement rassasiées trouvent les cerises ameres ? *Dieu a rempli de ses biens ceux qui étoient affamés,* dit la sainte Vierge, *& il a laissé mourir les riches de faim :* parce que ceux qui jouissent des plaisirs mondains, ne sont pas capables de goûter les spirituels.

6. Avez-vous bien conservé le fruit des premieres consolations ? Vous en aurez : *Car l'on donnera à celui qui a déja quelque chose ; à l'égard de celui qui n'a pas ce qu'on lui a donné, parce qu'il l'a perdu, on lui ôtera même ce qu'il n'a pas.* C'est-à-dire, qu'on le privera des autres graces qui lui étoient préparées. Il est vrai, la pluie vivifie les plantes qui ont encore de la verdeur ; mais elle détruit même & consume entiérement celles qui n'en ont plus.

C'est donc pour ces raisons & autres semblables, que nous perdons les consolations du service de Dieu, & que nous tombons en cet état de sécheresse & de stérilité d'esprit : & nous devons nous bien examiner sur ces défauts, mais fans inquiétude ni curiofité. Si après un examen raifonnable, nous trouvons en nous quelque fource de ce mal ; il faut remercier Dieu, d'autant que le mal eft à moitié guéri, quand on en a découvert le principe. Si au contraire, vous n'appercevez en vous aucune caufe de cette féchereffe, ne vous amufez pas davantage à rechercher, & obfervez en toute fimplicité ce que je vous dirai ici.

1. Humiliez-vous profondément devant Dieu dans la reconnoiffance de votre néant & de votre mifere, en lui difant : Hélas ! que fuis-je quand je fuis à moi-même ? Rien, Seigneur, qu'une terre defféchée & ouverte de toutes parts, qui a un extrême befoin de pluie, & que le vent réduit en pouffiere.

2. Invoquez le faint nom de Dieu, & lui demandez la fuavité de fa grace : *Rendez-moi, Seigneur, la joie falutaire de votre efprit : mon pere, s'il eft poffible, éloignez ce calice de moi : vous, Jefus, qui avez impofé filence aux vents & à la mer, arrêtez cette bife infructueufe, qui deffeche mon ame, & m'envoyez ce vent agréable & vivifiant du midi que demandoit votre époufe, pour répandre par-tout la bonne odeur des plantes aromatiques de fon jardin.*

3. Allez à votre confeffeur, ouvrez-lui

votre cœur, faites-lui bien voir les replis de votre ame, & suivez ses avis avec une humble simplicité : car Dieu, qui aime infiniment l'obéissance, bénit souvent les conseils qu'on reçoit du prochain, & sur-tout de ceux qu'il a établis pour conduire les ames, même sans une grande espérance d'un heureux succès ; c'est ce qui arriva à Naaman, qui fut guéri de la lepre en se baignant dans le Jourdain, comme le prophete Elisée lui avoit ordonné sans aucune raison qui parût naturellement bonne.

4. Mais après tout cela rien n'est si utile que de ne pas desirer avec empressement & attachement la fin de sa peine, & de s'abandonner entiérement à la providence de Dieu, pour la porter autant qu'il lui plaira. Disons donc parmi les simples desirs que nous pouvons nous permettre, & au milieu des épines que nous sentons : *O mon pere! s'il est possible, retirez ce calice de moi;* mais ajoutons avec beaucoup de courage, *cependant que votre volonté soit faite, & non pas la mienne,* & arrêtons-nous là avec le plus de tranquillité que nous pourrons. Dieu nous voyant dans cette sainte indifférence, nous consolera par ses graces les plus nécessaires : de la même maniere qu'ayant vu Abraham déterminé à lui sacrifier son fils, il se contenta de cette résignation à sa volonté, & le consola par une vision très-agréa-

ble, & par fa bénédiction qu'il lui donna pour toute fa poftérité. Nous devons donc en toutes fortes d'afflictions, foit corporelles, foit fpirituelles, & parmi les diftractions ou les privations de la dévotion fenfible, dire de tout notre cœur, & avec une profonde foumiffion : le Seigneur m'avoit donné des confolations, le Seigneur me les a ôtées, fon faint nom foit béni. Et fi nous perfévérons en cette humble difpofition, il nous rendra fes graces délicieufes : c'eft ce qu'il fit à Job, qui parla toujours ainfi en toutes fes afflictions.

5. Enfin ne perdons point courage, Philothée, en ce fâcheux état ; mais attendant avec patience le retour des confolations, fuivons notre chemin, n'omettons aucun exercice de dévotion, multiplions même nos bonnes œuvres ; offrons à notre divin époux notre cœur tout fec qu'il eft : il lui fera auffi agréable que s'il fe fentoit fondre en fuavités, pourvu qu'il foit fincérement déterminé à aimer Dieu.

L'on dit que quand le printemps eft beau, les abeilles travaillent beaucoup plus à faire du miel, & fe multiplient moins ; & que quand il eft rude & nébuleux, elles fe multiplient davantage, & font moins de miel. Il arrive ainfi & fouvent, Philothée, que l'ame fe voyant à ce beau printemps des confolations céleftes, elle s'amufe fi fort à
les

les goûter, que dans l'abondance de ces délices spirituelles, elle fait beaucoup moins de bonnes œuvres; & au contraire, lorsqu'elle se voit privée des dispositions si douces de la dévotion sensible, elle multiplie ses œuvres, & s'enrichit de plus en plus des vraies vertus, qui sont la patience, l'humilité, l'abjection de soi-même, la résignation, l'abnégation de son amour-propre.

C'est donc un grand abus en plusieurs personnes, & principalement parmi les femmes, de croire que le service que nous rendons à Dieu sans goût, sans tendresse de cœur, soit moins agréable à sa divine Majesté : puisque comme les roses qui étant fraîches, en paroissent plus belles, ont cependant plus d'odeur & de force quand elles sont seches; de même, quoiqu'une vive tendresse de cœur nous rende à nous-mêmes nos œuvres plus agréables, parce que nous en jugeons par la délectation qui nous en revient, elles sont pourtant d'une meilleure odeur pour le ciel, & d'un plus grand mérite devant Dieu en cet état de sécheresse spirituelle. Oui, Philothée, notre volonté se porte en ce temps au service de Dieu, en surmontant toutes ses répugnances : par conséquent il faut qu'elle ait plus de force & de constance que dans le cours d'une dévotion sensible.

Ce n'est pas une grande louange que de

S

fervir un prince parmi les délices de la paix
& de la cour : mais le fervir en un temps
de trouble & de guerre, c'eft une vraie
marque de fidélité & de conftance. La bienheureufe Angele de Foligny dit que l'oraifon la plus agréable à Dieu eft celle qui fe
fait par contrainte ; c'eft-à-dire, celle que
nous faifons, non pas avec goût & par inclination, en nous violentant fur la répugnance que la fécherefle de notre cœur nous
y fait trouver. J'en dis de même de toutes
les bonnes œuvres : car plus nous y trouvons de contradictions, foit intérieures, foit
extérieures, plus elles ont de mérites devant Dieu : moins il y a de notre intérêt
particulier dans la pratique des vertus, plus
la pureté de l'amour divin y éclate. L'enfant baife aifément fa mere, quand elle lui
donne du fucre ; mais ce feroit une marque qu'il l'aimeroit beaucoup s'il la baifoit
après qu'elle lui auroit donné de l'abfynthe
ou du chicotin.

CHAPITRE XV.

EXEMPLE REMARQUABLE

Pour servir d'éclaircissement à cette matiere.

MAIS pour rendre toute cette instruction plus sensible, je veux rapporter un fort bel endroit de la vie de saint Bernard, tel que je l'ai lu dans un auteur également savant & judicieux. Il est, dit-il, ordinaire presque à tous ceux qui commencent à servir Dieu, & qui n'ont point encore l'expérience des vicissitudes que porte la vie spirituelle, que quand le goût de la dévotion sensible leur manque, & qu'ils perdent l'agréable lumiere à la faveur de laquelle ils couroient dans les voies du Seigneur, ils perdent tout-d'un-coup haleine, & tombent en une triste pusillanimité de cœur. Et voici la raison qu'en donnent ceux qui ont une grande expérience de la conduite des ames. L'homme ne peut long-temps subsister sans aucun plaisir, qui lui vienne, soit de la terre, soit du ciel. Or comme les ames qui se sont élevées au-dessus d'elles-mêmes, par l'essai des plaisirs supérieurs à la nature, renoncent facilement

aux biens vifibles & fenfibles. Il arrive aufſi
que quand Dieu les prive de la joie ſalutaire
de ſon eſprit, dépourvues qu'elles ſont des
conſolations temporelles, & n'étant point
encore faites à attendre avec patience le
retour du ſoleil de juſtice, il leur ſemble
qu'elles ne ſont ni dans le ciel ni ſur la terre, & qu'elles demeureront enſévelies dans
une nuit perpétuelle; de ſorte que ſemblables à des enfants que l'on a ſévrés, elles
languiſſent, elles gémiſſent, elles deviennent ennuyeuſes & importunes à tout le
monde, & principalement à elles-mêmes:
c'eſt juſtement ce qui arriva dans un voyage
de ſaint Bernard à un de ſes religieux,
nommé Geoffroy de Péronne, qui depuis
peu de temps s'étoit conſacré au ſervice
de Dieu. Car comme il fut ſoudainement
privé de toute conſolation, & rempli de ténebres ſpirituelles, il commença à rappeller l'idée de ſes amis du monde, de ſes parents & de ſes biens. Mais ce ſouvenir fut
ſuivi d'une tentation ſi violente, qu'un de
ſes plus confidents s'en apperçut par ſes manieres extérieures; & l'ayant adroitement
abordé, lui dit en ſecret & avec beaucoup
de douceur : Que veut dire ceci, Geoffroy? d'où vient que je vous trouve, contre votre ordinaire, ſi rêveur & ſi triſte?
Alors il lui répondit avec un profond ſou-
pir : Ah, mon frere! jamais de ma vie je

n'aurai de joie. Sur quoi son ami touché
de compassion, & d'un vrai zele de charité
fraternelle, s'en alla promptement en donner avis à leur pere commun saint Bernard. Aussi-tôt le Saint entra dans une église
prochaine, afin de prier Dieu pour ce pauvre affligé, qui étant accablé de tristesse,
se jetta sur une pierre & s'y endormit. Mais
après un peu de temps, le saint Abbé sor-
tit de l'église; & son religieux s'éveilla avec
un visage si riant & un air si tranquille,
que son ami, étonné d'un changement si
grand & si prompt, ne put s'empêcher de
lui reprocher doucement ce qu'il lui avoit
répondu un peu auparavant; & sur cela
Geoffroy lui repliqua : Si je vous ai dit que
jamais de ma vie je n'aurois de joie, je
vous assure maintenant que jamais de ma
vie je n'aurai de tristesse.

Voilà quel fut le sujet de cette tentation;
mais, Philothée, faisons sur cela quelques
réflexions bien nécessaires. 1. Dieu fait goûter ordinairement les délices du ciel à ceux
qui entrent dans son service pour les dégager des plaisirs du siecle, & pour soutenir
leur cœur dans les voies de son amour,
comme une mere se sert de miel pour accoutumer son petit enfant à la mamelle.
2. Cependant Dieu leur ôte quelquefois le
lait & le miel après un certain temps, selon
les sages dispositions de sa miséricorde, afin

de les faire à une nourriture plus folide;
c'eft-à-dire, afin de fortifier leur dévotion
par l'épreuve des dégoûts & des tentations.
3. Il s'éleve quelquefois de grandes tentations parmi les fécherefles ou les ftérilités
d'efprit, & il faut bien les diftinguer. Car
l'on doit combattre conftamment les tentations, puifqu'elles ne font pas de Dieu;
mais il faut fouffrir patiemment les fécherefles, puifque Dieu prétend qu'elles nous
fervent d'exercice. 4. Nous ne devons pas
nous laiffer abattre par les dégoûts intérieurs,
ni dire comme le bon Geoffroy, jamais je
n'aurai de joie, puifque durant la nuit nous
devons attendre la lumiere. Et réciproquement il ne faut pas dire durant les beaux
jours de la vie fpirituelle, je n'aurai jamais
de trifteffe, puifque le Sage nous donne cet
avis : *En jouiffant des biens que nous four-*
nit le jour heureux où vous vous trouve-
rez, précautionnez-vous contre le jour
malheureux qui le fuivra. L'on doit donc
bien efpérer dans les peines, & craindre
dans les profpérités : & en l'un & l'autre
état, il faut toujours s'humilier. 5. C'eft
un fouverain remede de découvrir fon mal
à quelque ami fage & fpirituel, qui nous
puiffe foulager.

Enfin pour conclure cet avertiffement fi
néceffaire, j'obferve, qu'en ceci, comme
en toutes chofes, notre bon Dieu, & notre

ennemi, ont des prétentions bien contraires. Car Dieu veut nous conduire par ces peines à une grande pureté de cœur, à un parfait désintéressement sur tout ce qui est de son service, & un dépouillement universel de nous-mêmes. Mais le malin esprit tâche de nous faire perdre cœur, de nous attirer aux plaisirs sensuels, & de nous rendre ennuyeux à nous-mêmes & aux autres, afin de décrier & de déshonorer la sainte dévotion. Mais si vous observez les enseignements que je vous ai donnés, vous vous perfectionnerez beaucoup dans l'exercice des afflictions intérieures, dont il faut que je vous dise encore ce petit mot avant que de finir. Elles proviennent quelquefois de l'indisposition du corps, que l'excès des veilles, des travaux & des jeûnes a accablé de lassitude, d'assoupissement, de pesanteur, & d'autres semblables infirmités, qui ne laissent pas d'incommoder fort l'esprit par la raison de son étroite liaison avec le corps. Or il faut toujours en ces occasions se servir le plus que l'on peut de la pointe de l'esprit & de la force de la volonté, pour faire beaucoup d'actes de vertus. Car quoique toute l'ame semble être accablée d'assoupissements & de lassitudes, néanmoins ce qu'elle peut encore faire, ne laisse pas d'être fort agréable à Dieu, & nous pouvons dire en ce temps-là, comme son épouse

facrée : *Je dors, mais mon cœur veille ;*
& s'il y a moins de goût, comme j'ai dit,
à travailler de la forte, il y a plus de mérite & de vertu. Mais le remede falutaire,
c'est de foulager le corps, & de réparer fes
forces par une honnête récréation. Ainfi
faint François ordonnoit à fes Religieux de
modérer fi bien leurs travaux, que la ferveur de l'efprit n'en fût pas accablée. Ce
glorieux Pere fut une fois lui-même attaqué
& agité d'une fi profonde mélancolie, qu'il
ne pouvoit s'empêcher de la faire paroître
à l'extérieur. S'il vouloit converfer avec fes
religieux, il ne le pouvoit ; & s'il s'en fépa-
roit, il s'en trouvoit plus mal. L'abftinence
& la macération de la chair l'accabloient,
& l'oraifon ne le foulageoit nullement. Il fut
deux ans dans un état fi fâcheux, qu'il lui
fembloit que Dieu l'avoit abandonné. Mais
après cette rude tempête, qu'il foutint humblement, le Sauveur lui rendit en un moment une heureufe tranquillité. Apprenons
delà que les plus grands ferviteurs de Dieu
font fujets à ces épreuves, & que les autres
ne doivent pas s'étonner fi quelquefois il
leur en vient de pareilles.

CINQUIEME PARTIE.

Les avis & les exercices néceſſaires pour renouveller & confirmer l'ame dans la dévotion.

CHAPITRE PREMIER.

De la néceſſité de renouveller tous les ans ſes bons propos.

LE premier point de cet exercice eſt d'en bien comprendre l'importance. La fragilité & les mauvaiſes diſpoſitions de notre chair, qui appeſantit l'ame, l'entraînent toujours vers les choſes de la terre, & nous font aiſément décheoir de nos bonnes réſolutions; à moins qu'à force de les ſoutenir, nous ne tâchions de nous élever ſouvent vers les biens céleſtes; comme nous voyons que tous les oiſeaux, craignant de retomber à terre, battent toujours l'air de leurs ailes, par de continuels élancements de leurs corps, pour entretenir leur vol. C'eſt par cette raiſon, Philothée, que vous avez beſoin de renouveller ſouvent vos bons pro-

S v

pos pour le fervice de Dieu, de peur qu'avec le temps vous ne retombiez en votre premier état, ou plutôt dans un état bien plus mauvais : parce que les chûtes que l'on fait dans la vie fpirituelle, nous mettent toujours au-deffous du point, d'où nous nous étions élévés à la dévotion. Il n'y a pas d'horloge, pour bonne qu'elle foit, dont il ne faille remonter les poids de temps en temps, & même démonter toutes les pieces, au moins une fois l'année, afin de redreffer celles qui ont été forcées, de réparer celles qui font ufées, & de nettoyer les autres où il s'eft amaffé de la craffe & de la rouille. Et vous favez encore que fi l'on en frotte les roues & les refforts avec un peu d'huile bien fine, les mouvements s'en font plus doucement, & que la rouille ne s'y met pas fitôt. Il faut auffi que celui qui a un vrai foin de fon cœur, le remonte foir & matin, pour ainfi parler; & c'eft à quoi les exercices que je vous ai marqués lui doivent fervir; & qu'après cela il en obferve fouvent les mouvements, pour entretenir la régularité. Il faut qu'au moins une fois l'année, il en examine par le menu & en détail toutes les difpofitions, pour réparer les défauts qui auroient pu s'y gliffer, & pour les renouveller entiérement; & qu'il tâche d'y faire entrer le plus qu'il pourra de la fainte onction de la grace, que l'on

reçoit dans la confeffion & la communion.
Cet exercice, Philothée, réparera vos forces
affoiblies par le temps, ranimera la ferveur
de votre ame, fera vivre vos bonnes réfolutions, & refleurir en vous toutes les vertus.

C'étoit la pratique des anciens chrétiens,
qui, le jour qu'on célébroit dans l'églife
la mémoire du baptême de notre Seigneur,
renouvelloient, comme le rapporte faint
Grégoire de Nazianze, la profeffion & les
proteftations de leur baptême. Prenez donc
cette pratique, Philothée, avec beaucoup
d'affection & d'application ; choififfez un
temps convenable, felon l'avis de votre pere
fpirituel, pour une retraite de quelques
jours ; & là, dans un grand recueillement,
méditez fur les points fuivants, felon la
méthode que je vous ai donnée dans la feconde patrie.

CHAPITRE II.

*Confidération fur le bienfait de Dieu qui
nous a appellés à fon fervice, conformément à la proteftation que l'on a faite
en la premiere partie.*

1. CONSIDÉREZ les articles de votre
proteftation. Le premier eft d'avoir
détefté & renoncé pour jamais à tout pé-

S vj

ché mortel. Le fecond eft d'avoir confacré votre ame & votre corps, avec toutes leurs puiffances & leurs facultés, à l'amour & au fervice de Dieu. Et le troifieme eft que fi vous faifiez quelque chûte, vous vous en releviez foudainement. Toutes ces réfolutions ne font-elles pas louables, juftes & généreufes? Penfez donc combien cette proteftation eft raifonnable, fainte & aimable.

2. Confidérez à qui vous avez fait cette proteftation; c'eft à Dieu. Si les paroles que nous donnons aux hommes avec une fage délibération, nous obligent indifpenfablement; combien plus celles que nous avons données à Dieu? *Ah, Seigneur!* difoit David, *c'eft à vous que mom cœur l'a dit : mon cœur a formé une bonne réfolution; jamais je ne l'oublierai.*

3. Confidérez en préfence de qui vous avez protefté de fervir Dieu; ç'a été devant toute la cour célefte. Hélas! la fainte Vierge, faint Jofeph, votre bon Ange, faint Louis, toute cette bénite troupe de Saints & Saintes vous regardoit avec un amour fingulier aux pieds du Sauveur, à qui vous confacriez votre cœur. L'on fit alors pour vous une fête d'alégreffe dans la Jérufalem célefte : & maintenant on en célébrera la mémoire, fi vous voulez bien renouveller cette confécration.

4. Confidérez les moyens que vous eûtes, pour vous aider à prendre ce parti.
Hélas! que la conduite de Dieu fur vous
fut douce & miféricordieufe en ce temps-là!
Dites-le fincérement: le Saint-Efprit ne fit-il
pas fentir tous fes attraits à votre cœur? Dieu
ne vous attira-t-il pas à lui avec les liens de
fon amour pour vous conduire, parmi les
orages du fiecle, au port du falut? O combien vous faifoit-il goûter de délicieufes douceurs de fa grace dans les facrements, dans
la lecture, dans l'oraifon! Hélas, Philothée! vous dormiez, & Dieu veilloit fur
vous avec des penfées de paix & d'amour.

5. Confidérez en quel temps Dieu vous
attira à lui; ce fut à la fleur de votre âge.
Ah! quel bonheur d'apprendre fitôt ce que
nous ne pouvons favoir que trop tard! Saint
Auguftin ne s'étant converti qu'à trente ans,
s'écrioit: *O ancienne beauté! comment vous
ai-je connue fi tard? Hélas! vous étiez
préfente à mes yeux, & je ne vous regar-
dois pas.* Or vous pourriez dire: O douceur ancienne! pourquoi ne vous ai-je pas
goûtée plutôt? Hélas, Philothée! vous ne
le méritiez pas en ces premiers temps. Ainfi
reconnoiffant la bonté & la grace de Dieu,
qui vous a attiré à lui dès votre jeuneffe,
dites avec David: *O mon Dieu! vous avez
éclairé mon efprit & touché mon cœur dès
ma jeuneffe; je le publierai éternellement*

à la louange de votre miféricorde. Que fi vous n'avez eu ce bonheur que dans votre vieilleffe : hélas, Philothée ! quelle grace, qu'après un fi méchant ufage des années précédentes, Dieu ait arrêté le cours de votre mifere avant la mort qui l'eût rendue éternelle ?

6. Confidérez les effets de votre vocation : vous trouverez, ce me femble, d'heureux changements en vous, fi vous comparez ce que vous êtes avec ce que vous étiez. Ne comptez-vous pas pour beaucoup, de favoir parler à Dieu par l'oraifon, d'avoir l'inclination à l'aimer, d'avoir calmé beaucoup de paffions qui vous inquiétoient, d'avoir évité plùfieurs péchés & embarras de confcience, & d'avoir tant de fois uni votre ame par la communion, à la fource inépuifable des biens éternels ? Ah ! que ces graces font grandes ! Il faut, Philothée, les pefer au poids du fanctuaire : c'eft la main droite de Dieu qui a fait tout cela. *La main de Dieu infiniment bonne,* difoit David, *a opéré ce prodige : fa main droite m'a relevé de ma chûte : ah ! je ne mourrai pas, je vivrai; je raconterai de bouche & de cœur, & par toutes mes œuvres, les merveilles de fa bonté.*

Après ces confidérations qui font pleines de bonnes affections, il faut fimplement conclure par une action de graces, & par une fervente priere, pour en demander à Dieu l'effet tout entier. Et puis vous retirant avec beaucoup d'humilité & de confiance, vous remettrez les fortes résolutions que vous avez à prendre après le second point de cet exercice.

CHAPITRE III.

Examen de l'ame sur son avancement dans la vie dévote.

LE second point de cet exercice est un peu long : & je vous conseille de ne le prendre que par parties, selon l'ordre que je lui ai donné ici. Il n'est pas nécessaire d'être à genoux, sinon au commencement, pour vous présenter à Dieu, & à la fin, qui en comprend les affections. Vous pouvez même dans les autres parties de cet examen, le faire utilement en vous promenant, & encore plus utilement au lit, si vous y pouvez être quelque temps sans vous assoupir ; mais il faut pour cela les avoir bien lues auparavant. Il faut néanmoins faire tout ce qui est de ce second point, en trois jours & deux nuits pour le plus, prenant de chaque jour & de chaque nuit quelque heure ; je veux dire quelque temps, selon que vous le pourrez : car si cet exercice ne fe faifoit qu'en des temps fort éloignés les uns des autres, il perdroit fa force, & ne feroit fur vous que de foibles impreffions. Après chaque partie de l'examen, vous remarquerez bien vos défauts, foit pour vous en confeffer, & pour prendre confeil, foit pour former vos réfolutions, fortifier votre efprit. Quoiqu'il ne faille pas abfolument vous dégager tout-à-fait des converfations ordinaires, durant ces jours-là, ni les autres; retirez-vous cependant un peu plutôt le foir, afin que vous couchant de meilleure heure, vous puiffiez prendre tout le repos du corps & de l'efprit, qui eft néceffaire à la confidération. Et durant le jour, faites de fréquentes afpirations à Dieu, à notre Dame, aux anges, à toute la Jérufalem célefte; mais faites-les d'un cœur plein de l'amour de Dieu, & du defir de votre perfection.

Pour commencer donc cet examen.

1. Mettez-vous en la préfence de Dieu.
2. Demandez les lumieres du Saint-Efprit; comme faint Auguftin, qui s'écrioit devant Dieu en efprit d'humilité: *O Seigneur, que je vous connoiffe, & que je me connoiffe!* Dites avec faint François: *Qui êtes-vous, ô mon Dieu, & qui fuis-je!* Proteftez que vous ne voulez pas re-

marquer votre avancement pour vous en réjouir en vous-même, mais pour vous en réjouir en Dieu, l'en glorifier & l'en remercier. Proteſtez encore, que ſi, comme vous le croyez, vous trouvez que vous ayiez peu avancé, ou même reculé, vous ne voulez nullement vous laiſſer abattre ni décourager ; & qu'au contraire, vous prétendez vous animer à mieux faire, en tâchant de réparer vos défauts, avec la grace de Dieu.

Après cela, examinez tranquillement quelle a été votre conduite envers Dieu, envers le prochain, & à l'égard de vous-même.

CHAPITRE IV.

Examen de l'état de l'ame à l'égard de Dieu.

1. QUEL eſt votre cœur, touchant le péché mortel? avez-vous une forte réſolution de n'en commettre jamais aucun pour quelque choſe qui puiſſe arriver? & cette réſolution a-t-elle ſubſiſté juſqu'à préſent? en elle conſiſte le fondement de la vie ſpirituelle.

2. Quel eſt votre cœur ſur les commandements de Dieu? Les trouvez-vous bons? doux, agréables? Ah, Philothée! qui a le

goût bon & l'eſtomac ſain, aime les bonnes viandes, & rejette les mauvaiſes.

3. Quel eſt votre cœur à l'égard des péchés véniels? On ne peut s'obſerver ſi bien, que l'on n'en commette quelqu'un: mais n'y en a-t-il point auquel vous ayiez une ſpéciale inclination; & ce qui ſeroit bien pis, pour lequel vous ayiez de l'affection?

4. Quel eſt votre cœur pour les exercices ſpirituels? Les aimez-vous? les eſtimez-vous? ne vous déplaiſent-ils point? n'en avez-vous point de dégoût? pour lequel ſentez-vous plus ou moins d'affection? Entendre la parole de Dieu, la lire, en parler, la méditer, s'en ſervir dans les aſpirations, ſe confeſſer, prendre des avis ſpirituels, ſe préparer à la communion, communier, modérer ſes inclinations: qu'y a-t-il en cela qui répugne à votre cœur? & ſi vous trouvez quelque choſe à quoi il ait moins d'attrait, examinez d'où vient ce dégoût.

5. Quel eſt votre cœur pour Dieu même? Votre cœur ſe plaît-il à ſe reſſouvenir de Dieu? Y trouve-t-il de la douceur? *Ah!* dit David, *je me ſuis ſouvenu de Dieu; & j'y ai pris plaiſir.* Sentez-vous en votre cœur une certaine facilité à aimer, & un goût particulier à ſavourer cet amour? Votre cœur a-t-il de la joie de penſer à l'immenſité de Dieu, à ſa bonté, à ſa douceur? Si le ſouvenir de Dieu ſe préſente à votre

cœur, parmi les occupations & les vanités du monde, y trouve-t-il place? Votre ame en demeure-t-elle faisie? Se tourne-t-elle de ce côté-là, & va-t-elle au-devant, pour ainsi parler? Certainement il y a des ames de ce caractere. N'est-il pas vrai qu'une femme, dès qu'elle s'apperçoit du retour de son mari après une longue absence, ou qu'elle croit entendre sa voix, part à l'instant même pour aller à lui, toute occupée qu'elle est des affaires les plus importantes? que rien ne retient plus son cœur, & qu'elle abandonne toutes les autres pensées pour ne penser qu'à lui: il en est de même des ames qui aiment bien Dieu; quelqu'occupées qu'elles soient d'ailleurs, aussi-tôt que le souvenir de Dieu se présente, elles perdent presque toute l'attention aux autres choses, pour le plaisir qu'elles prennent en ce cher souvenir; & c'est un très-bon signe.

6. Quel est votre cœur pour Jesus-Christ, Dieu & homme? Prenez-vous plaisir d'être avec lui? Les abeilles se plaisent autour de leur miel, & les guêpes sur les puanteurs. Ainsi les bonnes ames se plaisent d'être avec Jesus-Christ, & ont une grande tendresse d'amour pour lui; mais les autres déréglées se plaisent aux vanités du monde.

7. Quel est votre cœur pour notre Dame, pour les Saints & pour votre bon Ange? Les aimez-vous fort? Avez-vous une

ſpéciale confiance en leur protection? Leurs images, leurs vies, leurs louanges vous plaiſent-elles?

8. Pour ce qui eſt de votre langue : comment parlez-vous de Dieu ! Vous plaiſez-vous à en parler ſelon votre état & votre capacité ? Aimez-vous à chanter les cantiques ſpirituels de ſon amour ?

9. Quant aux œuvres : penſez ſi vous avez du zele pour la gloire extérieure de Dieu, & de l'affection à faire quelque choſe pour ſon honneur. Car ceux qui aiment Dieu, aiment avec Dieu l'ornement de ſa maiſon. Pouvez-vous dire que vous ayiez renoncé à quelque affection ou à quelque choſe pour Dieu? Parce que c'eſt un ſigne bien ſûr d'amour, que de ſe priver de ce que l'on aime pour celui qui aime. Qu'a-vez-vous donc juſques-ici quitté pour l'a-mour de Dieu?

CHAPITRE V.

Examen de l'état de l'ame par rapport à elle-même.

1. QUEL amour avez-vous pour vous-même ? Ne vous aimez-vous point trop pour ce monde ? Si cela eſt, vous deſirerez d'y demeurer toujours, &

vous aurez un grand soin de vous y établir. Mais si vous vous aimez pour le ciel, vous desirerez de quitter la terre; du moins vous acquiescerez aisément à la quitter, quand il plaira à notre Seigneur.

2. Réglez-vous bien cet amour de vous-même? Car il n'y a que l'amour désordonné de nous-mêmes qui nous ruine. Or, l'amour réglé veut que nous aimions plus l'ame que le corps; que nous ayions plus de soin d'acquérir les vertus, que toute autre chose; & que nous estimions beaucoup plus la gloire éternelle, que l'honneur mondain & périssable. Un cœur réglé dit plus souvent en soi-même : Que diront les anges, si je pense à telle chose? qu'il ne dit : Que diront les hommes?

3. Quel amour avez-vous pour votre propre cœur? Ne vous fâchez-vous point de le servir en ses maladies? Hélas! vous lui devez ce soin, quand ses passions le tourmentent; il faut laisser toutes choses pour cela, & lui procurer encore les charités des autres.

4. Que vous estimez-vous devant Dieu? Rien sans doute. Or, vous ne devez pas vous en croire plus humble, que si vous jugiez qu'une mouche n'est rien au prix d'une montagne, ou une goutte d'eau en comparaison de la mer; ou une étincelle de feu en la présence du soleil : mais l'hu-

milité confiste à ne pas vous préférer aux autres, & ne pas vouloir qu'on vous donne cette préférence : ou en êtes-vous fur cela ?

5. A l'égard de votre langue, ne vous vantez-vous point ou d'une maniere, ou d'une autre ? Ne vous flattez-vous point en parlant de vous ?

6. Quant aux œuvres, ne prenez-vous point de plaifir contraire à votre fanté ? Je veux dire, des plaifirs vains, inutiles, pouffés trop avant dans la nuit, &c.

CHAPITRE VI.

Examen de l'état de l'ame à l'égard du prochain.

IL faut bien aimer un mari & une femme d'un amour doux & tranquille, ferme & continuel ; & que ce foit parce que Dieu l'ordonne ainfi. J'en dis de même des enfants, des proches parents, & des amis, felon le degré de liaifon que l'on a avec eux.

Mais, pour parler en général, quel eft votre cœur à l'endroit du prochain ? L'aimez-vous bien fincérement, & pour l'amour de Dieu ? Pour en juger, repréfentez-vous quelques gens déplaifants, ennuyeux & d'une malpropreté dégoûtante. D'autant que c'eft là où fe trouve l'amour de Dieu pour le prochain ; & beaucoup plus, quand on traite bien ceux qui nous ont offensés par leurs actions ou par leurs paroles. Examinez si votre cœur n'a rien contre eux, & s'il ne sent pas une grande répugnance à les aimer.

N'êtes-vous point facile à parler du prochain désavantageusement, & sur-tout de ceux qui ne vous aiment pas? Ne nuisez-vous à personne, ou directement, ou indirectement? Pour peu que vous soyez raisonnable, vous vous en appercevrez facilement.

CHAPITRE VII.

Examen de l'état de l'ame sur ses passions.

J'AI étendu les points de cet examen, qui ne consiste qu'à connoître le progrès qu'on a fait dans la vie spirituelle : car l'examen des péchés regarde la confession de ceux qui ne pensent point à s'y avancer. Il ne faut cependant s'observer sur un chacun de ces articles qu'avec une douce application à considérer l'état du cœur, & les fautes notables que l'on a pu commettre.

Mais pour abréger le tout, réduisons cet exercice à l'examen de nos passions, & considérons seulement ce que nous avons été, & comment nous nous sommes conduits sur les articles suivants.

Dans notre amour envers Dieu, envers le prochain, envers nous-mêmes.

En notre haine à l'égard de nos péchés & ceux des autres. Car nous devons défirer leur amendement comme le nôtre.

Et nos defirs à l'égard des richeffes, des plaifirs & des honneurs.

Dans la crainte des dangers de pécher, & de perdre les biens de cette vie : on craint trop l'un, & trop peu l'autre.

Dans l'efpérance trop établie peut-être dans le monde, & fur les créatures ; trop peu fur Dieu & fur les chofes éternelles.

Dans la trifteffe, fi elle eft violente, & pour des chofes vaines.

Dans la joie, fi elle eft exceffive, & pour des chofes frivoles.

Enfin, obfervons quelles affections embarraffent notre cœur ; quelles paffions le poffedent, & en quoi principalement il s'eft déréglé. Par les paffions de l'ame on en reconnoît l'état. Car cómme un joueur de luth en pince toutes les cordes, pour tâcher d'accorder celles qu'il trouve diffonantes, ou en les tirant, ou en les lâchant : de même, fi après avoir obfervé toutes nos paffions, nous les trouvons peu conformes aux defirs que nous avons de glorifier Dieu, nous pourrons les y ajufter avec la grace de Dieu, & le fecours de notre pere fpirituel.

CHA-

CHAPITRE VIII.

Affections qui doivent suivre cet examen.

APRÈS avoir reconnu où vous en êtes, excitez votre ame à ces affections.

Si vous avez fait quelque progrès, remerciez-en Dieu, quelque petit qu'il soit, & reconnoissez que vous en êtes uniquement redevable à sa miséricorde.

Humiliez-vous fort devant Dieu, protestant que si vous n'avez pas beaucoup avancé, ç'a été votre faute ; parce que vous n'avez pas correspondu avec une fidélité courageuse & constante à ce qu'il vous a donné d'inspirations, de lumieres & de bons mouvements, soit en l'oraison, soit ailleurs.

Promettez-lui de le louer à jamais des graces par lesquelles il a opéré en vous ce petit amendement.

Demandez-lui pardon de votre infidélité ; offrez-lui votre cœur, le priant de s'en rendre maître, & de le rendre plus fidele.

Invoquez la sainte Vierge, votre bon ange, les Saints, principalement votre patron, saint Joseph & les autres.

T

CHAPITRE IX.

Des considérations propres à renouveller les bons propos.

APRÈS avoir conféré avec votre directeur sur vos défauts, & sur les moyens d'y remédier, vous prendrez chaque jour une des considérations suivantes, pour en faire le sujet de votre oraison, selon la méthode des méditations de la premiere partie; soit pour la préparation, soit pour les affections; vous mettant avant toutes choses en la présence de Dieu, & lui demandant la grace de vous bien établir dans son amour & dans son saint service,

CHAPITRE X.

Premiere considération sur l'excellence de notre ame.

CONSIDÉREZ la noblesse & l'excellence de votre ame, dans la connoissance qu'elle a de ce monde visible, des anges, de Dieu, le maître souverain & infiniment bon, de l'éternité, & universellement de tout ce qui est nécessaire pour bien vivre en ce monde, pour s'associer aux anges dans le paradis, & pour y jouir éternellement de Dieu.

Votre ame a de plus une volonté capable d'aimer Dieu, & incapable de le haïr en lui-même. Sentez bien la noblesse de votre cœur, qui ne trouvant rien par les créatures d'assez bon pour le satisfaire pleinement, ne peut trouver son repos qu'en Dieu seul. Rappellez hardiment les amusemens les plus chers & les plus violents qui ont autrefois occupé ce cœur; & jugez de sang froid, s'ils n'étoient pas mêlés d'inquiétude, de chagrin, d'ennui & d'amertume, que votre pauvre cœur n'y trouvoit que la misere.

Hélas! notre cœur se porte avec beaucoup d'empressement aux biens créés, persuadé qu'il est d'y trouver dequoi satisfaire ses desirs. Mais aussi-tôt qu'il les a goûtés; il en voit l'impossibilité. C'est que Dieu ne veut pas qu'il trouve son repos en aucun lieu, non plus que la colombe sortie de l'arche de Noé, afin qu'il retourne à son Dieu, de qui il s'est éloigné. Ah! que l'excellence de notre cœur est grande! Et pourquoi donc le retiendrons-nous contre son gré, dans l'esclavage des créatures?

O mon ame! devez-vous dire, vous pouvez parfaitement connoître & aimer Dieu; pourquoi donc vous amuser à ce qui est infiniment au-dessous? Vous pouvez prétendre à l'éternité ; pourquoi donc vous fixer à des moments paſſagers ? Ce fut l'un des regrets de l'enfant prodigue ; n'ayant pu vivre délicieuſement à la table de ſon pere, il ſe voyoit réduit à manger le reſte des bêtes. O mon ame ! tu es capable de poſſéder Dieu : malheur à toi, ſi tu te contentes de moins que ce que Dieu eſt.

Elevez donc & excitez votre ame qui eſt éternelle, à la contemplation & à la recherche de l'éternité, puiſqu'elle en eſt digne.

CHAPITRE XI.

Seconde conſidération ſur l'excellence des vertus.

CONSIDÉREZ que les vertus attachées à la dévotion, peuvent ſeules rendre votre cœur content en ce monde. Admirez-en les beautés, & les comparez aux vices contraires. Quelle ſuavité dans la patience, dans la douceur, dans l'humilité, en comparaiſon de la vengeance, de la colere & du chagrin, de l'ambition & de l'arrogance ! Dans la liberté, dans la charité, dans la ſobriété, en comparaiſon de l'avarice, de l'envie, & des déſordres de l'intempérance ! Les vertus ont cela d'admirable, que la pratique en laiſſe à l'ame une conſolation infiniment douce. Au-lieu que les vi-ces la jettent dans un abattement & une dé-folation tout-à-fait déplorable. Pourquoi donc ne tâcherons-nous pas de nous procu-rer toute cette joie ?

Qui n'a qu'un vice n'eft pas content, & qui en a plufieurs eft mécontent : mais qui a peu de vertus, en reçoit déja de la joie, & fon contentement croît à proportion qu'il devient plus vertueux. O vie dévote ! que tu es belle, douce, agréable ! Tu adoucis les afflictions, & tu donnes de la fuavité aux confolations. Sans toi le bien & le mal, & les plaifirs ne caufent que de l'in-quiétude , du trouble & de l'abattement. Ah ! qui te reconnoîtroit affez , pourroit bien dire avec la Samaritaine : Seigneur, donnez-moi cette eau : *Domine , da mibi banc aquam.* Afpiration fort ordinaire à la bienheureufe mere Thérefe , & à fainte Catherine de Genes, pour différents fujets.

CHAPITRE XII.

Troifieme confidération fur l'exemple des Saints.

CONSIDÉREZ l'exemple des Saints de tout âge, de tout fexe, & de tout état : que n'ont-ils pas fait pour aimer Dieu

avec un entier dévouement? Regardez les
martyrs inébranlables en leurs réfolutions :
quels tourments n'ont-ils pas foufferts, plutôt que d'en rien relâcher. Voyez ces perfonnes fi belles & fi floriffantes, l'ornement
du fexe dévot, plus blanches que les lis
par leur pureté, & plus vermeilles que la
rofe par la charité : les unes à douze ans,
à treize, à quinze; les autres à vingt, &
vingt-cinq, ont enduré plufieurs martyres,
plutôt que de changer de réfolutions, non-
feulement fur la foi, mais même fur la dévotion, foit à l'égard de la virginité, ou du
fervice des pauvres affligés, foit à l'égard
de la confolation de ceux qu'on conduifoit
au fupplice ou de la fépulture des morts.
Q Dieu! quelle conftance a fait paroître ce
fexe fragile en ces occafions!

Regardez tant de faints confeffeurs : avec
quelle force d'efprit ont-ils méprifé le monde? Combien leur fermeté a-t-elle été invincible? Rien n'a jamais pu l'ébranler. Ils
ont pris leur parti fans réferve, & l'ont
foutenu fans exception. Mon Dieu, que
n'a pas dit faint Auguftin de fa fainte mere? Avec quelle conftance fuivit-elle fon
deffein de fervir Dieu fidélement dans le
mariage & dans la viduité? Et combien de
traverfes, d'obftacles, & d'accidents fainte
Paule, la chere fille de faint Jérôme, n'eut-
elle pas à foutenir & à combattre, comme

nous l'apprenons de lui ? Mais que ne devons-nous pas faire fur de fi excellents modeles ? Les Saints étoient ce que nous fommes ; ils faifoient tout pour le même Dieu que nous adorons, & ils travailloient pour acquérir les mêmes vertus. Pourquoi donc n'en ferons-nous pas autant dans notre condition, & felon notre vocation, pour foutenir la fainte proteftation que nous avons faite d'être à Dieu ?

CHAPITRE XIII.

Quatrieme confidération fur l'amour de Jefus-Chrift.

CONSIDÉREZ l'amour avec lequel Jefus-Chrift notre Seigneur a tant fouffert en ce monde, particuliérement au jardin des oliviers, & fur le calvaire. Cet amour nous regardoit, & obtenoit de Dieu le pere, par tant de peines & de travaux, les bonnes réfolutions & proteftations que votre cœur a faites ; & de plus les graces néceffaires pour les nourrir, pour les fortifier, & pour les accomplir. O faintes réfolutions, que vous êtes précieufes, puifque vous êtes les fruits de la paffion de mon Sauveur ! O combien mon ame vous doit-elle chérir, puifque vous avez coûté fi

T iv

cher à mon Jefus! Hélas! ô Seigneur de mon ame! vous mourûtes pour me mériter la grace de les faire : faites-moi la grace que je meure plutôt que de les perdre.

Penfez-y bien, Philothée, il eft certain que le cœur de notre cher Jefus attaché à la croix, confidéroit le vôtre qu'il aimoit, & que par cet amour il lui obtenoit tous les biens que vous avez eus, & que vous au-rez jamais. Oui, Philothée, nous pouvons dire comme Jérémie : *O Seigneur! avant que je fuffe né, vous me regardiez & m'ap-pelliez par mon nom.* N'en doutons pas, le divin Jefus, qui nous enfanta fur la croix, noûs portoit tous en fon cœur, comme une mere porte fon enfant en fes entrailles. Sa divine bonté nous y prépare tous les moyens généraux & particuliers de notre falut, tous les attraits & toutes les graces dont elle fe fert maintenant pour conduire nos ames à la perfection. Semblable à une bonne mere qui prépare à l'enfant qu'elle porte tout ce qui doit lui être néceffaire pour le confer-ver après fa naiffance.

Ah, mon Dieu! que nous devrions gra-ver ceci profondément en notre mémoire! Eft-il poffible que j'aie été aimé, & fi dou-cement aimé de mon Sauveur, qu'il ait penfé à moi en particulier, & pour toutes les pe-tites occafions dans lefquelles il m'a depuis attiré à lui? Et combien donc devons-nous

l'aimer, le chérir & employer tout cela utilement? Ceci eſt bien doux: le cœur ſi tendre de Jeſus penſoit à Philothée, l'aimoit, &
lui procuroit mille moyens de ſalut, comme
s'il n'y eût pas eu d'autre ame au monde à
qui il eût penſé. De même que le ſoleil
éclairant un ſeul endroit en la terre, ne
l'éclaire pas moins, que s'il ne répandoit ſa
lumiere par-tout ailleurs. *Il m'a aimé*, dit
ſaint Paul, *il s'eſt donné pour moi*. Comme
s'il diſoit, pour moi ſeul, & tout autant
que s'il n'eût rien fait pour le reſte des
hommes. C'eſt, Philothée, ce qui doit être
gravé en votre ame, pour bien chérir &
nourrir votre réſolution, qui a été ſi précieuſe au cœur du Sauveur.

CHAPITRE XIV.

Cinquieme conſidération ſur l'Amour éter-nel de Dieu.

CONSIDÉREZ l'amour éternel que Dieu
a eu pour vous. Avant l'incarnation
& la mort de Jeſus-Chriſt, la divine Majeſté vous aimoit infiniment, & vous pré-
deſtinoit à ſon amour. Mais quand commença-t-il à vous aimer? Il commença,
quand il commença d'être Dieu? Et quand
commença-t-il d'être Dieu? Jamais : car il
T v

a toujours été sans commencement & sans fin ; & son amour, qui n'a jamais eu de commencement pour vous, vous a préparé de toute éternité les graces & les faveurs qu'il vous a faites. Il le dit pour nous tous par le prophete Jérémie : *Je t'ai aimé d'une charité perpétuelle, & je t'ai attiré miséricordieusement à moi.* Il parle à vous aussi-bien qu'à tout autre ; vous devez donc à son amour les bonnes résolutions que vous aurez faites.

O Dieu ! quelles résolutions donc que celles-ci, que Dieu a eues présentes à sa divine sagesse & à sa bonté dès son éternité ! combien nous doivent-elles être cheres & précieuses ! que ne devrions-nous pas souffrir ; plutôt que d'en rien perdre, quand même tout le monde devroit périr ? car tout le monde ensemble ne vaut pas une ame ; & une ame ne vaut rien sans ces saintes résolutions.

CHAPITRE XV.

Affections générales sur les considérations précédentes, pour conclure tout cet exericce.

O CHERES résolutions ! je vous regarde comme le bel arbre de vie que mon Dieu a planté au milieu de mon cœur, &

que mon Sauveur veut arrofer de fon fang pour lui faire porter de bons fruits. Plutôt mille morts que de permettre qu'il foit déraciné de mon cœur. Non, ni la vanité, ni les délices de la vie, ni les richeffes, ni les afflictions, ne me feront pas changer de deffein.

Hélas, Seigneur! je dois cet avantage à votre paternelle bonté, qui a choifi mon cœur, toute méchante terre qu'il étoit, pour porter des fruits dignes de vous. Combien y a-t-il d'ames qui n'ont pas eu ce bonheur? Et puis-je jamais m'humilier affez fous la main de votre miféricorde?

O délicieufes & faintes réfolutions! fi je vous conferve, vous me conferverez; fi vous vivez en mon ame, mon ame vivra en vous. Subfiftez donc à jamais dans mon cœur, aimable réfolution, qui êtes éternelle en la miféricorde de mon Dieu : foyez & vivez éternellement en moi, & que jamais je ne vous abandonne.

Après ces affections, il faut particularifer ici les moyens de bien foutenir vos cheres réfolutions. Ce font principalement le fréquent ufage de l'oraifon & des facremens, les bonnes œuvres, le foin de vous corriger des fautes que vous avez reconnues, de la fuite des mauvaifes occafions, & la fidélité à fuivre les avis qu'on vous donnera.

Enfin, proteftez vivement & mille fois, que vous perfévérerez en vos réfolutions, comme fi vous teniez votre cœur entre vos mains, préfentez-le à Dieu pour le lui confacrer & facrifier entiérement, lui difant que vous le laiffez entre les fiennes, que vous ne voulez jamais le reprendre, & que vous voulez fuivre en tout & par-tout la fainte volonté. Priez Dieu qu'il vous renouvelle entiérement, qu'il béniffe & qu'il foutienne par la force de fon efprit cette rénovation : & invoquez fur cela la fainte Vierge, votre Ange, les Saints, faint Louis & les autres.

Allez dans cette difpofition, d'un cœur ému par la grace, aux pieds de votre pere fpirituel. Accufez-vous des fautes principales que vous aurez remarquées dans votre confeffion générale ; & ayant prononcé devant lui & figné la même proteftation que vous fites alors, recevez-en l'abfolution avec les mêmes fentiments. Enfin allez unir votre cœur, ainfi renouvellé, à fon principe & à fon Sauveur dans la participation du faint Sacrement de l'Euchariftie.

CHAPITRE XVI.
Les fentiments qu'il faut conferver après cet exercice.

LE jour que vous aurez fait cette rénovation, & les jours fuivants, vous devez prononcer fouvent de cœur & de bou-

che ces ferventes paroles de faint Paul, de
faint Auguftin & de fainte Catherine de Genes : Non, je ne fuis plus à moi, foit que
je vive, foit que je meure, je fuis à mon Sauveur ; je n'ai plus rien de moi, ni rien à moi.
C'eft Jefus qui vit en moi, & tout ce que
je puis appeller mon bien, c'eft d'être à lui.
O monde ! vous êtes toujours vous-même.
Et moi j'ai toujours été auffi moi-même ;
mais dorénavant je ne ferai plus moi-même.
Non, nous ne ferons plus nous-mêmes ;
car nous aurons le cœur changé : & le monde, qui nous a trompés, fera trompé en
nous ; car ne s'appercevant de notre changement que peu-à-peu, il nous croira toujours femblables à Efaü, & il nous trouvera
enfin femblables à Jacob.

Il faut que notre cœur conferve bien l'impreffion de cet exercice, & que nous paffions doucement de la méditation aux affaires & aux converfations, de peur que
l'onction des bonnes réfolutions ne fe perde
tout-d'un-coup ; parce qu'il faut que notre
ame en foit bien pénétrée en toutes fes parties ; mais fans qu'il vous en coûte aucun
effort violent, ni d'efprit ni de corps.

CHAPITRE XVII.

Réponse à deux objections qu'on peut faire sur cette introduction.

LE monde vous dira, Philothée, que ces avis, ces exercices sont si multipliés, que qui voudroit les observer, ne pourroit vaquer à autre chose. Hélas, Philothée ! quand nous n'aurions fait autre chose, nous aurions assez fait, puisque nous aurions fait ce que nous devons faire en ce monde. Mais ne voyez-vous pas la ruse de l'ennemi : s'il falloit chaque jour faire tous ces exercices, véritablement ils nous occuperoient entiérement. Or Dieu ne vous le demande qu'en de certains temps, & en de certaines occasions. Combien y a-t-il de loix civiles dans le digeste & dans le code, que l'on doit observer, & qu'on ne doit pas observer tous les jours, ni en tout temps ?

Au reste, David, tout roi qu'il étoit, & occupé d'affaires fort difficiles, pratiquoit bien plus d'exercices que je ne vous en ai marqué. Saint Louis, si grand roi pour la guerre & pour la paix, & si appliqué à rendre la justice, & à conduire les affaires du royaume, entendoit chaque jour deux messes, disoit vêpres & complies avec son cha-

pelain, faifoit fa méditation, vifitoit les hôpitaux, fe confelloit tous les vendredis, &
portoit le cilice : il entendoit fort fouvent
la prédication, outre les conférences fpirituelles très-fréquentes; & avec tout cela,
il ne manqua jamais d'application & d'exactitude à une feule affaire qui fût du bien
public, & fa cour fut encore plus belle &
plus florillante qu'elle n'avoit jamais été du
temps de fes prédécelleurs. Pratiquez donc
avec courage ces exercices felon que je vous
les ai marqués; & Dieu vous donnera allez
de temps & de force pour toutes vos affaires :
oui, quand il devroit atrêter le foleil, comme il fit du temps de Jofué. Nous faifons toujours allez, quand Dieu travaille avec nous.

Le monde dira encore que je fuppofe
prefque par-tout que Philothée ait le don
de l'oraifon mentale; & que comme chacun ne l'a pas, cette introduction ne peut
pas fervir à tous. Je l'avoue, j'ai préfup-
pofé cela, & il eft encore vrai que chacun
n'a pas le don de l'oraifon.

Mais il eft vrai aulli que prefque chacun le peut avoir, même les plus grolliers,
pourvu qu'ils aient de bons directeurs, &
que pour l'acquérir, ils veuillent travailler
autant que la chofe le mérite. Et s'il s'en
trouve qui n'aient pas ce don au plus petit degré que ce foit (ce que je crois fort
rare) un fage directeur leur fera aifément

suppléer à ce défaut, par l'attention à lire ou à entendre lire les mêmes considérations des méditations.

CHAPITRE XVIII.

Trois derniers & principaux avis sur cette introduction.

RENOUVELLEZ tous les premiers jours du mois la protestation qui est dans la première partie, après la méditation ; & dites ce jour-là, à tous moments comme David : *Non, jamais, ô mon Dieu ! je n'oublierai rien de toute votre loi ; car c'est en elle que vous avez justifié & vivifié mon ame.* Et quand vous sentirez en vous quelque altération considérable, prenez votre protestation en main, & proférez-la de tout votre cœur dans une profonde humiliation de vous-même. Vous y trouverez un grand soulagement.

Faites une profession ouverte, non pas d'être dévot ou dévote, mais de vouloir l'être ; & n'ayez point de honte des actions communes & nécessaires, qui nous conduisent à l'amour de Dieu. Avouez hardiment que vous tâchez de vous faire à la méditation ; que vous aimeriez mieux mourir que de pécher mortellement ; que vous voulez fréquenter les sacrements, & suivre

les conseils de votre directeur, qu'il n'est
pas souvent nécessaire de nommer pour plusieurs raisons. Cette déclaration sincere de
vouloir servir Dieu, & s'être consacré à
son amour de bon cœur, est fort agréable
à sa divine Majesté, qui ne veut point que
l'on ait honte de son service, ni de la croix
de son Fils, & d'ailleurs, cela coupe chemin
à beaucoup de mauvaises remontrances du
monde, & nous oblige encore par honneur
à la persévérance. Les philosophes se décla-
roient pour philosophes, afin qu'on les lais-
sât vivre philosophiquement : & nous devons déclarer le desir que nous avons de la
dévotion, & qu'on nous laisse vivre dévotement. Si quelqu'un vous dit que la dévotion ne demande pas absolument toute cette
pratique d'avis & d'exercices, ne le niez pas :
mais répondez doucement que votre infirmité
est si grande, qu'elle a besoin de plus d'aide
& de secours qu'il n'en faut aux autres.

Enfin, je vous conjure, Philothée, par
tout ce qui est sacré au ciel & en la terre,
par le baptême que vous avez reçu, par les
mamelles que Jesus-Christ suça, par le
cœur charitable dont il vous aima, & par
les entrailles de la miséricorde en laquelle
vous espérez, continuez & persévérez dans
l'heureux dessein que vous avez de mener
une vie sincérement dévote. Nos jours s'é-
coulent, & la mort est à la porte : *La trom-*

pette, dit faint Grégoire de Nazianze, *fonne la retraite, que chacun fe prépare, car le jugement eft proche.* La mere de faint Symphorien, voyant qu'on le conduifoit au martyre, crioit après lui : *Mon fils, mon fils, fouviens-toi de la vie éternelle ; regarde le ciel, & contemple celui qui y regne : te voilà au terme heureux de cette courte & miférable vie.* Je vous le dis ainfi, Philothée : regardez le ciel, & ne le perdez pas pour la terre. Regardez l'enfer, & ne vous y jettez pas pour le plaifir de quelques moments. Regardez Jefus-Chrift, & ne le renoncez pas pour le monde. Et quand la pratique de la vie dévote vous femblera dure, chantez avec faint François :

> *A caufe des biens que j'attends,*
> *Les travaux me font paffe-temps.*

Vive Jefus, auquel avec le Pere & le Saint-Efprit, foit honneur & gloire maintenant & toujours, & dans les fiecles des fiecles. Ainfi foit-il.

Maniere de dire dévotement le chapelet, & de bien fervir la fainte Vierge Marie.

VOUS prendrez votre chapelet par la croix que vous baiferez, après vous en être fervi pour former fur vous le figne du chrétien : & puis vous vous mettrez en la préfence de Dieu., & direz le *Credo* tout entier.

Sur le premier gros grain vous invoquerez Dieu, le priant d'agréer votre priere & de vous aider de fa grace pour la bien faire.

Sur les trois premiers petits grains, vous demanderez l'interceffion de la facrée Vierge, la faluant au premier, comme la plus chere fille de Dieu le Pere ; au fecond, comme la mere de Dieu le Fils ; & au troifieme, comme l'époufe bien-aimée du Saint-Efprit.

Sur chaque dixaine, vous penferez à un des myfteres du Rofaire, felon le loifir que vous aurez : & vous y ferez principalement attention, en prononçant les très-faints noms de *Jefus* & de *Marie* avec toute la vénération intérieure & extérieure qu'ils méritent. S'il vous vient quelqu'autre fentiment, (comme celui de la douleur de vos péchés, ou celui du defir fincere de vous amender) vous pouvez vous en occuper du mieux qu'il vous fera poffible, en difant tout votre chapelet : & vous y ferez une attention particuliere quand vous prononcerez ces deux très-facrés noms, *Jefus* & *Maria.*

Au gros grain que l'on trouve après la derniere dixaine, vous remercierez Dieu de la grace qu'il vous a faite de dire dévotement votre chapelet : & paffant aux trois petits grains qui fuivent, vous faluerez la facrée Vierge Marie en cette maniere. Au premier, vous la fupplierez d'offrir votre entendement au Pere éternel, afin que vous puiffiez à jamais confidérer fes miféricordes. Au fecond, vous la fupplierez, d'offrir votre mémoire au Fils, pour avoir continuellement fa paffion & fa mort en votre fouvenir. Au troifieme, vous la fupplierez d'offrir votre volonté au Saint-Efprit, afin qu'elle puiffe être à jamais enflammée de fon amour facré. Au gros grain qui eft au bout, vous fupplierez la divine Majefté d'agréer tout cela pour fa gloire & pour le bien de fon églife, lui demandant la grace de vous y conferver, d'y faire rentrer tous ceux qui s'en font féparés, & de donner à tous vos amis ce qui leur eft néceffaire. Après cela vous finirez, comme vous aurez commencé, par la confeffion de la foi, en difant le *Credo*, & faifant le figne de la croix.

Vous porterez le chapelet à votre ceinture ou ailleurs, de maniere qu'il paroiffe comme une fainte marque de la proteftation que vous faites de perfévérer dans le fervice de Dieu notre fauveur, & de fa très-facrée époufe vierge & mere, & de vivre en vrai enfant de la fainte Eglife catholique, apoftolique & romaine.

PRATIQUE
POUR SE PRÉPARER
A LA MORT.

Le premier dimanche de chaque mois, suivant l'esprit de saint François de Sales.

VEILLEZ & priez, dit notre Seigneur, *parce que vous ne savez ni l'heure ni le jour auquel le fils de l'homme viendra.* C'est pour suivre un conseil si salutaire, & se disposer à mourir saintement, que plusieurs personnes font tous les mois un jour de retraite, qu'ils appellent l'exercice de la mort. En voici la pratique.

Le premier dimanche du mois ou autre.

I. Choisissez un jour de fête pour ce saint exercice. Dès la veille, tâchez de ménager quelques moments pour lire sur le soir un livre spirituel, qui traite de la mort ou des dernieres fins, & après avoir préparé votre méditation, allez prendre votre repos, dans la pensée que le lendemain sera le dernier jour de votre vie.

II. Le matin en vous éveillant, remer-

ciez Dieu de ce qu'il vous donne encore le
temps d'expier vos péchés par la pénitence ;
& penfez à faire toutes vos actions, comme
vous voudriez les avoir faites le jour de
votre mort, dans l'oraifon ; examinez fé-
rieufement ce qui vous feroit le plus de
peine, fi en effet vous deviez mourir à la
fin de cette journée.

III. Vous vous confefferez comme pour
la derniere fois ; & fi quelques péchés de
votre vie paffée vous font de la peine, il
faudra vous en accufer de nouveau, afin
de remettre votre confcience en repos.

IV. Affiftez à la meffe avec beaucoup
d'attention : demandez à Jefus-Chrift, lorfqu'on élevera la fainte hoftie, la grace de
mourir chrétiennement. Difpofez-vous enfuite avec ferveur à communier, & tâchez
de recevoir la communion avec les mêmes
fentiments que vous voudriez avoir en recevant à l'agonie le facré viatique. Quand
Jefus-Chrift fera dans votre cœur, écoutez-le
en filence, adorez-le avec refpect : faites
des actes de foi, d'amour, d'efpérance, de
contrition, &c. Et promettez à notre Seigneur d'exécuter au plutôt ce qu'il vous
aura infpiré.

V. Occupez-vous pendant la journée à
lire quelques vies des Saints, comme font
celles des faints Jofeph, Alexis, Bernardin,
François de Borgia.

VI. Après avoir entendu les vêpres &
le fermon, retirez-vous dans votre chambre, & faites pendant une heure la confidération en cette maniere. Etant à genoux,
demandez les lumieres au Saint-Efprit, pour
découvrir les maux de votre ame, & y remédier. Levez-vous enfuite, & en vous
promenant, ou même étant affis, faites réflexion fur les points fuivants. Premiérement, comment avez-vous vécu jufqu'à
cette heure ? Voudriez-vous bien mourir
dans l'état où vous êtes ? De quelle maniere voulez-vous vivre à l'avenir ? Secondement, quelles font les graces particulieres que Dieu vous a faites ? Comment en
avez-vous profité jufqu'à préfent ? Troifié-
mement, quel eft votre péché dominant ?
Quels font ceux que vous avez commis le
plus fouvent pendant le mois paffé ? Tâchez
d'en découvrir les caufes, les effets & les
moyens néceffaires pour les éviter dans la
fuite. Quatriémement, remarquez foigneufement le propos que vous avez fait contre
le vice qui étoit la matiere de votre examen
particulier : déterminez le fujet de ce même
examen pour le mois fuivant. Cinquiéme-
ment, écrivez briévement les chofes que
vous voulez pratiquer dans la fuite.

VII. L'heure de la confidération étant paffée, mettez-vous à genoux pour remercier
notre Seigneur des graces qu'il vient de vous

faire, & promettez-lui de garder fidélement vos propos.

VIII. Rendez quelques visites au très-saint Sacrement : c'est là où prosterné devant Jesus-Christ, après avoir fait une amende-honorable pour réparer vos irrévérences dans les églises, vous le conjurerez de vous accorder les secours nécessaires pour vivre saintement à l'avenir.

IX. Enfin, le soir ayant fait vos prieres, & l'examen de conscience, vous produirez les actes que l'on fait faire aux mourants pour les disposer à aller paroître devant Dieu : vous communierez aussi spirituellement, après quoi prenant un crucifix, ou une image de Jesus-Christ crucifié, vous vous administrerez à vous-même, à l'exemple de plusieurs saints personnages, une espece d'extrême-onction, en cette maniere. Appliquant les plaies de Jesus-Christ sur vos yeux, vous direz : *Divin Jesus, pardonnez-moi tous les péchés que j'ai commis par mes regards.* Baisant ensuite les pieds, les mains & la bouche sacrée du crucifix, dites : *Divin Jesus, pardonnez-moi les péché que j'ai commis par la langue, par l'ouie & par l'attouchement.* Enfin mettant le crucifix sur votre cœur, dites : *Divin Jesus, pardonnez à mon cœur toutes ses ingratitudes ; c'est un cœur contrit & humilié, qui vous aime sans réserve, dès ce mo-*

moment, & qui ne veut plus respirer que pour vous.

X. Pénétré de ces pensées, faites-vous à vous-même la recommandation de l'ame, en disant : *Sors, mon ame, sors, ame chrétienne, de ce corps de péché : va paroître devant ton juge pour être jugée selon tes œuvres ; te voilà entre le paradis & l'enfer. Hélas ! que vas-tu devenir ! O mon Dieu ! mon pere, ayez pitié de moi. Reine du ciel, venez à mon secours : mes saints patrons, mon ange gardien, aidez-moi dans ces derniers moments.* Et après avoir dit : *Seigneur, je mets mon esprit entre vos mains,* prononcez les sacrés noms de Jesus & de Marie, & allez en paix prendre votre repos.

V.

PRIERES
DE DIVERS ACTES
POUR LA PRÉPARATION
A LA MORT.

AVERTISSEMENT.

L'ON a introduit depuis peu une pratique très-utile pour se préparer à la mort ; elle consiste en plusieurs actes, que l'on dit à haute voix dans quelque église le troisieme dimanche de chaque mois, jour consacré à soulager les ames souffrantes dans le purgatoire : l'on fait cette lecture avant que de donner la bénédiction du très-saint Sacrement. Chaque particulier peut lire ce jour-là les mêmes actes après la communion.

ACTE DE DEMANDE.

PERE éternel, Dieu tout-puissant, créateur & conservateur de toutes choses, prosterné en votre présence, je vous fais hommage de ma vie, & je vous demande, par les mérites infinis & par la précieuse mort de Jesus-Christ votre fils, la grace de mourir dans votre saint amour. Et vous, Seigneur Jesus, rédempteur de tous les hommes, vous pour qui je vis & pour qui je veux mourir, faites qu'à ce dernier moment de ma vie je me trouve disposé à paroître devant votre tribunal redoutable, que je sois alors purifié par une vraie pénitence de cœur, par une humble confession de mes péchés, que je sois fortifié du sacré viatique & de l'extrême-onction. Ne m'abandonnez pas, ô mon divin libérateur! à ce dernier combat que les démons me livreront. Envoyez auprès de moi vos saints anges, pour me défendre contre les tentations, afin que je finisse ma vie dans une sainte paix, pour passer heureusement de ce lieu d'exil dans la céleste patrie.

Acte de remercîement.

GRAND Dieu, qui nous avez donné tout ce que nous avons de biens, & à qui nous ne pouvons rendre que de foibles remerciements, je vous rends de très-humbles actions de graces, de tous les biens que vous m'avez faits pendant ma vie, & qui sont un gage de ceux que vous me préparez dans l'éternité. Je vous remercie en particulier de m'avoir fait naître dans le

ſein de votre égliſe, d'y avoir nourri ſi ſouvent mon ame de votre chair ſacrée dans
la divine Euchariſtie ; de ne m'avoir pas
fait mourir lorſque j'étois le plus engagé
dans le péché ; mais de m'avoir donné le
loiſir de faire pénitence. Je vous remercie
de m'avoir toujours conſervé dans le cœur
une ferme foi pour toutes les vérités que
vous avez révélées à votre ſainte égliſe catholique, apoſtolique & romaine, dans
laquelle je veux vivre & mourir, avec le
ſecours de votre grace.

Aĉte de foi.

OUI, mon adorable Maître, je crois
fermement tout ce que votre ſainte
égliſe m'a enſeigné de votre part, parce que
vous-même, qui êtes la vérité éternelle, le
lui avez en effet révélé. Je reçois donc très-
ſincérement tout ce qu'elle reçoit ; & je rejette de tout mon cœur ce qu'elle rejette.
Je crois en particulier que vous êtes réellement & ſubſtantiellement préſent dans le
très-auguſte Sacrement de l'autel, que vous
êtes l'auteur de mon ſalut, & l'arbitre ſouverain de ma vie ; que vous êtes mon juge,
& qu'après cette vie mortelle, il y en a
une immortelle & bienheureuſe, que vous
avez préparée à ceux qui vous ſervent ici
fidélement. O JESUS! augmentez & forti-

fiez ma foi ; faites qu'elle soit accompagnée de toutes les bonnes œuvres, qui font les seuls biens qui nous suivent après cette vie.

Acte de résignation.

SOUVERAIN juge, dont toutes les volontés font juftes, puifqu'il vous a plu condamner tous les hommes à la mort, j'accepte avec une humble foumiffion cet arrêt de votre juftice. Je vous offre dès aujourd'hui ma mort, avec toutes les douleurs dont elle pourra être accompagnée, comme une jufte peine de mes péchés : difpofez de votre créature felon votre bon plaifir ; détruifez ce corps de péché. Je confens qu'il foit féparé de mon ame, en punition de ce qu'il m'a porté fi fouvent à me féparer de vous ; je confens qu'il foit privé de tous fes fens par un jufte châtiment de l'abus que j'en ai fait, je veux qu'il foit jetté dans la terre, foulé aux pieds, & caché dans l'obfcurité du tombeau, pour punir ma vanité & mon orgueil. Je veux qu'il foit livré aux vers & réduit en pouffiere, pour vous faire un facrifice entier de la vie que vous lui avez donnée, & dont il a fait un fi mauvais ufage. Que ce corps de terre retourne donc dans la terre ; mais que l'ame, créée à votre image, & faite pour vous poffeder, retourne dans votre fein.

—Mon cœur eſt prêt à obéir, Seigneur, mon cœur eſt prêt ; que votre volonté ſe faſſe, & non pas la mienne.

Acte de contrition.

Toute ma peine à la mort, ô mon Dieu ! c'eſt de mourir après tant de crimes, & ſi peu de pénitence. Qu'il eſt terrible de tomber entre vos mains dans cet état ! O Jeſus ! ſouverain juge de tous les hommes, ſi vous examinez dans la rigueur toutes nos iniquités, qui pourra ſoutenir votre préſence ? N'entrez donc pas en jugement avec votre ſerviteur : que votre miſéricorde, qui m'a ſoutenu juſques ici, me défende encore contre votre juſtice. Souvenez-vous que ſi vous êtes mon juge, vous êtes auſſi mon rédempteur ; que ſi je ſuis indigne d'être appellé votre enfant, je ſuis cependant votre créature & l'ouvrage de vos mains. Vous qui avez promis qu'en quelque temps que le pécheur reviendra de ſes égarements, vous oublierez ſes iniquités, ne rejettez pas de devant votre préſence un criminel qui revient à vous avec un cœur contrit & humilié. J'ai péché contre le ciel & devant vous, ô le pere de mon ame ! J'ai péché, je le confeſſe, je m'en accuſe, je me repens de tout mon cœur de tous mes péchés, parce qu'ils vous

ent offensé, vous qui méritez tous mes res-
pects & tout mon amour, vous que j'aime
aussi de toute mon ame, & de toutes mes
forces. Je suis donc résolu de tout perdre
plutôt que de perdre jamais votre amitié
par le péché. Confirmez vous-même cette
résolution, ô mon Sauveur ! & suppléez
par vos mérites & vos satisfactions infinies
pour tout ce qui manque à ma contrition
& à ma pénitence.

Acte d'espérance.

QUE puis-je désirer dans le ciel & sur
la terre, si ce n'est de vous posséder,
ô le Dieu de mon cœur, mon souve-
rain & unique bien ! Je sais que je suis très-
indigne d'entrer dans votre cité céleste, où
rien d'impur n'est reçu ; mais je sais aussi
qu'une seule goutte du sang de mon Sauveur, répandu pour moi, peut laver toutes
les taches de mon ame. C'est ce qui fait
mon espérance ; & nul de ceux qui esperent en vous, Seigneur, ne sera confondu :
car votre volonté n'est point qu'aucun de
nous périsse. Ne me perdez donc pas avec
les impies, qui n'espèrent point en vous.
Ne livrez pas aux démons une ame qui bénit encore votre saint nom. Pour moi, je
ne cesserai point d'espérer en votre miséricorde, lors même que vous me frapperez

du coup de la mort. Non, mon rédempteur, vous ne me perdrez pas après m'avoir racheté, vous qui m'avez racheté quand j'étois perdu. Vous conferverez jufqu'à la fin l'ouvrage de votre bonté : c'eft dans cette douce penfée que je me repoferai, & que je vous rendrai mon efprit.

O JESUS ! qui avez prié pous vos ennemis, lorfqu'ils vous crucifioient, pardonnez-moi mes offenfes, comme je pardonne à ceux qui m'ont offenfé.

O JESUS ! qui de deffus votre croix promîtes au bon larron de le faire entrer avec vous dans le ciel, accordez-moi, quoique je fois plus criminel que lui, une place dans votre royaume.

O JESUS ! qui recommandâtes en mourant votre difciple bien-aimé à votre bienheureufe mere, mettez-moi vous-même fous fa protection, & rendez-moi digne de l'avoir pour mere pendant la vie & à la mort.

O JESUS ! qui par un ardent amour pour les fouffrances, avez voulu dans le plus fort de vos douleurs être délaiffé de votre pere, ne me délaiffez pas à l'heure de ma mort : foyez toujours auprès de moi de peur que je ne fois ébranlé ; & cachez-moi dans vos plaies facrées.

O JESUS ! qui dans votre plus brûlante foif, ne fûtes abreuvé que de fiel & de vinaigre, allumez dans mon cœur une foif ardente pour mon falut & pour votre gloire.

O JESUS ! qui confumâtes par votre mort l'ouvrage de notre rédemption, faites-moi la grace de confommer & d'accomplir avant que de mourir tous les deffeins que vous avez fur moi, pour votre honneur & pour ma fanctification.

O JESUS ! qui remîtes en mourant votre efprit entre les mains de votre pere, recevez le mien entre les bras de votre miféri-corde, lorfque je rendrai le dernier foupir.

O JESUS ! ayez pitié de moi. O JE-SUS ! pardonnez-moi. O JESUS ! fauvez-moi : foyez mon JESUS & Sauveur à l'heure de la mort.

MARIE, mere de grace, mere de miféri-corde, fecourez-moi en ce dernier moment : défendez-moi contre les ennemis de mon falut : montrez alors que vous êtes ma mere, & ne ceffez de prier pour moi, juf-qu'à ce que vous m'ayiez conduit à votre divin Fils dans le ciel.

Grand faint Jofeph, qui eûtes le bon-heur d'expirer entre les bras de JESUS & de Marie, obtenez-moi la grace de mourir fous leur protection.

Mon faint ange gardien, tous les faints protecteurs, ne m'abandonnez point en ce dernier moment ; priez pour moi, & venez au-devant de mon ame. Et vous, JESUS,

V v

le faint des-faints, l'auteur de mon falut,
je ne me retirerai point que vous ne m'ayiez
donné votre bénédiction, pour le temps
préfent, & pour l'éternité.

Acceptation de la mort.

J'ADORE, ô mon Dieu! votre être éternel : je remets entre vos mains celui que
vous m'avez donné pour être détruit,
quand il vous plaira, par la mort que j'accepte avec foumiffion, en union de celle de
Jefus-Chrift, en efprit de pénitence : &
dans cette vue je m'en réjouis, j'efpere que
l'acceptation que j'en fais attirera fur moi
votre miféricorde, pour me faire faire heureufement ce redoutable paffage.

Je defire, ô mon Dieu! par ma mort de
vous faire un facrifice de moi-même pour
rendre hommage à la grandeur de votre
être par l'anéantiffement du mien.

Je defire que ma mort foit un facrifice
d'expiation que vous agréez, ô mon Dieu!
pour fatisfaire à votre juftice, pour tant
d'offenfes que j'ai commifes, & dans cette
vue j'accepte tout ce que la mort a de plus
affreux aux fens & à la nature.

Je confens, ô mon Dieu! à la féparation
de mon ame avec mon corps, en punition
de ce que par mes péchés je me fuis féparé de vous; j'accepte la privation de l'u-

fage de mes fens, en fatisfaction des péchés que j'ai commis par eux.

J'accepte, ô mon Dieu! que je fois foulé
aux pieds, & caché en terre pour punir
mon orgueil, qui m'a fait chercher à paroître aux yeux des créatures ; j'accepte
qu'elles m'oublient, & qu'elles ne fe fou-
viennent plus de moi, en punition du plaifir
que j'ai eu d'être aimé d'elles.

J'accepte la folitude & l'horreur du tombeau pour réparer mes diffipations & mes
amufements ; j'accepte enfin la réduction
de mon corps en poudre & en cendre, &
qu'il foit la pâture des vers, en punition
de l'amour défordonné que j'ai eu pour
mon corps. O poudre! ô cendre! ô vers!
je vous reçois, je vous chéris, & vous regarde comme les inftruments de la juftice
de mon Dieu, pour punir la fuperbe &
l'orgueil qui m'a rendu rebelle à fes ordres; vengez fes intérêts; réparez les injures que je lui ai faites; détruifez ce corps
de péché, cet ennemi de Dieu, ce mem-
bre d'iniquités; & faites triompher la puiffance du créateur fur la foibleffe de fon indigne créature ; je m'y foumets, ô mon
Dieu! & au jugement, tel qu'il foit, que
vous ferez de mon ame au moment de ma
mort.

Oraiſon univerſelle qui comprend des actes des principales vertus.

MON Dieu , je crois en vous , mais fortifiez ma foi ; j'eſpere en vous , mais aſſurez mon eſpérance ; je vous aime , mais redoublez mon amour ; je me repens d'avoir péché, mais augmentez mon repentir.

Je vous adore comme mon premier principe ; je vous deſire comme ma derniere fin ; je vous remercie comme mon bienfaiteur perpétuel ; je vous invoque comme mon ſouverain défenſeur.

Mon Dieu, daignez me régler par votre ſageſſe, me contenir par votre juſtice, me conſoler par votre miſéricorde, & me protéger par votre puiſſance.

Je vous conſacre mes penſées, mes paroles, mes actions, mes ſouffrances, afin que déſormais je penſe à vous, je parle à vous, j'agiſſe ſelon vous, je ſouffre pour vous.

Seigneur, je veux ce que vous voulez, parce que vous le voulez, comme vous le voulez, & autant que vous le voulez.

Je vous prie d'éclairer mon entendement, d'embraſer ma volonté, de purifier mon corps, & de ſanctifier mon ame.

Mon Dieu, animez-moi à expier mes offenſes paſſées, à ſurmonter mes tentations à l'avenir, à corriger les paſſions qui me dominent, à pratiquer les vertus qui me conviennent.

Remplissez mon cœur de tendresse pour vos bontés, d'aversion pour mes défauts, de zele pour le prochain & de mépris pour le monde.

Qu'il me souvienne, Seigneur, d'être soumis à mes supérieurs, charitable à mes inférieurs, fidele à mes amis, & indulgent à mes ennemis.

Venez à mon secours pour vaincre la volupté par la mortification, l'avarice par l'aumône, la colere par la douceur, & la tiédeur par la dévotion.

Mon Dieu, rendez-moi prudent dans les entreprises, courageux dans les dangers, patient dans les traverses, & humble dans les succès.

Faites que je joigne l'attention à mes prieres, la tempérance à mes repas, l'exactitude à mes emplois, & la constance à mes résolutions.

Seigneur, excitez-moi à veiller sur mes actions, afin que j'aie toujours une conscience droite, un extérieur modeste, une conversation édifiante & une conduite réguliere.

Que je m'applique sans cesse à dompter la nature, à seconder la grace, à garder la loi & à mériter le salut.

Mon Dieu, découvrez moi quelle est la

petitesse de la terre, la grandeur du ciel, la brièveté du temps & la longueur de l'éternité.

Faites que je me prépare à la mort, que je craigne votre jugement, que j'évite l'enfer, & que j'obtienne enfin le paradis ; par les mérites de notre Seigneur Jesus-Christ. Ainsi soit-il.

FIN.

TABLE
DES CHAPITRES.

PREMIERE PARTIE.

Les avis & les exercices néceffaires pour conduire l'ame depuis le premier defir qu'elle a de la dévotion jufqu'à la volonté fincere de l'embraffer.

SECONDE PARTIE.

Divers avis pour élever l'ame à Dieu par l'oraison, & par l'usage des sacrements.

TROISIEME PARTIE.

Les avis néceffaires fur la pratique des vertus.

QUATRIEME PARTIE.

Les avis néceſſaires contre les tentations les plus ordinaires.

CINQUIEME PARTIE.

Les avis & les exercices nécessaires pour renouveller & confirmer l'ame dans la dévotion.

Fin de la table.

SUJETS

DES MÉDITATIONS,

DES LECTURES, ET DES CONSIDÉRATIONS

Qu'on doit faire le jour qu'on se prépare à la mort.

MÉDITATIONS

tirées de l'Introduction à la vie dévote.

I. MÉDIT. DE la mort. *I. part. chap.* 13.

II. MÉDIT. D'une ame qui délibere entre le paradis & l'enfer. *I. part. ch.* 17.

III. MÉDIT. D'une ame qui délibere à la vie dévote. *I. part. chap.* 18.

LECTURES

tirées du même livre.

I. LECTURE. PROTESTATION de l'ame à Dieu, *I. part. chap.* 9.

II. LECTURE. De la retraite du cœur, *II. p. chap.* 12.

III. LECTURE. De la mortification extérieure, *III. part. chap.* 23.

CONSIDÉRATIONS

tirées du même livre.

Fin des sujets.

Lightning Source UK Ltd.
Milton Keynes UK
UKHW030606281118
333086UK00005B/148/P